한국문화와 동아시아 I

이 책은 2021년도 대한민국 교육부와 한국학중앙연구원(한국학진흥사업단)의 해외 한국학 씨앗형 사업의 지원을 받아 수행된 연구임 (AKS-2021-INC-2230008)

한국문화와 동아시아 I

염초·한연 지음

경인문화사

목 차

후난성 창사시와 한국 독립운동_조광범

구조주의 문법과 변형 생성 문법 관점에서 본
남북한 문장 성분화의 차이_염초

한국어 외래어의 현지화와 語素化_염초
―영어 외래어를 중심으로―

접미사 '-님'의 문법화 현상에 관한 고찰_좌진

중국 한국학의 학문적 의미와
실천적 과제

채미화(蔡美花)*

* 채미화: 호남사범대학교 한국어학과 교수.

한국학은 중국에서 뿌리내리고 장족의 발전을 이뤘다. 당면한 중한 정치 경제의 흥성과 위축에 의해 그 정체성의 확립도 흔들리는 상황에서 그동안의 실천 경험을 종합적으로 총화하고 이론적으로 한국학의 성격과 의의를 체계적으로 규명하는 것은 시급한 과제이다. 이 글은 한국학의 학문적 개념, 위상과 연구방법론에 대한 제 문제를 분석하고 탐구하여 향후 중국 내 한국학의 발전 방향을 모색하고, 한국학의 창신과 향후 발전에 관해 논의하고자 한다.

1. 한국학의 발전 현황 및 그 요인

1.1 한국학의 발전 현황

중국의 한국학은 중화인민공화국 수립과 함께 시작되었지만, 중국의 한국 연구가 실제적으로 급속한 발전을 이룬 것은 1992년 중한 수교 이후, 중한 문화 교류가 본격화한 시기다. 30년의 노력 끝에 중국의 한국 연구는 괄목할 만한 성과를 이룩하였다. 학술 성과가 풍부하고 연구 대오가 성장했으며, 플랫폼이 다양해지고 국내외에서의 학문적 영향력이 크게 증가되었다.

우선 대학에서의 한국어 교육이 빠르게 발전하였다. 중한 수교 이전까지 조선어[1] 학과는 북경대학, 연변대학, 대외경제무역대학, 낙양외국어대학, 북경제2외국어대학 등 5개뿐이었다. 중한 수교 이후 전국의 대학에서 조선어(한국어) 학과(전공) 설치가 꾸준히 증가하였다. 270여 개 대학에 한

---

1 한중 수교 이전 조선어학과로 통칭되었다.

국어학과가 설치되었고, 50여 개 대학에 한국어문학 석사 과정 대학원생
이 배출되었으며, 15개 대학에 한국어문학 박사 과정, 30개 대학에 중한
번역학과 석사 과정, 20개 대학의 한국어학과가 국가 일류 전공 건설 학과
로, 북경대학·남경대학·복단대학·호남사범대학·연변대학·북경외국어대학·
상해외국어대학·청화대학·북경사범대학 등 9개 대학의 외국언어문학학과
(한국언어문학학과를 포함함)가 세계 일류 건설 학과로 승인되었다.

　　둘째, 연구기관이 증설되고 연구진이 방대해졌다. 국내에서의 한국학
관련 연구는 북방 지역에서부터 시작되었으나, 현재 불완전한 통계에 의
하더라도 국내 각지에 120여 개의 연구소가 설립되었다. (부록 1 참조: 한
국학 관련 주요 연구기관) 또한 이 시기 한국고등교육재단, 한국학중앙연
구원 등이 후원하는 연구기관도 잇따라 세워졌다. 한국학중앙연구원은 연
변대학·중앙민족대학·산동대학·남경대학과 중국해양대학·북경대학 등을
해외 한국학 중핵대학으로 선정하여 지원했으며, 북경·상해·대련·연길 등
지역에 선후하여 19개 세종학당을 설치했다. 한반도 문제에 대한 국내의
관심이 지속되면서 한국학 전문가와 학자들이 매년 쟁취하는 국가사회과
학연구기금 항목은 1994년의 1건에서부터 2020년 23건으로 크게 늘었다.
최근 30년간 조선한국학 관련 프로젝트 입안은 총 311건으로 그중 중점 프
로젝트 13건, 중대 프로젝트 10건이다.

표1 각 유형별 프로젝트 항목 수

序號	項目類別	立項數(項)
1	一般項目	161
2	靑年項目	61
3	西部項目	45
4	後期資助項目	18
5	重點項目	13

序號	項目類別	立項數(項)
6	重大項目	10
立項總數		311

*자료 출처 : 국가사회과학연구기금사업 프로젝트 데이터베이스

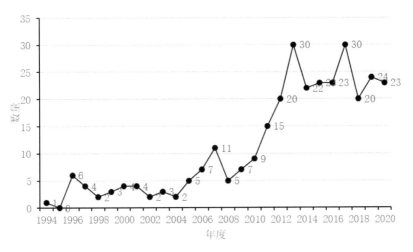

그림1 연도별 프로젝트 수량 변화

*자료 출처 : 국가사회과학연구기금사업 프로젝트 데이터베이스

셋째, 학술 교류가 활발해졌으며 교류 플랫폼이 향상되었다. 국내 각지에서는 매년 수많은 국제 학술대회가 개최되어 국내외 한국학 전문 학자들이 교류하고 대화할 수 있는 장이 마련되었다. 각지의 아시아연구센터에서는 매년 북경포럼·상해포럼·두만강포럼·천진포럼 등 규모가 방대하고 수준 높은 국제 학술포럼을 개최하고 있다. 중국조선어학회, 중국조선한국문학연구회, 중국조선사연구회, 중국한국어교육연구학회 등 조선과 한국학 관련 학회에서 주최하는 학술토론회, 그리고 북경대학, 길림대학, 요녕대학, 연변대학, 복단대학, 호남사범대학 등 대학의 연구소에서 개최하는 국내외 학술회의는 한국학 학자들이 상호 교류하고 대화하는 좋은

표2 주요 CSSCI 및 논문 수(2020년까지)

序號	期刊名	論文數(篇)	序號	期刊名	論文數(篇)
1	東疆學刊	391	14	史學集刊	34
2	東北亞論壇	246	15	經濟縱橫	34
3	韓國研究論叢	161	16	和平與發展	31
4	延邊大學學報	128	17	北京電影學院學報	29
5	亞太經濟	83	18	國際經濟合作	28
6	當代亞太	75	19	國際貿易問題	28
7	比較教育研究	59	20	中國邊疆史地研究	28
8	現代國際關系	58	21	太平洋學報	27
9	世界經濟研究	56	22	文獻	27
10	當代電影	52	23	世界經濟與政治論壇	27
11	國外社會科學	51	24	美術	26
12	黑龍江社會科學	44	25	東北師大學報	26
13	科技管理研究	36	26	黑龍江民族叢刊	25

* 자료 출처 : 만방데이터베이스

공간이다. 학회별 대표적인 연구 성과로는 중국조선어언어학회의 『중국·조선·한국의 조선어 차이 연구』, 『중국 조선어 규범 원칙과 규범 세칙 연구』; 중국조선한국문학학회의 연구논문집 『조선·한국문학 연구』, 20년 동안의 학회 학문적 성과를 모아 편찬한 『조선·한국문학 연구 1-4』; 중국조선사학회의 『조선역사연구총서』, 『조선사연구』, 『조선한국역사연구』17권; 중국한국(조선)어교육연구학회지 『한국(조선)어교육』(1-22집) 등이 있다.

넷째, 연구 성과가 풍부하고 수준 높은 학술지를 보유하고 있다. 현재 중국에서 출간된 한국학 관련 도서는 정확한 집계가 어렵다. 도서 출판기관이 다양할 뿐만 아니라 아직 출판 현황을 집계하는 기관이 없기 때문이다. 그러나 불완전한 통계에 의하더라도 건국 초기부터 2014년까지 60년 동안 출간된 조선한국학 관련 학술저서는 모두 800여 편[2], 2015~2020년 5

년간에 출간된 관련 연구서적은 1000권[3]에 육박하는 것으로 된다. 『동강학간』, 『동북아포럼』, 『한국연구논총』, 『연변대학학보』 등 26개 CSSCI 학술지는 한국학 연구자들에게 학술 성과를 교류하는 플랫폼과 학술 쟁명의 기지를 제공하였다.

1.2 한국학 발전의 기본 요인

한국 연구가 지난 30년 동안 괄목할 만한 발전을 이룬 것은 다방면의 내적 외적인 요인이 있지만 주로 다음과 같은 세 방면으로 설명할 수 있다.

우선 중한 수교 이후 양국 간 경제적인 상호 보완, 그리고 정치적 신뢰와 외교적 공조가 고도화하면서 적극적인 문화 교류와 학술 교류는 중국의 한국학 발전에 많은 가능성을 열어두었다. 1992년 8월 중한 수교 이후 양국 관계는 네 차례나 격상되었다. 즉 21세기를 향한 협력 동반자 관계로부터 전면적 협력 동반자 관계; 공동 발전 실현 관계; 지역 평화 수호, 아시아 진흥, 세계 번영을 위한 4개의 동반자 관계로 발전하기에 이르렀다. 중한 무역은 1992년 50억 달러에서 2021년 3,624억 달러로 증가하였는데 한국의 대중국 실질 투자는 1992년 1억 4,000만 달러에서 2021년 40억 4,000만 달러가 된다. 2021년까지 한국의 누적 실질 투자액은 902억 3,000만 달러에 이른다. 현재 한국에서 유학 중인 중국인 학생은 6만여 명으로 전체 한국의 국제 유학생의 8분의 1을 차지하며, 한국에 체류하고 있는 중국인 인구는 80만 명에 이를 것으로 보인다. 동아시아에서 한류(韓流)와 화류(華流)가 전파되고 있는 것은 분명한 객관적 사실이다. 특히 각국 간

---

2 延边大学朝鲜半岛研究协同创新中心编 〈朝鲜半岛文献资料目录1-9〉 延边大学出版社 2017年 철학 37, 교육학 28, 艺术学 31, 经济学_管理学 301, 政治学58, 法学74, 文学157, 历史142. 총 합계 828부.

3 使用數據庫 : 中國圖書出版數據庫(沒有其他合適數據庫, 此數據庫只包含2015年起數據).

유학생의 급속한 증가와 관광문화 교류의 심화, 인터넷 시대 정보 교류의 신속성 등은 중한 국민의 대상국에 대한 상호 인식과 이해를 추진하였다.

둘째, 2000년대 이후 중국에서는 학술 연구에서의 주체적인 연구 특성을 강조하고 이론적 창조성을 내세울 것을 요구하였는데 이것은 한국학의 건설과 발전에 대한 새로운 요구를 제시하였다. 시진핑 총서기는 '철학사회과학사업 좌담회 연설'(2016년 5월 17일)에서 현재 중국의 "철학 사회과학 발전 전략이 명확하지 않고 학문 체계, 학술 체계, 담론 체계 구축 수준이 전반적으로 높지 않으며 학문적 독창력이 강하지 않다"라고 심각하게 지적했다. 이러한 상황을 개선하자면 인문, 사회과학에 종사하는 학자들은 마땅히 "중국에 입각하여 외국의 경험을 배우고, 역사를 발굴하고 당대를 파악하며, 인류를 배려하고 미래를 향해 나아가는 사고방식에 따라 중국 특색 철학 사회과학을 건설해야 하며, 지도사상, 학과 체계, 학술 체계, 발화 체계 등에서 중국 특색, 중국풍, 중국 풍채를 충분히 구현해야 한다"라고 호소했다. 시진핑 총서기의 강화를 지침으로 삼고 중국의 인문, 사회과학 연구 학자들은 자신의 연구 작풍을 진지하게 총화하고 외국의 이론에 치우쳐 자신을 잃어버리는 현황에 대해 반성하였다. 한국학 연구 분야의 연구자들도 마찬가지로 중국 특색의 한국학의 학문체계와 발화체계의 구축에 관해 검토하고, 중국에 입각한 한국학의 구축에 관한 탐구에 주력하기 시작하였다.

셋째로, 교육부에서 인접 학문의 건설과 발전을 적극적으로 추진함으로써 한국학의 학문적 체계를 구축하는 데 새로운 길을 열어주었다. 2020년 8월 〈전국 대학원 교육회의〉에서는 '인접 학문'이라는 학문 분야를 추가 설치한다는 결정과 함께 제1차로 인정된 인접 학과 명단을 발표하였다.[4] 이는 중국의 한국 연구가 점차 자체 학문적 위치를 명확히 하고 과학

---

4 이 회의에서 연변대학에 신청한 한국학 학과는 인접학과 아래 2급 독립학과로

적인 학문 체계와 체계적인 학문 이론을 수립하도록 추진하였다. 이어서 2022년 9월 국무원 학위위원회와 교육부는 〈대학원 교육학과 전공 목록 (2022)〉을 발표하고 인접 학문을 문학, 철학, 사회학 등 학문체계와 대등한 학문으로 추가하였다. 특히 '인접 학문'에 속한 '지역국별학'은 1급 학과로 인정되었고 한국학은 지역국별학의 한 분야로서의 성격과 위상을 확립하기에 이르렀다.

2. 한국학의 개념과 성질

상술한 바와 같이 중국의 한국학 연구는 30년의 역사적 행정을 거쳐 비약적인 발전을 이룩하였으며 국내외 학계에 긍정적인 영향력을 미치고 있다. 하지만 학문체계로서의 중국 한국학의 개념과 성질에 대한 과학적이고 체계적인 해석과 탐구는 계속 진행되고 있으며 금후 중요한 과업의 하나로 남아 있다.

2.1 한국학의 개념 문제

한국에서 가장 상식적인 개념으로서 명시된 한국학이란 한국과 관련된 지식과 정보를 생산·유통(연구 및 교육)하는 학문으로서, 한국 국가가 어떻게 생존하고 발전했으며 앞으로 어떻게 발전할 것인가, 어떤 방향으로 발전해 나갈 것인지를 연구하는 학문이다.[5] 한국 본토의 한국학은 한국의 국학을 말하며, 일반적으로 한국의 언어·문학·역사·철학·사상·종교·문화

비준되었다.

5 백영서, 〈지구지역학으로서의 한국학의 (불)가능성〉 『東方學志』 2009.

등의 모든 영역을 포괄하는, 즉 인문 영역의 각 학과의 총합이다.[6] 지난 세기 80년대 이후 한국의 학자들은 한국학(Korean Studies)의 개념이 국학이라는 개념보다 더 객관성을 띠고 있다고 보면서 한국학 자체를 연구 대상으로 삼아 한국학의 연구 체계를 구축해 왔다. 그러나 아직 각 학과를 융합한 한국학의 학과 체계는 확립돼 있지 않다.[7] 20세기 말부터 한국 학자들은 인문한국학의 동아시아 정체성을 목표로 동아시아 한국학 이론을 제시하면서 독자적인 동아시아 한국학 학술 체계를 구축하려 했고,[8] 한국학을 세계지역학으로 재편하자는 의견을 제시하기 시작했다. 이들은 세계지역학은 특성이자 연구 방법으로서 연구 영역을 규정하였다고 지적했으며 지방성과 지역성, 세계성 모두를 아우르는 학문이라고 지적했다.[9]

조선민주주의 인민공화국(이하 '조선'으로 약칭)에서 말하는 조선학은 철학·경제학·법학·역사학·문학·언어학·고고학·민속학·민족고전학·정치학·한문학 등 조선의 과거와 현재, 미래를 연구하는 인문, 사회과학 학과를 총칭하는 학문이다.[10] 미국·핀란드 등 서방 국가들은 한국학을 독자적인 학과나 학문으로 구축하려는 노력보다 동아시아의 지역 문화권 내에서 한국 문화를 고찰하고 중국과 일본 문화의 비교를 더욱 중요시하고 있다. 아울러 서양의 한국 연구는 한국에 대한 자국의 정책적 요구에 부응하여 한반도의 당대 실 문제를 주요 연구 대상으로 하고 종합적인 연구 방법을 채택하였다.[11]

중국에서는 조선학(한국학)이라는 개념을 1980년대 중반 정판룡 선생

6 이영호, 〈한국학 연구의 동향과 '동아시아 한국학'〉, 『한국학연구』 제15집
7 동상서
8 최원식, 〈동아시아 텍스트로서의 한국현대문학 동아시아한국학, 서구주의와 민족주의 사이〉, 2006년 『동아시아 한국학 새로운 지평의 모색』 학술대회 논문집.
9 백영서, 〈지구지역학으로서의 한국학의 (불)가능성〉 『東方學志』 2009.
10 李得春, 韓國學和中國得韓國學 『東疆學刊』 2006. 7 12p
11 李得春, 〈韓國學和中國得韓國學〉 『東疆學刊』 2006. 7 12p

이 제일 처음으로 제시하였다.[12] 그 후 계선림, 위욱승, 이득춘 등 제1세대
의 연구학자들은 〈조선학〉(한국학)이라는 개념을 자신의 글에서 사용함
으로써 조선학(한국학)은 학계에서 공인하는 하나의 명칭이 되었으며, 중
국의 조선학(한국학)은 조선과 한국을 대상으로 한 지역학 혹은 외국학 연
구의 통칭이 되었다.

2.2 한국학의 본질

중국 한국학의 학문적인 성질과 의미에 관해 줄곧 여러 가지 논의가
있었지만, 대체로 다음과 같은 세 가지로 요약할 수 있다.

우선 연구 대상에 관한 문제이다. "조선학(한국학)은 조선의 정치·경
제·철학·역사·언어·문학·교육·예술 분야를 연구하는 전문 학과로서 중국
에서는 외국학에 속한다.[13]" "조선학(한국학)은 한반도와 관련된 여러 문제
를 연구하는 학문으로 지리·인종·언어뿐 아니라 역사·문화·문학·예술·철
학·종교까지 포괄하는 광범위한 학문이다."[14] 다시 말해 중국의 조선학(한
국학)은 한국과 조선의 언어·문학·문화·역사·경제·정치·국제관계·법률 등
을 연구 대상으로 하는 인문학이다. 1998~2020년 10월에 발표된 한국학
관련 논문은 경제·정치·법률·문화·과학·교육·체육·역사·지리·문학·언어
문자·예술·철학·종교 등 다양한 분야를 다루는 것으로 집계됐다. 한국과
조선 및 한반도 관련 연구는 모두 조선한국학의 범주에 속한다.

---

12 정판룡, 〈연변대학에서의 조선학 연구〉, 『조선학연구』 제1권, 연변대학출판사,
   1989.

13 鄭判龍, "延邊大學的朝鮮學" 『朝鮮學硏究』第一卷 延邊大學出版社 1989.

14 季羨林, 〈朝鮮-韓國文化與中國文化·序言〉 中國社會科學出版社 1995

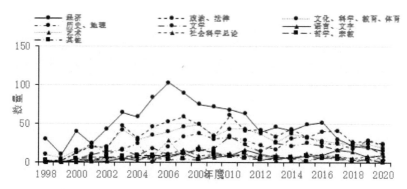

그림2 각 학과 논문의 연도별 발표 수 변화
*자료 출처: 만방데이테베이스

둘째는 학과 성질에 관한 문제이다. 2022년 9월 국무원과 교육부에서 발표한 〈대학원 교육학과 전공 목록〉에 의하면 한국학은 인접 학문으로서 지역 국별 학과의 한국학 연구 방향에 속한다. 한국학은 외국어 문학, 세계사, 이론경제학, 정치학, 법학 등 5개 학과가 상호 인접한 학과적 성격을 가진다. 인접 학과는 '다 학과 지식의 융합을 기점으로 파생된, 다 학과 지식이 상호 교차 침투하여 형성된 학과 군'[15]이다. 한국학은 외국어 문학과 세계사·이론경제학·정치학·법학 등 학과들이 상호 교차되고 융합하여 형성된 새로운 학문체계라 할 수 있다. 당초 중국의 한국학은 한반도의 언어·문학·역사·철학 등 인문 분야에 관한 연구로 시작되었으나 그 발전 과정에서 점차 인문과학 연구로부터 사회과학 분야의 연구로 확대되었다. 한국학은 모체 이론에 소극적으로 의존하기보다는 인문, 사회과학의 다양한 학문 패러다임을 융합하여 부단히 다학제적 체계로의 접근을 시도했다. 표3에 나타난 바와 같이 1994~2020년 한국학 연구와 관련된 국가 사회

---

15 魏華飛 汪章, 〈高校交叉學科人才培養模式共性與啟示〉, 『黑龍江教師發展學院學報』2020.10 8-11p

과학 연구기금 프로젝트는 외국 문학, 언어학, 중국 문학, 정치학, 세계 역사, 중국 역사, 민족학, 철학 등의 학과를 통해 진행된 것으로 그 연구 항목은 전방위적이고 다분야적인 특징이 있다.

표3 각 학과의 프로젝트 입안 수

序號	學科分類	立項數(項)
1	外國文學	45
2	語言學	44
3	中國文學	38
4	國際問題硏究	33
5	中國歷史	32
6	世界歷史	27
7	民族問題硏究	27
8	哲學	11
9	體育學	7
10	考古學	6
11	民族學	5
12	新聞學與傳播學	5
13	法學	4
14	理論經濟	4
15	宗教學	4
16	馬列·科社	3
17	圖書館、情報與文獻學	2
18	政治學	2
19	人口學	2
20	黨史·黨建	2
21	社會學	2

*자료 출처 : 국가 사회과학 연구기금사업 프로젝트 데이터베이스

셋째는 인접 학과로서의 특징에 관한 문제다. 중국의 한국학은 순수 학술적 연구와 지역학 연구의 특성을 겸비하고 있으며, 한국 문화의 심층 연

구와 함께 한국의 경제·정치·국제관계 등 현실적인 문제 연구를 대상으로
한다.[16] 중국의 한국학은 이미 한반도 한문학 연구, 고전 문헌 정리, 중국
문화와 한반도, 한국 철학사상 연구 등 순수 학술 연구에서 괄목할 만한
성과를 거두고 있다. 그러나 20세기에 들어선 이후, 한국학 연구자들은 당
대의 현실 문제에 더욱 관심을 두고 한국학의 학문적인 실용성과 실천성
을 강조하는 경향을 보여주었다. 표3에 나타난 바와 같이 중국의 한국학
연구논문은 경제·정치·법률 및 문화·과학·교육 등의 분야에 관한 현실 문
제 대안 연구가 61%, 역사·지리·문학·언어문자·철학·종교 등 인문과학 분
야의 기초 학문 연구가 25%를 차지했다. 사실 부동한 학문 간 상호 침투
와 융합을 형성해야 하는 이유는 바로 학술연구의 대상이 내재한 문제가
매우 복잡할뿐더러 여러 가지 문제와 문제가 서로 얽혀 있어서 다각적인
시각과 방법론으로 분석하지 않으면 그 해법을 찾을 수 없기 때문이다. 창
의성과 실용성, 실천성은 인접 학문의 생존과 발전을 좌우지하는 중요한
요소가 된다. 중국의 한국학 연구가 직면한 복잡한 현실 사회 문제와 역사
문화는 단일 학문 지식의 활용만으로는 원만한 해석이 불가능하다. 이를
테면 한반도 핵안보문제와 한반도의 평화통일 문제에 대해 학자들은 수십
년 동안 정치·역사·문화·경제·군사·종교 등 여러 학과의 관련 지식 체계
를 종합적으로 운용해 비교적 합리한 해석과 원만한 대안을 찾으려고 노
력했다. 중국의 한국학은 '문제' 연구를 중심으로 연구하는 과정에서 새로
운 연구 모델을 적용함으로써 인접 학문으로서의 구축을 추진하였다.

　그러모아 말하면 중국의 한국학은 한반도를 연구 대상으로 하는 인접
학문이며, 한국(조선)의 정치·경제·사회·언어·문화·사상·철학·역사·지리·
종교·외교 등의 분야를 구체적으로 연구하는 학문 체계다.

---

16 蔡美花, 〈東亞韓國學方法之探索〉, 『東疆學刊』 2008. 10 1-5p

3. 한국학 연구방법론

3.1 한국학의 연구 시각

한국학(조선학)의 연구 대상은 한반도와 한반도의 남북 국가와 사회 민족의 문화와 경제·정치·국제관계 등 현실적인 문제이다. 중국 학자의 시각으로 한반도 문화의 본질을 체계적으로 종합하고 해석하며 한반도의 경제와 현실 사회문제를 논의하는 것은 중국 한국학 연구의 중요한 내용이다. 물론 중국 한국학(조선학)의 입각점은 의심할 여지 없이 중국 문화이며, 그 담론 환경은 중국 문화이다. 중국의 학자들은 "조선한국학의 연구 대상은 조선(한국) 문화이지만, 입각점은 중국 문화어야 한다", 조선(한국) 학 학자는 "해외 작품을 비판할 때 기존의 견해에 얽매이지 말고 '백가쟁명'의 자세로 문제를 보아야 한다"[17]라고 주장했다. 그동안 중국의 학자들은 중국에 입각해 중국의 시각과 가치관으로 한국과 조선의 다양한 분야와 현실을 연구해 왔다. 중국이라는 특정한 현실의 정치·경제·문화적 사회환경에서 다년간 축적된 학문 연구의 실천 가운데서 중국의 한국학 연구자들은 중국 특색의 학문적 가치관을 수립하게 되었다. 지난 수십 년간 중국의 한국학(조선학) 수평적 학문 구조는 한국과 조선의 문화 연구, 한반도 남북 국가에 대한 국가 연구, 한국과 조선의 사회문제 연구 등 3대 분야에 집중됐다. 3대 연구 분야의 공통적인 특징은 중국 문화와의 심층적인 관계에서 문제를 발견하고, 문제를 해석함으로써 연구 대상의 본질적인 특징을 파악하는 것이라고 할 수 있다.

우선 한국 문화에 관한 연구는 중국 문화의 영향과 비교를 전제로 하

---

17 韋旭昇, 〈韓國學研究和'立足中國'問題〉, 김병민 주필 〈朝鮮-韓國文化的歷史與傳統〉, 흑룡강조선민족출판사, 2005.5

였다. 리암 선생이 주필로 펴낸 『조선문학통사 1-3』은 지금까지 중국에서 출간된 〈한국고전문학사〉 중 가장 방대한 저서이다. 저자는 "가능한 넓은 시각, 다양한 연구 방법, 조선 고대문학 전체에 대해 새로운 해석을 추구 하고자[18]" 하면서 한국 문학의 발전 문제를 시종일관 중한 비교문학의 틀 에서 서술했다. 국내 한국학 연구 프로젝트를 대상으로 조사해 본 결과 1994년부터 2021년까지 국가 사회과학 연구기금 프로젝트 중 외국 문학 분야로 선택된 한국학 관련 과제는 모두 48건이다. 선택된 프로젝트의 명 칭에서 볼 수 있는 바 한국문학 연구 과제들은 거의 다 중국 문학 및 문화 와의 관련 속에서 한국 문학의 내재적 특성에 대한 탐구를 시도하였다.[19] 이 중 『한국 시학 범주 연구』는 명칭으로 볼 때 본체론 연구의 특징을 띠 고 있다. 그러나 이 연구도 예외 없이 중국 시학의 영향을 배경으로 한국 고전 문학의 특징을 탐구하였다.[20] 길림성 사회과학 연구 1등 상을 받은 『조선 실학파 문학과 중국의 관련 연구』[21], 『조선조 사신이 본 중국의 모 습』[22], 『한국 시화 전편 교주』[23] 등은 중국 문화와의 연계 속에서 한국 한 문학의 특징을 파악하고, 한국 고전문화와 중국 전통문화 간의 친연적 관 계를 풀어낸다는 공통점을 갖고 있다.

둘째, 국가경제 발전과 사회 진보를 위한 대안을 목적으로 한국에 관한 국가 연구를 전개하였다. 1990년부터 한국 경제 연구는 연구자들의 관심 을 불러일으켰고 적지 않은 연구 저서와 논문이 출현했다. 그림2가 보여주

---

18 李岩, 〈朝鮮文学史通史〉序, 社會科學文獻出版社, 2010년 9월

19 详见附录2图表整理结果

20 张振亭, 〈韩国诗学范畴研究〉, 人民出版社, 2018년

21 金柄珉 徐東日, 〈朝鮮實學派文學與中國之的關聯研究〉, 延邊大學出版社, 2007. 2008 年 獲吉林省社會科學一等獎

22 徐東日, 〈朝鮮朝使臣眼中的中國形象〉, 中華書局, 2012年 : 2013年 獲教育部人文社科三 等獎 2013年獲吉林省社會科學一等獎

23 蔡美花, 趙季 〈韓國詩話全編校注〉, 人民文學出版社, 2012年。2014年 獲吉林省第九屆社 會科學一等獎

다시피 한국 경제에 관한 논문은 줄곧 제1위를 차지하였다. 『한중 재정 비교연구』, 『한중 지역경제 발전 연구』 등 저서들은 한국의 경제 개혁 성공 경험을 심도 있게 분석하고 그 경험과 교훈을 제시함으로써 중국 경제 발전에 중요한 참고 자료를 제공했다.

셋째, 한국의 사회문제 연구는 주변 환경의 안전 대안 마련에 주력하였다. 1994~2021년 국가 사회과학기금 프로젝트 중 한반도 문제와 관련된 프로젝트가 38건에 달할 정도로 평화 안보 문제는 중국의 한국학 연구의 중요한 분야로 부상하였다. '북핵 위기와 중북관계 연구', '신형세 하의 북한 외교정책 연구', '새로운 형세 하에서의 한반도 상황 및 자국의 대응책 연구' '조선의 국가전략조정 및 자국의 대책 연구' 등의 항목에서 볼 수 있듯 연구자들은 중국에 입각해 북핵 문제에 대한 해법을 찾는 데 주력하고 있다. 학자들의 연구 성과로는 『북핵 문제와 중국의 역할: 다원적 배경에서의 공동 관리』 『중국 주변 안보환경과 한반도 문제』등이 있는데 이는 6자 회담 추진과 한반도 문제 해결에 긍정적으로 작용했다.[24]

한마디로 중국의 한국학은 중국적 시각에 입각한 것이다. 중국의 사회 문화 환경을 배경으로 하여 한국의 역사·철학·문학·정치·경제·문화에 대하여중국 문화의 가치관으로 분석하고 표현하는 것을 목적으로 한다. 하여 중국 학자들은 한반도 제반 문제 연구뿐만 아니라 기초학문 연구에서도 한국이나 일본 등 기타 나라의 학자들과는 구별되는 연구 결과를 내놓음으로써 중국 특색의 한국학을 구축하기에 이르렀다.

3.2 한국학의 연구 방법론

과학 연구의 방법론은 독자적인 학술 체계의 지속적인 발전을 보장하

---

24 石源華, 〈中韓建交二十年來中國韓國學現狀及發展〉, 當代韓國, 2012. 第3期

는 기본적인 요소이다. 물론 학술 연구 과정에서 그 어떤 학과를 막론하고 학과 자체의 전통적으로 고유한 연구 방법에만 얽매이는 것은 아니다. 그러나 상대적으로 성숙한 독립 학과라면 그 자체만의 독특한 이론체계와 연구 방법이 있기 마련이다. 2000년대 들어선 후 한국의 학자들은 동아시아 한국학 연구의 방법론 체계의 구축에 적극적으로 나섰다. 한국 학자들은 동아시아 삼국이 지리적으로 가깝고 문맥이 잘 통하며, 근대 이전에 삼국이 같은 한자문화권에서 동문 세계를 구축했다고 본다.[25] 중세 이후 한반도는 중국 전통문화를 전면적으로 받아들여 중화문명의 한 갈래가 되었다. 문화의 동질성과 내재적 연관성은 동아시아 시각을 한국의 역사·문학·철학 등 인문학과 긴밀하게 연결시킨다. 이런 연결고리는 서구의 근대와 보편적 원리, 일국 사회주의의 변종 계급 논리, 고립 민족주의 내재적 발전 논리, 중심 주변의 인지적 차이 논리 등 수많은 편향적 논리를 극복하고 그늘에 가려진 한국학의 정체성과 발전 가능성을 다시 볼 수 있을 것으로 기대된다.[26] 중국의 조선한국학은 한국 학자들의 견해를 비판적으로 수용해 왔고, 중국 입장에서 조선한국학을 건설하고 발전시켜 왔다.

우선 중국 조선한국학의 중국 문화 시각 자체가 연구방법론이다. 조선한국학을 동아시아의 맥락에 두고 그 종적관계와 횡적관계를 고찰하여 이를 중국문화를 투영한 거울로 보는 것이 중국 조선한국학의 중국문화적 시각이다. 조선한국학은 남북한 연구를 반도문화권 내에 두고 고찰하는 사고방식과 연구 시각을 점차 극복하고 '동아시아 문화권, 운명공동체'라는 공통 인식을 전제로 연구를 추진해 동아시아 지역의 순수한 지리적 인식을 돌파했다. 중국 조선한국학 학자들이 최근 취득한 국가 사회과학 연구

---

25 [韓]조동일, 〈동아시아 문명론〉, 지식산업사, 2010.6, p89
26 황위주, "한국한문학 연구에 있어서 동아시아 담론의 의미", 韓國漢文學硏究, 第37輯, 2006.

기금의 주요 프로젝트명을 보면 '중조 3천 년 시가교류계년'(조계 2014), '이십세기 동아시아 항일서사 문헌 정리 및 연구'(우림걸 2015), '중한 근현대문학 관계 문헌 정리 및 연구'(김병민 2016), '조선 한자 자원 문헌 정리 및 연구'(김영수 2018) 등이 있는데 이는 남북한의 문화와 동아시아·중국 문화의 맥락을 결합해 연구한다. 중국의 조선한국학은 중심과 주변이 서로 융합하는 원칙과 문명 대화의 원칙을 견지하고 있고, 동아시아 전통문화를 계승하고 있으며 동아시아 문명의 발전을 추진하다. 중국 문화를 전제로 한 조선한국학의 동아시아적 맥락을 고찰하는 것은 중국 조선한국학 방법론의 독특점이 될 것이다.

둘째, 중국의 조선한국학은 학제적 연구 방법을 기본 연구 수단으로 삼고 있다. 북경대학 한국학 연구센터는 스스로 한국학에 관한 학제적 종합 연구를 하는 학술기관이라고 특히 강조하기도 하였다. 조선한국학은 여러 학문 분야로 구성된 하나의 집합체가 아니라 외국 언어문학·세계사·이론경제학·정치학·법학 등 학문 분야별 이론과 연구 방법을 융합해 남북한을 종합적으로 연구하는 새로운 학문 체계다. 중국의 조선한국학은 한국과 북한을 접점으로 한국과 북한의 역사 문화, 경제 발전과 정치제도, 사회문제와 국제관계 등을 종합적으로 연구한다. 현재 국내 여러 연구기관의 연구자는 부동한 학과의 출신으로 자신의 전공 분야와 결부해 한반도 남북에 관해 연구하고 있으며, 문학 전공 배경을 가진 연구원은 남북한의 문학 연구를 담당하고, 정치학 전공 출신 연구원은 남북한의 정치 사회문제를 연구하고 있다. 이런 통일 협력 연구의 방식은 현재 매우 보편적으로 진행되고 있다.

4. 한국학의 발전 방향

물론 중국의 한국학은 최근 30년간 급속한 발전을 이룩했지만 독자적인 학문 체계를 갖춘 성숙한 학과가 되기에는 아직 부족하다. 초급 단계의 연구를 반복하는 현상, 성급하고 부실한 학술 기풍, 지나친 외부 원조에 의존하는 연구기관 운영 등 문제가 여전히 존재한다.[27] 한국사학사 연구의 역사를 돌이켜보더라도 "중국 학계의 연구 성과는 논문이 많고 전문 저서가 적으며, 주제적이고 서술적인 평가와 소개서적인 성격을 띤 문장이 많고, 포괄적이고 체계적인 논술이 적으며 한국 漢文 史籍에 대한 관심이 많고 비漢文 한국 史籍이 적으며 자화자찬하는 논저가 많아 한국 학계와의 대화가 적은 현상을 보이고 있다." 사실 한국학의 연구는 국내의 미국학, 일본학, 러시아학에 비해 아직 일정한 차이가 있다. 목전 중국의 한국학 연구는 좀 더 포괄적인 노력이 필요하다.

표4 각 국가학 논문 수량 대조

內容	한국학	미국학	일본학	러시아학
CSSCI期刊論文	5641	40012	19726	6508
碩士學位論文	5259	18504	7663	2733
博士學位論文	578	2005	1091	354

*자료 출처 : 만방 데이터베이스

우선 한국학 학과의 학문 체계에 대한 공통된 인식이 있어야 한다. 중국의 한국학이 지닌 본질적인 문제는 학문적 정체성이 불분명하고 학술체계에 대한 공동 인식이 부족하다는 점이다. 중국의 한국 연구는 시초부터 각 학과별로 고군분투하는 상황에 처해 있으며, 학과 간 교류와 협력이 부

---

27 石源華, 〈中韓建交二十年來中國韓國學現狀及發展〉, 當代韓國, 2012. 第3期

족하다. 그 때문에 부동한 학과 간의 학술 자원의 공유가 부족하며 학술 연구의 협력이 원활하게 이루어지지 못하고 있다. 매년 열리는 각종 포럼과 학술대회는 기본상 학과별 발표와 토론이 진행되고 있다. 인접 학과가 하나의 분과로 구성된 경우에라도 각자 자신의 논문을 발표하는 데 그친다. 동일한 사회 역사 혹은 현실 문제를 둘러싸고 부동한 학과가 서로 다른 시각과 방법론을 적용해 심도 있게 논의하는 경우는 드물다. 이제 중국의 한국학은 학문 간 교류와 협력, 유기적 융합을 이뤄야 한다. 다시 말해 학문의 구조적인 향상을 통해야만 중국의 한국학은 치밀하고 과학적인 학문적 시각으로 한반도의 과거와 현재를 체계적으로 해석할 수 있으며 나아가 중국 특색과 중국 풍격을 체현한 학문의 성장과 발전을 이룩할 수 있다.

둘째, 한국학만의 특색 있는 방법론을 보다 깊이 있게 탐구해야 한다. 각기 부동한 학문 체계를 갖춘 독립된 학문이 자체의 개념과 논리, 이론과 방법에 따라 같은 문제를 탐구하다 보면 상호 간 학문적 논쟁을 불러일으킬 수밖에 없다. 형이상학의 추상 이론을 중시하는 인문학은 객관 현실과 사건에 대한 가치 판단을 더 중시한다면, 사회학 방법론에서는 실증 조사를 중시하고, 객관적 사실을 보다 더 중요시한다. 인문학과 사회학 사이의 대립적 긴장감은 자칫 한국학 연구를 자기모순에 빠뜨려 학문의 통일성을 조율하기 어렵게 할 수도 있다. 그러므로 한국학 연구자들은 전공 분야를 기반으로 하면서도 다른 학과의 이론과 방법을 유기적으로 수용하여 거시적 시각과 미시적 분석이 결합된 방법론을 모색해야 한다. 미시적인 문제에 직면하면, 현상을 투과하여 본질을 보아야 하고 구체적인 문제에 내재한 보편성을 파악하지 않으면 안 된다. 예컨대 한국인의 '혐중' 정서는 역사적 변혁기 때마다 다시 불거지는 구체적인 문제다. 이 구체적인 문제를 주안점으로 각기 다른 시각에서 실증적 연구, 이론적 연구, 종합적 연구를 진행한다면 현상에 내재된 보편적인 이론과 지식을 찾아낼 수 있을 것이다. 사회 발전 과정에 나타나는 문제와 현상을 깊이 파고들뿐만 아니라, 그 본질을 통찰하는 학술 의식을 갖추어야만 중국 사회의 문화 발전을 추진할 수 있고, 국가의 정확한 정치, 경제, 외교 제도를 건설하는 데 이론적 근거를 제공할 수 있다.

마지막으로 중국적 시야와 풍격을 갖춘 리더를 조직적이고 계획적으로 양성해야 한다. 베트남 대학은 한국어 교육을 통해 한국학의 실용을 실현하였고, 미국의 한국학은 "한국의 민족주의와 거리를 두는 데는 성공했지만, 미국 학계의 중심적 지적 경향과 사회 현실 속에 깊이 뿌리내리지는 못했다.[28]" 중국에서의 한국학 연구는 인류 운명공동체라는 새로운 문명 가치관을 견지하며 한반도의 문화와 사회문제를 분석하고 연구하고 있다. 반드시 학문 건설을 이끌 인재와 학과 선도자를 양성함으로써 각 지역에 수많은 학술연구진과 연구 학파를 형성함으로써 연구의 편협성을 극복하고 국내의 한국학 연구를 효과적으로 연동시켜야 한다. 한국학 학회 설립, 정규적인 한국학 학술대회 개최, 학교 간 공동연구 등을 통해 한국학의 정체성 발전을 도모할 수 있을 것이다.

중국의 한국학은 중국 특색과 중국 풍격을 형성하는 데 박차를 가하여 국내, 국제적으로 권위적인 학술 발언권을 가진 학과로 성장하여야 한다.

---

28 백영서, 〈지구지역학으로서의 한국학의 (불)가능성〉, 東方學志, 2009.

한국 고대 시화와 湖湘문화

채미화(蔡美花)

'시화(詩話)'는 중국 고대에서 유래한 문학 비평 양식으로서 송원명청
(宋元明淸) 시대를 거쳐 번영하고 발전하였으며, 그 과정에서 고대 한국 시
화, 일본 시화 및 베트남 시화의 형성에 영향을 주어 유교문화권, 불교문
화권과 어우러진 동아시아 한문 시화권을 형성하였다. '동아시아 시화'는
동아시아 문화의 형성과 발전을 보여주는 역사적 실증이며 그 구조적 형
태, 언어적 방식과 비평 대상 등 외적인 측면이나 시학 이념, 심미적 취향
과 구조 논리 등 내재적인 측면에서 모두 중국 문화와의 짙은 친연관계를
보여주고 있다. 한국 고대 시화는 동아시아 시화 가운데서 자체의 독특한
특색과 빛나는 성과로써 가장 중요한 한자리를 차지한다. 물론 한국 고대
시화의 발생은 자체의 민족문화를 토대로 이루어진 문학적 형태로서 중국
의 전통적인 시화 문학 양식의 단순한 '역사적 재현'이 아니다. 한국 고대
시화는 한국 고대 문인들이 중국의 시화 문학 전통에 대한 자각적인 선택
과 수용을 통하여 자체 민족 문화의 특색을 체현한 문학 양식으로 창조
발전시킨 비평 형태이다. 한국 고대 시화는 중국과 한반도가 평등한 대화
속에서 서로 이해하고 상호 문화적 의미의 증식과 재생을 이뤄낸 가장 확
실한 예증이다.

본문은 『韩国诗话全编校注1-12册』(채미화 조계 주편. 인민문학출판사
2012.12)을 기본 문헌 자료로 삼고 한국 고대 시화의 호상문화[1]에 대한 수
용과 인식을 접점으로 하여 한국 고대 시화와 중국 문화의 관계를 살펴보
는 데 그 목적을 둔다. 호상문화는 선명한 지역 특색을 띤, 상대적으로 안
정적이며 전승성이 강한 역사 문화 형태[2]로서 중국 전통 문화, 더 나아가

---

1 湖湘文化, 有廣義與狹義之分。 廣義的湖湘文化是指湖南省區範圍内歷史上所有的文化現象,
　既包括以氏族血緣爲基礎的部族文化, 又包括以政區地緣爲基礎的地域文化。 狹義的湖湘文
　化僅指統一的中華文化形成後的地緣區域文化, 即和湖南省地區行政區相對應的文化區, 是
　指唐宋以後所形成的湖南地區的地域性歷史文化。本文採用狹義的湖湘文化定義。

서는 중국의 근현대 문명사에서도 중요한 지위와 가치를 지니고 있다. 아래에 한국 고대 시화에 나타난 호상 자연 풍물의 시적 구현, 호상 지역의 유가 정신에 대한 선양, 호상 시인의 창작에 대한 품평을 통해 중국 전통 문화에 대한 한국 고대 문인들의 인식과 이해 그리고 한국 고대시화의 독특한 문화적 특질을 찾아보려 한다.

1. 한국 고대 시화에 나타난 호상 자연 풍물의 시적 구현

근대 이전 중국은 발달한 문명으로 하여 동아시아 내지 세계적인 판도에서 중심적인 위치에 있었다. 한반도는 당시 중국의 선진적인 문화에 감복하면서 인접국인 중국의 발전된 문물과 제도를 받아들였으며 그것을 자연스럽게 문인들의 창작과 작품에서 체현하였다. 한국 고대 시화는 중국 사회의 각종 현상과 문화 형태 그리고 산수 경관과 민속 풍토에 대해 생생하게 기록하고 묘사함으로써 중국 전통문화에 대한 귀중한 역사적 기억을 남겨두었다.

한국 고대 시화에서는 호상 지역의 문화적 이미지가 된 '동정호(洞庭湖)' '악양루(岳陽樓)' '형산(衡山)'과 같은 자연 경물이 빈번히 나타나며, 그에 대해 호상문화의 모종 '은유'로서 의취를 부여하고 있다. 한국 고대 문인들이 쓴 호상의 자연 풍물은 대부분 '소상팔경(瀟湘八景)[3]'에서 유래되었

---

2 湖湘文化從北宋末年到近代經歷了一個由盛到衰再到盛的過程；唐宋時期出現了第一次高潮, 岳麓書院成爲群賢畢至, 人文薈萃的地方, 朱·張在這裡展開的 "中和之辯", 史稱 "朱張會講". 這一時期湖湘文化盛極一時, 其內容涉及到道學思想·陰陽對立的矛盾觀·"天理人欲同體異用" 理欲觀·力行致用的知行觀和 "留心經濟之學" 等方面,都有重大建樹. 到南宋時期, 戰亂不斷, 湖湘文化的發展因此受挫. 湖湘文化包括推崇理學·强調經世致用·主張躬行實踐三大要素.

3 瀟湘八景, 相傳爲瀟湘一帶的湖南八處佳勝. 爲宋沈括 『夢溪筆談·書畫』 中所描述："度支

다. 조선시대 문인 장유가 "소상팔경의 명성은 천하에 자자하여 고금의 시인들 읊조림이 헤아릴 수 없을 정도로 많다"[4]라고 감탄하였다. 소상팔경으로 대표되는 호상 자연 풍물은 한국 고대 시인들의 커다란 관심과 주목을 받았다. 한국 고대 시가에서의 소상팔경은 '소상야우(瀟湘夜雨)' '동정추월(洞庭秋月)' '평사낙안(平沙落雁)' 세 주제에 집중되었다[5] 하여 '소상' '동정호' '형산'은 한국 고대 시화에서 빈번히 논의되는 자연 풍물로 나타났다.

1.1 비운의 공간으로서의 소상

소상(瀟湘)은 상수(湘水)·소수(瀟水)를 가리키기도 하고, 상강(湘江) 전 유역의 광활한 공간을 가리키기도 한다. 끊임없이 이어지는 밤비나 굽이치는 소상강은 문인 묵객의 우울한 심성을 기탁한 유명한 경관이 아닐 수 없었다. 중국의 고대 시가에서 소상야우를 읊조린 시들은 깊은 근심과 애절한 정서를 토로한 명작으로 탄생되었고 이러한 작품들은 한반도에 유포되어 한국 고대 시인들의 감상과 비평의 대상이 되기도 하였다. 남양 류운(柳惲)의 『강남곡』 가운데서 "동정에는 귀객이 있고, 소상에서 고인을 만나는구나(洞庭有歸客, 瀟湘逢故人)"라는 문구를 신라시대 최치원(崔致遠)이 차용하였는데 그는 "창해 밖에서 소상 이야기 접하면 친구 인연도 깊어진다(而滄海外躡瀟湘故事, 則親舊緣固不淺)[6]라는 시문을 지었다. 명나라 사람 여민표가 지은 "소상에 가까우니 저녁 비가 많고, 기러기 분수에 날아 와도 고향에서 오는 편지는 없구나(地近瀟湘多暮雨, 雁來溢浦少鄕書)"를 허균

員外郎宋迪工畫, 尤善為平遠山水, 其得意者〈平沙落雁〉〈遠浦歸帆〉〈山市晴嵐〉〈江天暮雪〉〈洞庭秋月〉〈瀟湘夜雨〉〈煙寺晚鐘〉〈漁村夕照〉, 謂之八景. 好事者多傳之."歷代皆有才子追和, 是我國近古時代著名的詩畫繪詠圖式.

4 張維, 『谿谷先生集卷之七·序 十六首·成廟禦製瀟湘八詠帖序』.

5 (韓)田京源, 〈瀟湘八景──東亞詩畫〉, 首爾, 建國大學出版部2007年版, 第83頁.

6 崔致遠, 『孤雲先生文集卷之二·碑·無染和尚碑銘』.

은 '훌륭한 시(工诗)'라고 평가하고 이 시는 '동방에 널리 알려졌다'고 하였다.

한국 고대 문인들이 쓴 '소상'은 애련과 근심이 가득한 비운의 공간이었다. 이런 준비극적인 의미는 우선 "애끓는 떠돌이들만 아직 하늘가를 방랑하는구나"와 같이 정처 없이 타향을 방랑하며 고향을 그리워하는 애달픈 심정이다. '소상', 특히 비 오는 밤의 소상은 고향과 친인을 그리는 경전이 되었다. 이제현의 "소상야우(瀟湘夜雨)", 이행, 정두경의 시에서 보다시피 향수(鄕愁)의 대명사로서의 '소상'은 한국 고대 문인들의 시구를 통하여 동아시아의 공통된 애수와 향수의 정서를 기탁한 미학적 의미로 탄생되었을 뿐더러 한국적인 향수를 표출하는 특수한 대명사로 재창조되었다.[8]

한국 고대 문인시에서의 '소상'은 순비제죽(舜妃啼竹)의 신화적 의미도 내포한다. 순제(舜帝)와 이비(二妃) 그리고 반죽의 이야기는 '소상'의 역사적 함의를 크게 확장하였으며, 그 전설성과 중후감을 지니게 하였다. 한국 고대 문인들은 순비 제죽의 '소상'에 감동했고, 그 감정의 공감대를 작품에 접목시켰다[9]. '소상 반죽'은 조선조 문인들이 습작하는 중요한 논제가 되기도 하였다.[10] '소상'은 한국 고대의 시화에서 오랫동안 타향에서 머물며 고향을 그리워하는 애끓는 심정과 '순제제죽'에서처럼 애틋한 그리움의 표출

---

7 許筠, 『鶴山樵談』, 蔡美花・趙季主編, 韓國詩話全編校注, (三),北京：人民文學出版社2012年版。

8 如 "巫峽啼猿哀淚濕, 瀟湘歸雁怨聲長"(權應仁『松溪漫錄』)、"零陵江上雨連天,寄舶遊人思悄然"(李奎報, 『東國李相國後集卷第六・古律詩　九十六首・次韻英上人見和』)、"雲暗瀟湘雨送涼, 蓬窓月黑響琅琅。舟中多少遠遊客, 盡向燈前說古鄕"(李承召, 『三灘集卷九・詩・題畫屛』)。

9 李齊賢寫, "瀟湘夜雨"道："楓葉蘆花水國秋, 一江風雨灑扁舟。驚回楚客三更夢, 分與湘妃萬古愁。"容齋李荇寫"瀟湘夜雨"道："竹林動哀響, 二妃應涕滂。涕痕洒不盡, 千古斷人腸。"鄭鬥卿寫道"夜雨蕭蕭斑竹枝,至今瑤瑟使人悲。千年帝子無窮恨, 只在湘江夜雨時。"

10 洪萬宗, 〈詩話叢林・冬〉對此留有記錄："洪斯文柱世號靜虛堂, 為文專尚儒家,不務詞華, 而詩亦閑遠, 有陶・韋遺韻。嘗制月課, 其〈詠瀟湘斑竹〉曰："蒼梧愁色白雲間, 帝子南奔幾日還? 遺恨不隨湘水去, 淚痕猶著竹枝斑。千秋勁節凌霜雪, 半夜寒聲響玦環。啼罷鷓鴣人不見, 數峰江上露煙鬟。'詞極清高。時湖州蔡裕後擢致上考, 稱賞不已。"

로 되고 있을뿐더러 초나라 굴원의 애국심(屈子报国)을 상징하는 비운의 정서와 가국정회(家國情懷) 의미로도 사용되었다. 그들 시가에서의 '소상'이라는 서사 공간에서는 굴원의 창조한 상신(湘神)과 순비 반죽 등의 의미를 분명하게 갈라내기 어렵다. 하여 이제현, 유즙, 홍주국 등의 시가 작품에서처럼 이러한 정서는 하나로 융합되어 낭만과 비장함 그리고 처량함이 함께한다[11]. 한국 고대 문인들의 '소상'에 대한 이해와 해석은 굴원의 우국우민(忧国忧民)의 애국심에 깊이 공감하면서도 충군보국(忠君报国) 정서가 더 짙게 나타나는 것으로 특징적이다.

정리해 말하자면 '소상'은 한국 고대의 시화에서 떠도는 나그네의 고향에 대한 그리움, 임에 대한 변함없는 사랑과 정조 그리고 비장하고 처량한 애국심의 대명사로 사용되었다. '소상'은 한국 고대 문인들이 나라와 고향과 친인에 대한 깊은 근심과 걱정을 토로하고 자신의 시적 정서를 기탁하는 미학적인 의미로 승화되었다.

1.2 감회와 개탄의 연동식 풍경도로서의 동정호

예로부터 동정호는 광활한 자연 풍광과 풍부하고 감동적인 신화 전설로 수많은 시인 묵객의 눈길을 끌었다. 고대 시기 중한 교류가 갈수록 빈번해지면서 동정호와 그에 관련된 시가 작품도 당연히 한국 고대 문인들이 관심하는 대상이었다. 15세기 조선조 문인 서거정은 『동인시화』에서 이런 말을 남겼다:

11　如李齊賢云: "二女湘江淚, 三間楚澤吟"(『益齋亂稿卷第十·長短句·巫山一段雲 瀟湘八景』)、"驚回楚客三更夢, 分與湘妃萬古愁"(『益齋亂稿卷第三·詩·和朴石齋、尹樗軒用銀臺集瀟湘八景韻』); 又如鄭宗魯云: "蕭蕭夜雨濕斑篁, 帝子遺蹤隔渺茫。 最是三間終古恨,湘流不斷楚天長"(『立齋先生文集卷之六·詩·瀟湘八景 次皓隣韻』); 柳楫云: "黃陵祠下莫停舟,班竹千年不盡愁。 造物何心添夜雨,蕭蕭應白楚臣頭"(『白石遺稿卷之一·七言絶句·題瀟湘八景』)。洪柱國云: "凄迷暗鎖虞妃恨,斷續頻回楚客腸"(『泛翁集卷之四·七言律詩 下·瀟湘八景』)。

동정과 파릉의 웅장한 경치는 천하에 유명하므로 많은 시인 묵객이 그것을 두고 많이 읊조렸다. 예를 들면 "물이 잔잔하며 하늘은 더 넓게 보이고 산은 빼어나 지형은 더 높아 보인다(水涵天影闊 山拔地形高)", 또한 "사방을 둘러봐도 땅이 더 없을 것 같은데 중류에 문득 산이 보인다. 새가 날면 무서워서 떨어지지만 돛은 지나도 한가롭다(四顧賺迋無地, 中流忽有山。鳥飛應畏墮, 帆過卻如閑)" 같은 시문이 세상에 널리 알려져 있다. 그러나 맹양양의 "운택 몽택 두 지역은 마치 성난 파도 속에서 끓어오르는 것 같았고, 그 거대한 파도가 일파만파로 악양성을 뒤흔드는 것 같았다(氣蒸雲夢澤, 波撼岳陽城)"만 못하고, 소릉의 "드넓은 호수가 오나라와 초나라 두 곳을 갈라놓으니, 온 천지가 마치 호수에서 밤낮으로 떠도는 것 같다(吳楚東南坼, 乾坤日夜浮)"만도 못한다.

이 시인의 가슴속에 몇 개의 운몽을 숨겼는지 모른다. 목은이 『오중팔경』에서 "군산이 저녁이면 붉게 물든다. 오나라와 초나라를 집어삼킬 것처럼 기세가 무궁하다. 바람이 계속 황혼의 달에 불며, 은촛대와 사등롱을 어둡게 비친다(一點君山夕照紅, 闊吞吳楚勢無窮。長風吹上黃昏月, 銀燭紗籠暗淡中)"라는 시문을 창작했다. 그 광막하고 충만한 기개가 비록 두보의 지경에는 이르지 못하지만 어찌 앞의 수를 더 많이 양보할 수 있겠는가?

가붕(可朋)의 〈부동정〉, 허당(許棠)의 〈과동정호(過洞庭湖)〉, 맹호연(孟浩然)의 〈임동정(臨洞庭)〉, 두보(杜甫)의 〈등악양루(登岳陽樓)〉는 모두 중국 시인들이 동정호를 두고 쓴 시문이고, 단 〈오중팔경〉만이 한국의 문인 이목은(李牧隱)의 시작이다. 서거정(徐居正)은 여기에서 중국 시인의 시가를 비평함과 아울러 중한 양국 시인들의 동정호 시문을 횡적으로 비교하고 있는데 동정호 시문에 대한 그의 관심과 친숙함의 정도를 충분히 나타내고 있다.

동정호는 한국 고대 문인들이 동경하는 이상향이었고 시적 대상이었다. 허균은 <성수시화>에서 "우리나라의 지명은 운치가 없다. 예를 들면 '氣蒸雲夢澤, 波撼岳陽城'은 열 글자에 여섯 글자의 지명에 네 자를 더하면 되므로 그 힘은 오직 '蒸, 撼'두 글자를 짐작하는 데만 공적이니 어찌 수월하지 않겠는가"라고 하였다.[12] 홍만종도 <소화시평(小华诗评)>에서도 비슷한 논술을 썼다.

중국의 지명은 모두 문자로 들어가니, 시가 훌륭하다고 보는 사람이 대부분이다. 예를 들면 "九江春草外, 三峡暮帆前" "氣蒸雲夢澤, 波撼岳陽城" 등 구절에서, 몇 글자만 추가하면 광채를 더할 수 있다. 우리 동방에는 모두 방언으로 지명이 되어 시운과 어울리지 않는다.[13]

남희채는 『龜磵詩話地理嶽瀆下』의 '湖' '羿屠巴蛇, 軒皇鑿湖' '泉井·楚田雲夢條'에서 동정호의 수계개황(水系概况)과 민속설화, 역사적 연원, 문학 전통 등을 세밀하게 소개하였다. 사실 동정호는 악양루와 군산(君山)과 함께 한국의 '소상팔경시'에서 등장하는 경우가 많다. 말하자면 '군산-동정호-악양루' 즉 '일산일수일루'의 클러스터 형상을 이루고 있다. 이것은 결코 심미 대상의 거친 겹침과 조합이 아니라 동아시아 특색의 심미적 연상과 철학적 사고의 표출이라고 할 수 있겠다. 싸늘한 가을 달빛 아래 동정호에서 유유히 노대를 저으며 물빛을 감상하는 시편에서나 악양루나 군산에 올라서 밝은 달빛을 바라보며 감회에 젖은 시문에서 시인들은 한결같이 슬픔

12 『惺叟诗话』, 赵持世常曰:"我国地名入诗不雅。 如'气蒸云梦泽,波撼岳阳城', 凡十字六字地名, 而上加四字。其用力只在蒸、撼二字为功, 岂不省耶?". 蔡美花·赵季主编, 韩国诗话全编校注(二), 北京, 人民文学出版社2012年版。

13 洪萬宗, 『小華詩評』, 蔡美花·趙季主編, 韓國詩話全編校注, (三), 北京, 人民文学出版社2012年版。

과 개탄의 정서를 표출한다. 달빛에 어린 동정호의 군상(群像)은 "懷古傷今,
憂國憂民, 思鄉懷人" 심정과 하나로 융합되어 슬픔과 비애의 시적 정서를
보여주고 있다.

　　우국우민의 시적 지향을 추구하는 한국 고대 문인들은 두보의 〈악양
루(岳陽樓)〉, 맹호연의 〈악양루(岳陽樓)〉, 범중엄의 〈악양루기(岳陽樓記)〉
등 명작에 깊은 찬사를 보냈다.

　　　　송대 등종 좌관은 파릉을 지키게 되면서 악양루를 재건하였는데 그것은
　　　　여전보다 더 웅장하였다. 범문정이 악양루기를 쓴 그 시기는 경력(經歷) 5
　　　　년이다. 내가 보건대 악양루에 대한 제영은 소릉 뒤에는 아무도 없다. 이
　　　　른바 '이 시제 후에 더 나은 시가 없다'라는 말이다. 오직 범문정의 문장
　　　　필력이 지극히 거창하고 방자하며 '위아래로 밝은 하늘, 끝없이 펼쳐진 호
　　　　수는 온통 새파랗다, 연기 한 점, 밝은 달 천 리(上下天光, 一碧萬頃, 長烟
　　　　一空, 皓月千里)'라 하였는데 소릉의 '吳楚乾坤'의 시구와 겨룰 수 있겠다.
　　　　그의 '고향을 멀리 떠나 그리는 마음 감개무량하구나. 먼저 나라와 백성을
　　　　위해 걱정하고 백성이 편안한 후에야 즐거움이 있다(去國懷鄉, 感極而悲,
　　　　先天下憂後天下樂)'라는 글은 소릉의 '친인들이 늙고 병드니 헌에 기대어
　　　　눈물을 흘린다(親朋老病, 憑軒涕泗)라는 시구와 같이 깊은 근심에 젖어 있
　　　　다. 선인들은 범노의 도량이 동정(洞庭)과 같이 넓다고 하였는데 지나친
　　　　말이 아니다.[14]

　　"去國懷鄉, 感極而悲, 先天下憂後天下樂" 글귀의 인용에서 보다시피 호상
문화의 '우국우민(憂國憂民)'의 정서는 한국 고대 문인들에게 깊은 인상과
감회를 주었다. 동정추월(洞亭秋月)의 의미는 어느 정도 이런 '비환의식'의

---

14 南義采, 『龜磵詩話』, 蔡美花·趙季主編, 韓國詩話全編校注, 北京, 人民文學出版社2012年版.

구체화이다. 주목할 점은 동정호의 이미지 군상이 표출하는 '우국우민(憂國憂民)'과 가국정회(家國情怀)의 정서는 위에서 언급한 소상(瀟湘) 이미지에서 보이는 굴원의 '충군애국'식 家國情怀 와는 서로 치중 점이 부동하여 어느 정도의 차별성이 있다는 것이다.

한국 고대 시화에서 나타난 '동정호'는 동정추월(洞庭秋月)을 배경으로 동정호, 군산, 악양루가 함께한 집단적인 이미지 특징을 나타내고 있다. 한국 고대 문인들의 상상 속에서 동정호를 핵심으로 한 자연명소의 군체적 물상은 회고감금(懷古感今), 우국우민(憂國憂民)의 정서를 표출하는 연동식 풍경도로 재창조되었다.

1.3 마음의 이상적인 터전으로서의 형산

형산(衡山)은 시초 '남악(南岳)'이라는 이름으로 중국 문학에 등장했다. 순제(舜帝)가 남쪽을 순행하다가 생을 마감하고 그를 따라 이비(二妃)가 쌍쌍이 순정하였기 때문에 형산은 임에 대한 변함없는 순정의 이미지와 정감적 색채로 세인들의 마음속에 확고히 자리 잡게 되었다. 굴원은 〈천문(天問)〉에서 "오백은 왕계를 피하려고 형상 아래 머물렀다(吳獲迄古, 南嶽是止)"라고 하면서 태백·중옹이 채약을 핑계로 형산에 은둔하고 현자인 계력(季历)에 나라를 양보한 이야기를 쓰고 있다. 이로써 남악 형산은 문인 선비들의 은둔의 대명사로 불리게 되었다. 그 후 진나라가 국토를 통일하고 영거(灵渠)를 개통한 후 형산 산맥은 중원 내륙과 황만 지역 남쪽 변경의 지리적 경계선이 되었고 북상 남하하는 유배된 관리와 문인들이 반드시 거쳐야 되는 장소가 되었다. 하여 형산은 중국 고대 시가에서 좌천과 상실과 기나긴 유배생활의 고달픈 정서를 불러일으키는 이미지로 등장하였으며 문학 창작에서 가장 고전적이고 보편적인 대명사로 나타났다.

한국 고대 문인들은 남악 형산이 담고 있는 문화를 인지하고 자신의 문학창작에 접목시키고 실천하였다. 그들은 형산을 묘당(廟堂) 위와 강호(江湖)의 경계로, 충신과 제왕군주(帝王君主) 사이를 차단하는 공간으로 보았다. 정희량은 시에서 "상수에 시인이 가라앉고 형산에 충신이 머물고 있구나. 고금을 돌아보니 쓸쓸하기 그지없는데 이제 다시 수레를 바꾸랴(湘水沉騷客, 衡山滯直臣。凄凉今古事,況复更轮困)15"라고 감탄하였고 어득강은 '평사낙안(平沙落雁)'을 감상할 때 여전히 "낙엽이 지고 늦가을 새 남쪽으로 날아가고 곡식은 비옥한데 떠돌이들이 강호에서 흥청망청하고 있다. 의식(衣食)이 풍족하여 근심을 잊을까 걱정되고 억울하게 충성스러운 신하를 해치지나 않을지(木落南翔稻正腴, 群游飲啄恣江湖。恐渠飽暖忘虞处, 枉害忠诚直谏奴)" 하고 감개무량했다.

한국 고대 문인들에게 있어서 '형산'의 또 다른 중요한 시적 표현은 마음의 터전으로서의 이상향이다. 이를테면 진화(陳澕)는 『평사낙안(平沙落雁)』에서 "강추위에 하늘 높이 날지 못하고 갈대꽃 깊은 곳에서 지내려고만 하네(驚寒不作戞天飛, 意在蘆花深處宿16)" 하고, 이제현은 "마음 편한 곳이 내 집이로다 웬일로 천애지각에 와 있는고 (心安只合此為家, 何事客天涯17)"라고 했다. 류노는 "저녁에 강기슭으로 내려가려고 하나, 외로운 마음은 평사 사랑뿐(晚向江頭還欲下, 孤心只是愛平沙18)"이라고 했다. 송래희는 "청사로 날아와 한가로이 지내며, 평생 먹고 입을 걱정 안 한다 (飛向清沙間取適, 生涯不作稻粱謀19)"라고 했다.

송래희 시구처럼 형양기러기를 먹을 것을 위해 평사에 내려앉은 것으

15 鄭希良,〈虛庵先生遺集卷之一·詩·述懷〉, 影印標點韓國文集叢刊, 1988年版。
16 陳澕,〈梅湖遺稿·七言古詩·宋迪八景圖〉, 影印標點韓國文集叢刊, 1990年。
17 李齊賢,〈益齋亂稿卷第十·長短句·巫山一段雲 瀟湘八景〉, 影印標點韓國文集叢刊, 1990年版。
18 柳楫,〈白石遺稿卷之一·七言絶句·題瀟湘八景〉, 影印標點韓國文集叢刊, 2006年版。
19 宋來熙,〈錦谷先生文集卷之一·詩·瀟湘八景 八首〉, 影印標點韓國文集叢刊, 2003年版。

로 보는 견해도 있다. 강경순이 〈평사낙안(平沙落雁)〉에서 말한 것처럼
"명로는 은하수와 통하고, 낮게 나는 것은 먹을 것을 노림이도다. 하늘 높
이 떠서 점점이 머뭇거림은 삼상으로 날아가려 함이로다(冥路通雲漢, 低飛
爲稻粱。排空點點字千行, 去意在三湘[20])"라고 했다. 정희량은 "어느 곳 곡식
에 그물이 덮쳤는지 갈대꽃 깊은 곳에 가 급급히 숙박하는고(何處稻粱驚網
弋, 急向蘆花深處宿[21])"라고 했다. 이정암은 "어찌 먹을 것에 연연하지 않겠
느냐 날아오는 화살을 피하려 함이로네. 전생에 제갈후로 모래와 돌로 강
가에 진을 쳤다(豈不戀稻粱, 其如避矰弋。前身諸葛侯, 佈陣依沙磧[22])"이라고
했다. 기러기가 평사에 착지하는 것은 물론 먹을 것을 찾기 위한 것이지만
결코 탐욕만이 아니다. 덮쳐오는 그물을 피해 먹이를 찾고 생명을 부지하
기 위해서이다. 한국의 문인 이행(李行)은 이런 해석을 했다. "먹을 것을
싫어함이 아니고 날아오는 화살을 피함이로다. 무리 모두가 굶주림에 시
달려 쌍쌍이 평사로 내린다. 모래밭에 행인이 적어지고 밤비가 갈대를 울
릴 제 서로 부르며 다시 높이 날아오르네 구름과 물이 바로 내 집이로다.
(非无稻粱谋, 恐有矰弋加。舉群一饑忍, 雙雙下平沙。沙際少人行, 暮雨響蒹葭。
相呼复冥飞, 云水真吾家[23])". 모래밭에서 여유를 누리는 한가형 기러기를 묘
사했거나 아니면 먹이를 찾아 헤매는 생계형 기러기를 쓰고 있거나 형산
의 평사는 정신적, 물질적인 안식처로 묘사되고 있다. 이 점은 중국의 선
진시대에서부터 전해진 형산의 귀은(歸隱)적인 의미와는 다른 한국적인 의
미인바 '형산' 이미지의 미학적인 내함은 이로써 더욱 풍부하게 발전되어
동아시아의 문학 이미지로 확대되었다. 한국 고대 시화에서의 '형산'의 시
적 구현은 생동감 있고 풍만하다. 한국 고대 문인들에게 형산은 실의와 비

20 姜景醇, 〈私淑齋集卷之五·雜著○歌詞·瀟湘八景〉, 影印標點韓國文集叢刊, 1988年版。
21 鄭希良, 〈虛庵先生遺集卷之一·詩·瀟湘八景〉, 影印標點韓國文集叢刊, 1988年版。
22 李廷馣, 〈四留齋集卷之一·五言絶句·題畫屏瀟湘八景〉, 影印標點韓國文集叢刊, 1990年版。
23 李荇, 〈容齋先生集卷之三·五言詩·瀟湘八景〉, 影印標點韓國文集叢刊, 1988年版。

분과 원망을 호소할 때 묵묵히 경청해 주는 큰 산이었고 스스로 위안하면
서 고민을 풀어 갈 때 함께해준 친구 같은 존재이기도 하였다. 사화당쟁이
빈번하고 나라의 정치가 불안정하던 시대적 환경에서 그들은 이러한 방식
으로 자신의 내심을 표출하였던 것이다.

정리해 말하면 한국 고대 문인들의 소상, 동정호, 형산의 문화적 의미
에 대한 이해와 시적인 해석은 중국의 전통적인 문화적인 의미와 문학 형
상과 대체로 일치하지만 한국적인 풍토와 미학 전통에 토대하여 자유로운
선택과 이해를 표출하였다. 문헌에 의하면 이제현, 김구용, 최부 등 몇 명
을 제외하고는 장강 이남의 중국 지역을 친히 답사한 한국 고대 문인은
거의 없다. 한국 고전 시화에 기록된 호상의 자연은 그네들이 목격한 실경
이 아니라 중국 문인의 눈으로 본 호상 자연을 자기의 미학적인 추구에
맞게 재창조한 예술적인 형상이다. 호상문화는 한국 고대 문인들의 창작
을 통하여 한반도에서 널리 알려지게 되었다. 따라서 그들의 호상문화에
대한 독창적인 해석과 시적인 창조는 한국 본토 문학과 동아시아 한문문
학의 형성에 독특한 기여를 하였다.

2. 한국 고대시화에 나타난 호상 유학 정신의 선양

역사적으로 악록서원(岳麓书院)은 호상문화의 성지였다. 호상문화의 책
원지로 악록서원은 傳道濟民, 經世致用의 교육이념으로 품행을 중시하며 실
무를 강조하는 인문적인 품위와 천하를 근심하고 용감히 앞장서는 애국정
신으로, 주돈이(周敦颐)·호안국(胡安国)·주희(朱熹)·장식(张栻)·왕양명(王阳
明) 등 역대 이학의 대가들을 끊임없이 영입하여 이학을 숭상하는 독특한
호상문화 전통을 형성하였다. '소상수사(潇湘洙泗)'라 불리는 악록서원은

호상 지역뿐만 아니라 한반도와 동아시아에 대한 영향력도 무시할 수 없이 대단히 깊다. 한국 고대 시화는 악록서원의 역사 발전 행정에서 나타난 인물과 사건에 관해 많은 기록과 평론을 하였는데 특히 악록서원의 홍리학(弘理學), 중도덕(重道德), 궁경사(窮經史), 상사변(尙思辨)에 대한 유학 정신을 다원적으로 규명하고 탐구하였다. 남희채는 〈구간시화(甌閒詩話)〉에서 송대의 '천하사서원(天下四書院)' 중의 하나인 악록서원을 이렇게 기록했다. "개보 연간에 담주 태수 주동이 서원을 창건하여 학자들을 모셨다. 함평 2년에 이윤이 담주 태수로 와서 서원을 확장하고 장서를 조정에 청탁했고 장친부가 이를 기록했다."[24] 남희채는 또 중한 양국 서원의 발전 상황을 말하면서 송대는 '사대 서원이 유명하여, 지방의 유생들이 크게 흥하였'는데 이에 비해 '해좌일편방(海左一偏邦)' 한반도에는 '서원과 현사(賢祠)가 400여 곳이 있'긴 하지만 서원의 발전은 중시되지 못하고 있다고 하였다. "지금의 유명한 서원에서 공부한 선비는 학업을 마친 후에도 제대로 된 재능은 없고 명리장으로 삼을 뿐"이라고 한탄하면서 "포부가 있는 자는 이러한 현상을 반성하고 서원을 살려야 한다"라고 호소하였다. 한국 고대 시화의 호상 유학에 대한 선양은 대체로 다음 세 가지 측면에서 나타난다.

2.1 호상 유학의 홍리학(弘理学), 상도덕(尙道德) 정신에 대한 긍정

〈구간시화〉는 중국 송나라까지의 이학 발전 맥락을 종합적으로 서술[25]하고 있다. 그 맥락은 포희(庖牺)로부터 시작되어 주문왕(周文王)·주공

---

24 南義采 〈甌硯詩話〉, (開寶中潭守朱洞創建, 以待學者。李允則來为州, 請於朝藏書。張欽夫記之。蔡美花, 趙季主編, 韓國詩話全編校注, 北京：人民文學出版社 2012年版。

25 一部『易』, 是理學全書, 而庖牲氏, 乃理學鼻祖也。自洟滓之始, 與上蟠下際, 只是一個理。而群生顚蒙, 孰知其所以然者乎？庖牲氏, 聖神首出, 仰觀象, 俯法地, 於是『八卦』始畫, 以通神明之德, 以類萬物之情, 故曰庖犧氏, 理學鼻祖也。庖犧以是傳之文王, 文王傳之周公, 周公傳之孔子, 孔子沒, 庖犧之學無傳。東坡詩曰"伏羲歸天忽千古", 橫渠詩曰"千五百年無孔

(周公)·공자(孔子)에 이르며 공자 이후에 포희 학문의 맥이 끊겼다가 송대 주돈이에 와서 "이학이 중흥(理学中兴)"되고 주돈이의 뒤를 이어 정호(程顥), 정이(程頤)와 화정(和靖), 장식(張栻), 주희(朱熙)가 있었다. 주돈이, 주희, 장식은 악록서원에서 학문을 강연하였고 주희와 장식은 정호, 정이의 학문을 계승했으며 그 뒤를 왕양명(王陽明)이 계승하였다. 이어서 많은 이학자가 악록서원을 거점으로 하여 호상 유학의 발전을 위해 크게 기여하였다. 사실 호상문화는 호상이학을 사상적 기반으로 하는 문화이며 대대로 그 맥을 전승한 호상이학 대가들의 사상이론과 그 발전 성과로 동아시아의 문화적 정서로 응집되었음을 지적한 것이다.

한국 고대 시화는 주희의 행적에 대해 말하면서 주희는 공자의 "居處恭, 執事敬, 與人忠"[26]으로 품행을 기르며, 예에 맞지 않는 것은 보지 않고, 예에 맞지 않는 것은 듣지 않으며, 예에 맞지 않는 것은 말하지 아니하고, 예에 맞지 않는 일은 하지 않는(非禮勿視聽言動) 규례를 지켰다고 적었다. 홍석주는 주희가 경(敬)을 수양 방법으로 추구했음을 강조하면서 다음과 같이 말하였다. "주문공과 장식은 학문과 도의를 위하여 교류하면서 서로 시를 주고받았다. 장식은 주희에게 "우리 함께 선인의 품격을 쉬지 않고 추모해 나가자(勉哉共無斁,邈矣追前修)"라는 시문을 보냈고 이에 주희는 "함께 멈추지 말고 서로 격려해 가자(勉哉共無斁,此語期相敦)"라고 답했다. 두

子" 云云者, 皆有感於是也。理不可終泯, 學不可終絕。於是濂溪周夫子出, 繼千載已絕之緒, 接四聖相傳之統, 『太極圖』成, 而理學中興。故朱文公詩曰:"崑侖大無界,磅礴下深廣。陰陽無停機, 寒暑互來往。皇羲古神聖, 妙契一俯仰。不待窺馬圖, 人文已宣朗。渾然一理貫, 昭晰非象罔。珍重無極翁, 為我重指掌。"濂溪以是傳之二程, 二程傳之和靖, 和靖傳之南軒, 故文公『贈南軒』詩曰:"昔我抱冰炭, 從君識乾坤。始知太極蘊, 要妙難名論。謂有寧有跡, 謂無複何存。惟應酬酌處, 特達見本根。萬化自此出, 千聖同茲源, 云云"。理學相傳之統, 源流長矣。南羲采, 甌碬詩話. 蔡美花, 趙季. 韓國詩話全編校注[M].北京:人民文學出版社, 2012: 1994.

26 洪奭周,『鶴岡散筆』, 蔡美花·趙季主編, 韓國詩話全編校注, 北京, 人民文學出版社 2012年版。

유학 대가는 함께 성현을 배우고 스스로 자신을 격려하였다. 주희는 고훈을 따르고 사부께 공손하여 가정의 훈계, 스승의 가르침, 친구의 격려가 있었으며 훌륭한 내외겸수를 통하여 덕업을 이루었다"[27].

　한국 고대 시화에서는 호상이학자들이 '수신(修身)'을 제창하고 또 스스로 실천하였음을 지적하였다. "연꽃은 군자의 도가 있기 때문에 아름다운 절개를 닦는 것에 비할 수 있다. 그러므로 주무숙(周茂叔) 연꽃을 사랑한다. 연꽃은 진흙에서 나와도 물들지 않고, 맑은 파연을 씻어내도 요염하지 않다. 연 줄기에는 공기가 통하는 구멍이 있어 모습이 꼿꼿하며 어지럽게 덩굴지거나 가지가 치지 않는다. 향기는 멀수록 더욱 맑아지고, 꼿꼿하고 정갈하다. 멀리 볼 수는 있지만 거들떠볼 수는 없는바 군자의 도가 있다"[28]라고 하였다. 이학 위인들의 덕행에 대한 추구는 후세의 이학자들에게 영향을 주었고 그 전통과 맥이 후세에 이어졌다고 지적하였다. 바로 명나라 '숭인학파(崇仁学派)'의 창시자인 오여필(吳與弼)은 주희의 '회암문집(晦庵文集)'을 읽고 "남헌(南軒)이 '맹자(孟子)'를 읽는 락(樂)[29]"을 깨달았고 주희와 장식의 사상 이론의 계시를 받고서 '안빈낙도'를 추구하였다. 일심으로 이학을 추구하고 벼슬길에 나가지 않았으며 빈궁이 극심하나 분수에 맞게[30] 삶을 영위하면서 학문을 강의하고 일생 동안 고향에서 정주 이학을 전파하였다. 군자는 이상적인 인격을 지녀야 한다는 공자의 가르침을 토대로 오여필은 천리(天理)를 군자의 도덕 수양과 사물 인식의 최고 표준으로 삼았다고 하였다. 성인은 결코 너무 높아서 닿을 수 없는 신선이 아님을 그는 말하면서 "정박순은 사냥하는 사람을 보고 기뻐하였으니, 성현도 이와 같은 사람이거늘 어찌 배울 수 없으랴"라고 학습과 수양을 통하여 성인의

27　南義采, 『龜磵詩話』, 蔡美花·趙季主編, 韓國詩話全編校注, 北京, 人民文學出版社 2012年版。
28　南義采, 『龜磵詩話』, 蔡美花·趙季主編, 韓國詩話全編校注, 北京, 人民文學出版社 2012年版。
29　李圭景, 『詩家點燈』, 蔡美花·趙季主編, 韓國詩話全編校注, 北京, 人民文學出版社 2012年版。
30　李圭景, 『詩家點燈』, 蔡美花·趙季主編, 韓國詩話全編校注, 北京, 人民文學出版社 2012年版。

경지에 도달할 수 있음을 주장하였다는 것이다. 한국 고대 문인 이규경(李圭景)도 〈시화점등〉에서 이학대가 오여필을 극찬하면서 "현명하도다! 선생은 안빈낙도자(安貧樂道者)보다 더 거룩하다"라고 하였다.[31]

2.2 호상 유학의 궁경사(窮经史)·상사변(尚思辨) 전통에 대한 숭상

'주장회강(朱張會講)'은 악록서원의 하나의 미담으로서 역사적으로 전해지고 있다. 주희는 스승 이동이 죽은 후 중용지의(中庸之義)에 대한 의문을 풀기 어려웠다. 그가 난제로 고민하고 있을 때 (간도 3년, 1167) 장식이 호남에서 호홍지학(胡宏之學)을 연구한다는 소식이 전해졌다. 주희는 복건 숭안(福建崇安)에서 불원천리하고 장사의 악록서원으로 달려가 장식(張栻)에게 가르침을 청하였다. 『중용』의 '미발(未发)' '이발(已发)', '명찰식별과 함양의 순서 (察識持養之序)' 등의 문제를 둘러싸고 두 이학 대가는 "3일간 눈도 붙일 사이 없이"[32] 열띤 변론을 하였다. '주장회강'은 악록서원의 학술적인 자유와 진리를 추구하는 풍조 그리고 학술 문제를 함께 질의하고 논증하는 사변 정신을 생동하게 구현하였다. 이런 사변 정신은 논도(論道)에 관계되는 큰 문제뿐만 아니라, 한 글자의 작은 지식에 관련되는 문제라도 변론을 통해서 해결하는 데서 표현되었다. 변론을 통하여 대질하고 풀기 어려운 난제를 분석하는 과정에서 악록 학자의 "옳은 것을 추구하고 학술적 진리를 추구한다"라는 정신이 체현되었다. 김창협의 『농암잡식(农岩杂识)』과 이익의 『성호선생사설(星湖先生僿说)』은 천고의 주장회강을 진지하게 기록하여 호상 유학자들의 학술 자유에 대한 정신을 충분히 긍정하였다.

한국 고대 시화에서는 사변정신을 주희 등 이학자들이 학문의 진리를

31　李圭景『詩家點燈』, 蔡美花·趙季主編, 韓國詩話全編校注, 北京, 人民文學出版社2012年版。
32　(清)王懋宏,『朱子年譜』, 臺北, 世界書局, 1973年版, 第46頁。

끝까지 추구하는 참된 학풍이라고 선양하였다. 홍석주는 "정자는 염계(濂溪)에서 학문을 배웠으나 태극에 대해 한 마디도 하지 않았다. 주자가 십백 번 논변을 했어도 결국 『역서(易序)』는 증거로 삼지 않는다[33]"라고 말했다. 다시 말한다면 정호(程顥)는 주돈이에서 배움을 받았지만 종래로 태극에 관해 말하지 않았고, 주희는 비록 경서를 중시하고 『역전서(易傳序)』를 저술했어도 논변과 강학에서 『역서(易序)』를 증거로 하지 않았다는 것이다. 주희 이후의 학자들도 '주희의 어록으로 시비를 가르지 않는다'는 사변정신을 견지하였는데 정주 이학을 계승한 후학자 중에는 행위는 반드시 주문공을 따른다는 학술면사를 표방한 제자도 있었고, 주희 회암문집에 매료되어 밤늦도록 공부하면서 입에 풀칠하기 어려워도 기쁘게 여기는 선비도 있었다.[34] 오여필은 주희가 주창한 '독서궁리'를 인정하면서도 독서는 궁리뿐 아니라 심성을 함양하려는 것이라는 견해를 내놓아 주희의 지식주의를 내성적으로 전환시켰다.

한국 고대 문인들도 이러한 사변정신을 자신의 학문에 사용하였음은 두말할 것도 없다. 김창협은 주희와 장정의 토론을 기록한 후 또 『마사(馬史)·전분전(田蚡傳)』[35]에 근거하여 "남자는 형제의 아들을 질(姪)이라고 부

---

33 洪奭周, 『鶴岡散筆』, 蔡美花·趙季主編, 韓國詩話全編校注, 北京, 人民文學出版社2012版.
34 李圭景『點燈八号康齋洞知淸貧趣』.
35 朱先生『與南軒書』論程集姪與猶子之說曰：“爾雅雲：‘女子謂兄弟之子爲姪’。注引『左氏』姪其從姑'以釋之。而反復考尋，終不言男子謂兄弟之子爲何也。以『漢書』考之，二疏乃今世所謂叔姪，而『傳』以父子稱之，則是古人直謂之子，雖漢人猶然也。蓋古人淳質不以爲嫌，故如是稱之，自以爲安。降及後世，則心有以爲不可不辨者，於是假其所以自名于姑者而稱焉。雖非古制，然亦得別嫌明微之意。”余按『馬史·田蚡傳』“侍酒魏其，跪起如子姪”，據此則男子謂兄弟之子爲姪，自漢時已然矣。此正可爲程集稱姪之證。而朱先生雲然，豈或偶未記此文耶？但考『漢書』姪作姓，豈『馬史』本亦作姓而後來卻因疑似而誤耶？未可知也。(金昌協『農岩雜識』；蔡美花，趙季主編：『韓國詩話全編校注』,北京：人民文學出版社2012年版。)
『爾雅』“夫之庶母謂之少姑”，然詩家多用少姑字，皆指夫之姊妹也。如李白『去婦詞』“回頭語少姑，莫嫁如兄夫”之類是也。要當以經文爲正。胡五峰稱妾母爲小母,南軒亦然。朱子謂本於『爾雅』，『爾雅』無此文。蓋以小姑改稱小母。李白『鞠歌行』以妾爲小妻。妻之爲言齊也,豈妾之所

르는" 문제를 논증하였다. 한국 고대 문인들은 주희의 사변 철학을 가장 잘 살린 것으로 왕양명을 꼽았다.

2.3 왕양명의 사변 철학에 대한 객관적 평가

명나라 왕양명(王阳明)은 호상문화의 대표적 인물임이 틀림없다. 1507년(정덕 2)에 왕양명이 악록서원을 찾음으로써 호상 유학은 또 하나의 학문적 번영기를 맞이하게 된다. 한국 고대 문인들은 왕양명의 이학(理學)을 정주이학(程朱理學)과 비교하고 심학을 추구한 진헌장(陳憲章)과 대조하며 또한 그의 학설 가운데서의 유·불 사상의 관계 문제를 논의하였다. 이러한 논의를 통하여 왕양명을 강렬한 독창적인 정신을 가지고 자신의 사상을 논설하고 증명하는 이학자로서 일관되게 평가하였다.

우선, 왕양명 이학과 송명 이학의 관계 문제에서 양명학과 정주이학·상산(象山)지학·선학(禅学)은 상호 내재적인 연계가 있으면서도 구별점도 있다고 하였다. 장유는 『계곡만필(谿谷漫笔)』에서 이렇게 말했다.

> 이전의 유학자들은 사물의 원리를 탐구하여 지식을 얻을 수 있으며 지식은 오로지 지식일 뿐이라고 보지만, 왕양명은 행위와 지식은 같이 존재한다고 본다. 범순부(範淳夫)는 "군신 사이에 관해 말하면 임금으로서 군도(君道)를 다해야 하며 신하로서 신도(臣道)를 다하는 것이 궁리이다. 도리를 탐구하면 사람의 본성을 밝힐 수 있고 사람의 본성을 밝히면 운명을 바꿀 수 있다"라고 하였는데 왕양명의 말과 일치한 것이었다.[36]

僭稱？(李瀷：『星湖僿說詩文門』；蔡美花，　趙季主編：『韓國詩話全編校注』，　北京：人民文學出版社2012年版。)

36 張維，『谿穀漫筆』，蔡美花·趙季主編，韓國詩話全編校注，北京，人民文學出版社 2012年版。

　　왕양명은 '사물의 원리를 탐구하여 지식을 얻는다(窮理为格物、致知之事)' 라는 기타 선비들의 견해와는 달리 지행합일(知行合一)을 주장한다는 것이다. 주희는 바로 사물의 원리를 탐구해야 지식을 얻을 수 있다고 주장한 이학자이다. 장유는 왕양명의 지행합일과 송나라 범순부(範淳夫)의 "사물의 이치를 탐구하여 그 본성을 터득하게 되고 본성을 터득하면 운명을 알게 된다(理窮則性尽,性尽则至于命)"라는 견해는 상호 일치한다고 보고 있다. 인식과 실천의 관계에서 범순부와 왕양명의 사상은 일치한다고 하겠다. 사물의 이치에 관해 탐구하고 그 본질을 터득하여 우주의 규율을 깨닫는다는 것은 천하 만물의 근본 원리를 탐구하고, 인류의 본성을 철저히 밝힌다는 것이다. 이를 통하여 인류의 운명을 바꾸는 숭고한 목표를 달성하며 인간의 행동과 자연법칙이 조화롭고 끊임없이 발전할 수 있게 된다. 왕양명은 인간의 외형적인 행동은 내재적인 의식의 지배를 받는다고 강조하였다. 진심으로 선한 사람만이 외적인 자발적인 선행을 할 수 있다. 그래서 지행합일(知行合一)이라고 하며 '지(知)는 행(行)의 시작이고, 행(行)은 지(知)의 표현'이다. 한국 고대 문인들은 이러한 왕양명의 이학 정신을 수긍하였던 것이다.

　　다음으로, 왕양명 이학과 다른 심학의 관계에 대한 문제를 말하면서 상산(象山)지학은 주희(朱熙)와 동시대 정호의 넷째 제자 육구연(陸九淵)이 창설한 '심학(心學)'으로서 왕양명의 '심학(心學)'과 함께 '육왕심학(陸王心學)'으로 인정하였다. 남희채의 『구간시화』에서는 왕양명의 주희가 말한 "마음을 가다듬고 영묘함을 보니 만화가 여기에서 나온다(靜觀靈圻妙,萬化從此出)"에 대한 해석에 관해 논술하고 있다. 즉 왕양명은 주희의 견해를 "마음은 태허와 한 몸이다. 태허 중에 없는 것이 없고, 아무것도 태허의 장애물이 될 수 없다. 무릇 부귀, 빈천, 득상, 애증의 가치 등도 바람과 구름처럼 태허를 오가고, 태허 자체는 광활하여 아무런 장애가 없다"라고 해석하였는데 이 해석은 "옳긴 하지만 선(禪)적인 맛이 풍긴다"라고 했다. 정조 이산(李祘)은 왕양명은 "고승의 후신이 분명하다" "양명이 유교를 선으로 여김(陽明之以儒爲禪)은 어쩔 수 없다"라고 변명하기까지 했다. 그러나 왕 양명은 선학에 완전히 빠지지 않았으므로 이학에 '외성내선(外聖內禪)' '이 유위선(以儒爲禪)'이라는 특징이 있다. 홍만종은 왕양명과 자국의 김시습을 비교하면서 "김시습은 유생이나 불자의 행적을 하였고, 왕양명은 유학 성인 으로서 불자의 수련을 가졌다(心儒跡佛金時習, 外聖內禪王守仁)"라고 하였다.

셋째로 왕양명 이학의 문제점을 제기하고 있다. 정주 이학을 관학으로 하는 고대 한국의 역사적 환경에서 왕양명의 학설은 자연히 '이단(異端)'으 로 여겨졌다. 홍중인의 『동국시화회성(東國詩話會成)』에 나오는 기록이 이 를 증명한다.[37] 이는 중한 양국 모두 양명의 학문을 이단으로 여기고 있음 을 보여주는 자료다. 유성룡은 중국 제생들의 마음에서 왕양명과 진헌장 (陳獻章)의 심학을 도학의 조종으로 본다는 사실을 알게 된 후 학문적으로 그릇됨을 바로잡는 태도로써 "진헌장은 논도가 부정하고 양명의 학문은

---

37 洪重寅 : 公(柳成龍)以書狀官隨聖節使赴京, 至皇都, 方詣闕, 少駐宣治門內. 大學生數百人来 聚觀, 公問 : "中朝道學之宗為誰 ?" 諸生曰 : "王陽明, 陳白沙也". 公曰 : "白沙見道未精, 陽明 之學專出於禪. 愚意當以薛文淸為宗耳." 有新安人吳京者, 字仲周, 喜而前曰 : "近日學術汙 衺, 士失趣向. 君乃發正論以斥, 可見深有意於辟異端矣. 嗟歎久之. 吳公訪公於玉河關, 致殷 勤之意. 公以退溪先生『聖學十圖』示之. 公還, 吳公以序及詩送之. 詩曰 : "遙持使節謁楓 宸, 譯語何勞詢問頻. 已訝立談開麗日, 却憐丰度發陽春. 鵷班鵠立情難訴, 鴨水鷗飛恨轉深. 別後音書那可得, 神交夢寐獨傷神." 又於扇面畫兩人相別狀, 以八分書 "關山別意" 四字以贈 之. 又其書有 "山川間氣萃鍾哲人, 丕繼道統, 以弘濟於一邦. 若孔門即七十子其人" 云云. 公和詩寄之曰 : "燕雲鸊域杳西東, 別處頻頻向小風. 豈有音書能自慰, 尚憐情義遠相通. 神 交不恨關河隔, 精想對教夢寐周. 百歲幾時重會面 ? 鼀雞無路逐飛鴻." 公又以古詩記之, 其略 曰 : "寧知異地風馬牛, 一言契合無薰蕕. 居然許我七十子, 作詩送我情悠悠. 關山別意又畫 圖, 春草萋萋玉河洲. 東還蹤跡隔雲泥, 屢憑雙鯉伸綢繆. 伊來消息久緬邈, 萬事摧頹成白 頭. 相思賴有吳洲月, 神交萬里君知不 ?" 退溪先生以書賀之曰 : "陸學懷襄於天下, 公能遇諸 生點檢其迷, 不易得也." 『東國詩話彙成』, 蔡美花·趙季主編, 韓國詩話全編校注, 北京, 人 民文學出版社 2012年版.

선(禪)에서 나왔다"라고 비판하면서 "설문청(薛文淸)을 정통으로 삼아야 한다"라고 강조했다. 설문청은 주자학의 전종(傳宗)으로 여겨져 '명나라 초기 이학의 으뜸'이며 '명나라 도학의 기초를 다져놓은 대가'로 추종되기 때문이다. 유성룡은 이황의 『성학십도(聖学十图)』를 빌려 조선 문단이 주자학을 정통으로 추앙하는 정확성을 표명하였다. 한편 정조 이산은 왕양명의 지행합일 주장에 공감하고 도학문장과 재치를 겸비한 '왕양명은 300년간의 제일인자'라고 평가하고, 혼자 힘으로 초나라와 월나라를 평정한 '유자의 영웅'과 다름없다고 평가했다. 그러나 다른 한편에서는 왕양명이 자신의 재학으로 양지지설(良知之說)로 천하를 선동하고 주자를 배척하였으며 심학(心學)을 크게 흥하게 하고 이단으로 만든 데 대해 불만을 표시했다. 정조는 조선의 유생들에게 양명 심학을 변증적으로 볼 것을 경고하면서 왕양명은 그의 후학인 이지(李贽)와는 다르게 보아야 한다고 지적하였다. 도통을 반대하는 이지(李贽)는 유학(儒學)을 내세워 불학을 설파한 죄보다 더 큰 하늘에 사무치는 죄를 지은 것이라고 하였다.

물론 한국 고대 문인들은 왕양명의 이학을 이단이라고 해서 그 학문적인 성과를 부정하지는 않았다. 이를 테면 김창협(金昌協)의 왕양명에 대한 평가는 비교적 객관적이다. 그는 "양명이 호민하고 조종의 능력도 있으나 괴벽하고 전아함이 부족하다. 그래서 구양수와 소식(欧苏)에 미치지 못한다"라고 말했다. 또한 왕양명을 본국의 철학 대가인 송시열과 비교하면서 송시열의 학문은 왕양명을 초과한다고 하고나서 "양명이 부풀리도록 유명하지만 실력은 그렇지 못하다"라는 평가도 했다. 이에 대해 김창협은 동의할 수 없다고 했으며 왕양명이 "경술(經術)이 뛰어나고 이치(理治)가 뛰어나며 학문이 정세하고 깊으며 고명(高明)하고 결백하여 송시열이 미치지 못한 바이다. 양명은 과장하는 점이 있긴 하나 천재로서 자고자대하고 조종에 능한 것이지 결코 허풍쟁이는 아니다"라고 하였다. 송시열은 "명나라

문장을 많이 보지 않았"기에 독단적인 선입견으로 "명나라 사람은 모두 고
문을 정통하지 못했다"라고 여기면서 왕양명의 학문의 가치를 과소평가했
음을 지적했다.

정리하여 말하면 중국의 호상 유학자들과 한국 성리학자들은 모두 질
의변론, 고증사변의 진리를 추구하는 정신을 발양하였으며 동아시아 유교
철학의 발전을 위해 기여하였다. 한국 고대 문인들은 호상 유학 정신에 공
감하고 그것을 본토의 학문 발전에 접목하면서 학문의 창조와 발전을 구
체적으로 실천하였다. 이러한 실천 과정에서 상덕(尚德), 숭리(崇理), 중경
(重经), 사변(思辨)의 서원정신은 동아시아 문명의 공통된 자산으로 형성되
었다.

3. 한국 고대 시화에 나타난 호상 문인 및
그 창작에 대한 비평

한국 고대 시화에서는 호상 지역의 풍물에 대하여 긍정적으로 평가하
였을 뿐만 아니라 호상 지역의 문화 내지 이 지역에서 활동한 문인들에
대해서도 다각적으로 품평하였다. 아울러 호상 지역 유교 문인들이 추구
한 인문 정신과 심미적 이상에 대해 깊이 공감하고 있었음을 확인할 수
있는데 이는 주로 호상 문인의 우국우민의 애국정신에 대한 체득, 호상 문
인의 불요불굴의 창작 정신에 대한 찬양, 호상정결(湖湘情结)에 대한 한국
문인의 공감 등 세 가지 측면을 통해 나타난다.

3.1 호상 문인의 우국우민의 애국정신에 대한 체득

한국 고대 문인들은 시화를 창작할 때 "가의(贾谊)는 장사로 유배 가면서 상수를 건널 때에 굴원을 공감하였다(贾谊长沙屈子湘)" "가의가 글을 올린 것은 한나라를 걱정해서였건만 장사 땅으로 쫓겨와 예나 지금이나 애처롭게 여긴다 (贾谊上书忧汉室,长沙谪去古今怜)"라고 하면서 그들의 처지에 대해 연민 어린 시선으로 바라보았다. 남희채는『구간시화(龜間詩話)』에서 가의에 대해 다음과 같이 평가하였다.

> 귀간자(龜磵子)는 말하기를 "옛날 가의는 세상에 뛰어난 재능을 가졌으며 또한 한문제를 만나서 그의 품은 뜻을 펼칠 수 있었으나 한나라의 강후(絳侯) 주발(周勃)과 영음후(潁陰侯) 관영(灌嬰)에게 참소를 당해 장사에서 복조부(鵩鳥賦)을 읊고 끝내는 한을 품고 죽었다"라고 하였다.[38]

가의는 한문제 4년(기원전 176)에 장사왕태부(長沙王太傅)라는 지방관으로 임명되었다. 장사는 지리적으로 남방에 위치하여 당시의 수도였던 장안과 수천 리 떨어져 있었다. 가의는 좌천으로 인하여 애민인정(爱民仁政) 사상을 실현할 수 없게 되자 자신의 울적한 심사를『복조부(鵩鳥賦)』라는 작품에 담아 잘 표출하였다. 한국 문인 김택영(金泽荣)은『소호당잡언(韶濩堂杂言)』에서 "가태부의 글은 기백의 웅혼함과 기축의 변동이 꼭 사마천에게 반드시 뒤지는 것은 아니다[39]"라고 평가하였다.

'장사(長沙)'는 굴원과 가의가 이 지역으로 좌천되었기 때문에 문인들이 시가를 창작할 때 이곳을 좌천된 공간으로 표상하는 경우가 많았다. 조선

---

38 龟磵子曰：昔贾谊以不世高才，又遭遇文皇，庶可以展其所蕴。而为绛灌所短，赋鵩长沙，竟饮恨而卒。

39 贾太傅文气魄之雄厚，机轴之变动，未必远让史

에는 예로부터 장사와 같은 이름의 땅이 있었는데 『신증동국여지승람(新增東國輿地勝覽)』의 기록을 통하여 확인할 수 있다.[40] 이런 이유로 말미암아 중국 시가에서 좌천을 뜻하는 '장사'의 공간 표상이 한반도의 '장사'로 자연스레 전이되어 한국 고대 문인들의 글에서 좌천의 대명사로 자리매김하였다. 중국의 고대 문인들은 자주 다습한 지역으로 좌천되었는데, 가족들과는 비록 '생이별'을 하였지만 '사별'보다는 나았다고 할 수 있다. 이들은 생명에 대한 불확실성과 재능이 있으면서도 이를 펼칠 기회를 만나지 못하여 좌천되었으므로 자신들의 작품을 통하여 스스로 고민과 방황감을 토로하였다.

같은 곳으로 좌천된 이들은 전인(前人)을 추모하는 과정에서 큰 공감을 얻게 된다. 굴원, 가의, 유장경은 모두 장사로 좌천된 후 이 지역의 강물에 몸을 던져 스스로 목숨을 끊었다. 이 세 문인은 타락을 달게 여기지 않고 일편단심 나라에 충성하였으며, 득실을 멀리하면서 너그럽고 낙천적이었으며, 산수의 경치에 도취되어 고민을 해소하기도 하였다. 유장경은 가의가 상강(湘江)을 건너며 굴원을 추모한 것에 대해 깊이 공감하였다. 유장경도 가의와 마찬가지로 권신의 미움을 샀다가 무고하게 장사로 추방당하였다. 그는 "장사 땅으로 쫓겨 와 예나 지금이나 애처롭게 여기는구나(長沙謫去古今怜)"라는 시를 지어 자신의 안타까운 감회를 표출하였다. 장사에 온 후 유장경은 가의의 고택을 방문하고 "만고토록 楚客의 슬픔만 남아있구나(万古惟留楚客悲)"라고 읊조리면서 울분을 토로하기도 하였다. 유장경은 가의가 겪었던 일에 기탁하여 자신의 감정을 표현하였는데 이를 통하여 가의에 대한 그리움의 정서를 더욱 절실하게 드러내었다.

---

40 『新增東國輿地勝覽』 卷三十六 "全羅道·茂長縣"條: "茂松縣本百濟松彌知縣, 新羅改茂松, 爲武靈郡領縣, 高麗仍之. 長沙縣本百濟上老縣, 新羅改長沙, 爲武靈郡領縣, 高麗仍之, 後置監務, 兼任茂松. 本朝太宗十七年, 合兩縣, 改今名, 仍置鎭, 以兵馬使兼縣事. 世宗五年改兵馬使爲僉節制使, 後改縣監."

이들 '장사에 투신한 문신'들은 고민과 방황을 털어놓고자 한 데에 취지를 둔 것이 아니라 '오로지 가국(家国)'만이 진정으로 '평생토록 함께 걱정해야 할 바'라고 생각하였다.(湖南使还留辞辛大夫) 그들은 비록 곤궁한 상황에 처하여서도 여전히 "길은 아득히 멀기만 하지만 나는 위 아래로 찾아보려 하네(路漫漫其修远兮, 吾将上下而求索)"라고 하면서 선비의 백절불굴하고, 뜻을 굽히지 않는 애국정신을 보여주었다. 그뿐 아니라 "내 마음은 명월을 향하는데, 명월은 왜 도랑을 비추는가?(我心向明月,奈何明月照沟渠)"라는 선비의 고민으로 해석할 여지도 있다. 한국 고대 시화에서는 이러한 사실에 관해 상세히 기록하고 그에 대한 아낌없는 찬사를 보내고 있다. 이는 중한 양국 고대 문인들의 공통된 정감 심리와 생명에 대한 체득으로 볼 수 있다.

3.2 호상 문인의 불요불굴의 창작 정신에 대한 찬양

고대 소상(瀟湘) 지역에는 많은 인재가 배출되었는데 이들은 중국 전통문화의 발전에 크게 기여하였다. 한국 고전 시화는 굴원(屈原), 가의(贾谊), 두보(杜甫), 유종원(柳宗元), 범중엄(范仲淹), 이동양(李东阳) 등 소상의 역사에서 가장 대표적인 문인들을 중심으로 평가하였다. 성호 이익(李瀷)이 쓴 『성호사설·시문문(星湖僿说·诗文门)』 중의 굴원에 대한 평가를 보면 다음과 같다.

> 굴원의 〈이소(離騷)〉는, 그 뜻이 조촐하기 때문에 그 물(物)을 칭한 것도 아름다웠다. 난(蘭)·혜(蕙)·균(菌)·손(蓀)·게차(揭車)·두형(杜衡) 같은 것이 치첩 사이에 무르익음과 동시에, 그 향기가 문득 사람에게 스며드는 것을 느끼게 된다. 그 때문에 청형 고절해서 능히 가슴 속에 싸여 있는 열 가지

원망과 아홉 가지 생각을 쏟아낸 것이다. 이 뒤로는 오로지 이백이 그 뜻을 얻어, 만류 사이에 나아가 그 청명하고 화치·형향·기고한 것을 취하여 시의 재료로 삼았으니, 한번 보면 그 가슴 속의 수경과 세상 밖의 금골임을 알 수 있다.[41]

남희채의 『구간시화』에 기록된 가의에 대한 평가는 다음과 같다.

귀간자(龜磵子)는 말하기를 "옛날 가의는 세상에 뛰어난 재능을 가졌으며 또한 한문제를 만나서 그의 품은 뜻을 펼칠 수 있었으나 한나라의 강후(絳侯) 주발(周勃)과 영음후(潁陰侯) 관영(灌嬰)에게 참소를 당해 장사에서 복조부(鵩鳥賦)을 읊고 끝내는 한을 품고 죽었다"라고 하였다. 그의 손자 가도(賈島) 또한 이와 같으니 세상 사람들이 모두 슬퍼하였다. 그러나 가의는 재능은 크지만 도량은 작아서 옛사람들이 이른바 "누가 임금이 가의를 푸대접했다고 하는가"라고 한 것은 참으로 슬프다. 하물며 가도는 스스로 재주가 있다고 믿고서 겸손하지 못하였다. 교만하기 그지없어 세상에 널리 알려지지 못한 것도 당연하다.[42]

김택영(金澤榮)은 『소호당잡언(韶濩堂杂言)』에서 "가태부의 글은 기백의 웅혼함과 기축의 변동이 꼭 사마천에게 반드시 뒤지는 것은 아니다"라고 평가하였다. 작자 미상의 『시문청화(诗文清话)』에서 유종원을 다음과 같이

---

41 (屈原之作 『离骚』, 其志洁, 故其称物也芳。 兰蕙菌苏揭车杜蘅之属, 烂然于齿颊之间, 其芬馥便觉袭人, 所以为清迥孤绝, 能泻注胸臆之十怨九思也。 后惟李白得其意, 就万藁间取其清明华彩馨香奇高, 陶铸为诗料, 一见可知为胸里水镜, 世外金骨也。)

42 南義采:『龜磵詩話』 龜磵子曰:昔贾谊以不世高才, 又遭遇文皇, 庶可以展其所蕴。 而为绛灌所短, 赋鹏长沙, 竟饮恨而卒。 其孙岛又如是, 世皆悲之。 然而谊才则大而量小, 古人所谓 "谁道君王薄贾生"者, 诚悲矣。 况岛恃才不恭, 坐如禅楼夺卷, 骄傲莫甚, 其不豪于世, 宜矣。
蔡美花, 趙季主編:『韓國詩話全編校注』, 北京:人民文學出版社 2012年版。

평가하였다.

> 유종원의 〈어옹시〉에 "애내 한 소리에 산수가 푸르구나(欸乃一聲山水
> 綠)" 하였고, 당나라 유언사의 〈소상시〉에 "오랑캐 여인이 산초를 캐고, 비
> 단 길쌈을 하여 강물에 적시네. 들꽃으로 머리를 가득 장식하고, 노래를
> 들으니 애내 하는 노랫소리요. 그 애내 소리가 어디서 났는지, 그때 순임
> 금 위해 슬피 울던 애장간 끊어지는 소리일세"라고 하였다. 유언사의 시는
> 또한 애내(欸乃)를 순임금을 위해 슬피 울던 소리의 여운으로 생각한 것이
> 지 반드시 뱃사공이 노 저으며 서로 화답하는 소리로 여길 필요는 없다.[43]

성섭(成涉)은 『필원산어(笔苑散语)』에서 이동양에 대해 다음과 같이 평
가하였다.

> 내가 한가할 때 서애(西厓) 이동양의 악부(樂府)를 보니, 그 글이 비수의
> 섬뜩한 빛같이 옷자락에 침투하여 정신이 번쩍 들게 하며 모두 세상 사람
> 들을 깨우치기 위한 말이다…… 사대부의 행위는 천 가지나 만 가지나 사
> 람에 따라 각기 다르다. 평소에 자주 도의를 논하고 스스로 명절을 가진다
> 고 자처하는 자는 일이 생기면 겁을 먹고 숨을 쉬지 못할 수도 있다. 혹은
> 여기저기 돌아다니는 자가 고상한 지향을 가지며 자립하여 세상에 자랑스
> 럽게 살 수도 있다. 이에 무명한 사람은 반드시 실속이 없는 것이 아니고
> 유명한 사람은 반드시 실속이 있는 것이 아님을 알 수 있다.[44]

---

43 佚名:『詩文清話』; 柳子厚『渔翁诗』"欸乃一声山水绿", 唐刘言史『潇湘诗』"夷女采山蕉,
缲纱浸江水。野花满髻妆, 闻歌歌欸乃。欸乃知从何处生, 当时泣舜断肠声。" 言史之诗则又以
欸乃为泣舜之余声, 不必为渔父棹船相应声也。蔡美花, 赵季主编:『韓國詩話全編校注』, 北
京:人民文學出版社, 2012年版。

44 成涉:『筆苑散語』; 余暇日阅西厓李东阳乐府, 其文如比首寒光, 侵人衣裾, 使人爽然醒魂,
尽警世语也……士大夫所为千种万种, 随人各异。居平谈道义, 自许以名节者, 及选愞畏怯,

한국 고전 시화에 나타난 중국 고대의 호상 지역 문인들과 소상을 소재로 창작한 작품에 대한 평가를 통하여 한국 고대 문인들이 호상 문인에 대하여 얼마나 큰 관심이 있었는지를 볼 수 있다. 한국 고전 시화에서는 고대 호상 지역의 문인 및 소상을 소재로 창작한 작품에 주목하였을 뿐만 아니라, 조선 문인의 작품과 소상 문인의 작품을 비교하는 평가도 적지 않게 진행하였다. 비교비평의 대표적인 사례로 서애 유성룡(柳成龙)의 『서애론시·시의(西厓论诗·诗意)』를 들 수 있다.

> 나는 시를 지을 수 없지만, 시의 뜻은 조금 이해한다. 대개 시는 맑고 심오하고 담백하며 말 속에 숨은 뜻을 기탁하는 것을 귀하게 여겨야 한다. 그렇지 않으면 진부한 말일 뿐이다. 고금 절구 중에 이백의 "동정호 서쪽으로 바라보니 초강이 나뉘었고 강물은 남쪽 하늘과 맞닿아 구름이 보이지 않는구나. 장사로 해 넘어가니 가을빛이 아득한데, 어디에서 상군을 그리워해야 할지 모르겠네"와 같은 것은 정말 천리만리 다하지 못한 뜻이 있어, 탁월하여도 닿을 수 없다……우리 조선 사람의 시는 기상이 매우 촉박하여 이와 같이 의논할 수 없다. 오직 이주(李胄)의 시 『제충주자경당』에 "연못은 아득하여 물기가 어둑어둑하고, 밤에 물고기가 뛰어올라 베갯머리에서 냄새를 맡네. 내일 밤에 여강의 달 가까이 정박하려니, 죽령이 가로막혀 군주가 보이지 않네"라는 말은 매우 자연스럽고 고상한 품격과 정취가 있어 다른 사람이 배울 만한 수준이 아니다.[45]

不能出气息 ; 或目为常流者, 抗志自立, 以自表于世。 是知无名者未必无实, 有名者未必有实。 蔡美花, 趙季主編 : 『韓國詩話全編校注』, 北京 : 人民文學出版社, 2012年版。

45 柳成龍, 『西厓論詩』 ; 余不能詩, 然略解诗意。大概诗当以清远冲澹, 寄意于言外为贵, 不然则只是陈腐语耳。 古今絶句中, 如李白 : "洞庭西望楚江分, 水尽南天不见云。日落长沙秋色远, 不知何处吊湘君", 眞有千万里不尽之意, 卓乎不可及……吾东人诗气象局促, 难可议此。惟李胄, 『題忠州自警堂』 诗 : "池面沉沉水气昏, 夜深鱼踯枕边闻。明宵泊近骊江月, 竹岭横天不见君", 语颇自然而有远致, 非他人学诗所及也。

남희채는 『구간시화』에서 다음과 같이 말하였다.

　　정곡(鄭谷)의 시에 "난리 나르던 승사에는 차 끓이는 연기가 젖어 있고, 가
　루에 촘촘히 뿌리니 술기운이 약하네. 강에 밤늦도록 그릴 만한 경치가 생
　기니 어부가 한 도롱이를 걸치고 돌아오는 모습이네"라고 말했다. 그 시기
　에는 절창이라고 하였다. 그러나 파는 이것이 단지 촌학에서 나온 시라고
　하였다. 유종원의 시에 "천산만령에는 날새의 자취도 없고, 만길에는 행인
　의 발자취도 보이지 않는다. 외로운 배 위에서 도롱이에 삿갓 쓴 어부가,
　홀로 눈 속에서 낚시를 하고 있다네"는 진실로 품격이 있으며 하늘이 부
　여한 재치로서 남이 미치지 못한다. 그러나 파(坡)도 일찍이 눈에 관한 시
　를 지어 보았는데 "도롱이 구절은 좋으니 정말 그릴만 하고, 버들개지로
　비유한 시는 재능이 훌륭하여 소금으로 말하지 않았네"라고 하였다. 처음
　에는 촌학의 시라고 비난하다가, 후에 "도롱이 구절 좋다"라고 칭찬했으니
　무엇 때문인가?[46]

　　위 자료를 통하여 확인할 수 있다시피 한국 고전 시화에서는 호상이라
는 맥락을 염두에 두고 중한 시인의 시 작품에 관하여 논의하였음을 알
수 있다. 이러한 문화적인 현상은 한 방면으로 소상 문학과 문화가 고대
한국에 널리 전파되었음을 방증해줄 뿐만 아니라 다른 한 방면으로 고대
한국의 비평가들이 소상 문학과 문화을 적극적으로 수용하면서 객관적으

蔡美花, 趙季主編 : 『韓國詩話全編校注』, 北 京 : 人民文學出版社, 2012年版。
46 南義采, 『龜磵詩話』; 郑谷诗 : "乱飘僧舍茶烟湿, 密洒歌楼酒力微。江上晚来堪画处, 渔翁披
　得一蓑归。"当时以为绝唱。而坡诗言此乃村学中诗也, 柳子厚云 "千山鸟飞绝, 万径人踪灭。
　孤舟蓑笠翁, 独钓寒江雪。" 信有格, 殆天所赋不可及也。 然坡尝作雪诗曰 : "渔蓑句好真堪画,
　柳絮才高不道盐。"始以村学诗讥之, 而终以 "渔蓑句好" 称之, 何也 ?
蔡美花, 趙季主編 : 『韓國詩話全編校注』, 北京 : 人民文學出版社, 2012年版。

로 평가하였음을 시사하기도 한다. 이는 고대 한국과 호상 지역이 문화적
으로 서로 영향을 주고받으면서 발전을 도모하였던 과정을 보여주는 동시
에 한국 고전 시화 비평가들이 호상 지역 문인들의 불요불굴의 창작 정신
에 대해 높이 평가한 경향도 잘 보여준다 하겠다.

3.3 호상 정서에 대한 한국 문인의 공감

한국 고전 시화에 나타난 호상 문인 및 그 작품에 대한 평가를 보면
중한 문인들이 소상이라는 맥락 속에서 객관적으로 논의하였음을 알 수
있다. 이러한 현상을 통하여 한국 고전 시화에 농후한 '호상정서(湖湘情结)'
가 내포되어 있음이 확인된다. 이러한 호상 정서 가운데 '단오' 활동이 고대
의 한국에서 날로 성행하였음을 주목할 수 있는 데 남희채의 『구간시화』[47]
에 자세히 기록되어 있다.

　　　단오, 답초 투초, 부차 경조(端午, 踏草斗草, 竞渡凫车)

---

47 南羲采：『龜磵詩話』；端午﹑踏草斗草﹑竞渡凫车
　　道书以端午为地腊，又天中节。『岁时记』：“五月五日踏百草，今人有斗草戏。”欧公诗曰：“共
　　斗今朝胜,盈襜百草香。”章简公帖子：“五荚开瑞荚，百草斗香苕”。又曰：“五日看花怜并叶,
　　今朝斗草得宜男”。唐制,天中节戏竞渡于兴庆池。竞渡有二义。楚人伤屈原魂以舟楫拯之。治
　　其舟，使轻利，谓之飞凫，又曰水车，又曰水马。盖越人以舟为车，以楫为马故也。土人悉临
　　水观之，谓之竞渡。古诗“兰汤费浴传荆俗，水马浮江济屈魂”是也。又齐景公造莲舟，令宫
　　人分舟为斗，名“竞渡”。兴庆池竞渡，盖取此义也。章简公端午帖云：“丝竹渐高桃鼓急，瑶
　　津亭下竞凫车。”
　　蒲人艾人﹑彩虎艾虎
　　『岁时记』：“荆楚人端午刻菖蒲为人或葫芦形，带之辟邪。”王沂公诗“明朝知是天中节，旋却
　　菖蒲要辟邪。”今人端午佩菖蒲亦荆楚遗俗也。又荆楚人采艾结为人,悬门上以禳毒气。简公诗
　　“艾叶成人后,榴花结子初。”沂公诗“仙艾垂门绿,灵丝绕户长”，又云“百灵扶绣户，不假艾为
　　人”。又以艾为虎形，至有如黑豆大者，或剪彩为小虎，粘艾叶以戴之。沂公帖“钗头艾虎辟
　　群邪，晓驾祥云护宝车。”简公云：“花阴转午清风细，玉燕钗头艾虎轻。”
　　蔡美花，赵季主编：『韓國詩話全編校注』，北京：人民文學出版社，2012年版。

도서는 단오를 지랍(地臘)으로 삼고, 또 천중절로 부른다. 『세시기(歲時記)』에 "5월 5일 백초를 밟고 오늘날 사람들은 풀싸움을 하는 유희가 있다"라는 기록이 있다. 구양수(歐陽修)의 시에 "오늘 아침에 함께 싸워 이기고, 온갖 풀잎 향기로 가득하다(共斗今朝胜, 盈襜百草香)"라고 하였다. 장간공 원강(元绛)의 시첩에 "5월에 상서로운 약초 피어나고 백초가 향기를 다투네. (五莢开瑞萐, 百草斗香茗)"라고 하며, 또 "5일 동안 꽃만 보고 잎이 불쌍히 여겼는데 오늘 아침 풀싸움 경기에 좋은 남자를 얻는다(五日看花怜幷叶, 今朝斗草得宜男)"라고 하였다. 당나라 때 천중절에 흥경지(兴庆池)에서 배 젓는 경기가 있다. 이 경기는 두 가지의 의미가 있다. 그중 하나는 초나라 사람이 굴원(屈原)의 죽음을 슬퍼하여 배를 저어 그의 혼을 구하려고 하였다는 것이다. 배를 가볍게 만들고 '나는 오리[飞凫]'라고 하고, 또 '수차(水车)', '수마(水马)'라고도 한다. 아마 월나라 사람은 배를 수레로 삼고, 노를 말로 삼았기 때문이다. 현지인들은 모두 물을 가까이 두고 구경하는데, 이를 '경도(竞渡)'라고 한다. 고시에 "난초 끓인 뜨거운 목욕물은 형나라 풍속이요, 수마가 강 위에 떠서 굴원의 혼을 구하네"가 바로 그렇다. 또 다른 하나는 제경공(齐景公)이 연꽃 배를 만들어 궁인들에게 배를 나눠 경기하라고 명하였다고 하는데 이를 '경도(竞渡)'라고 불렀다. 흥경지의 경도는 대략 이런 뜻을 따랐다. 장간공의 단오 시첩에 "관현악기 소리는 점점 높아지며 북소리가 다급하니, 요진정(瑶津亭) 아래에서 배젓기 경기가 시작하네"라고 하였다.

부들 인형, 쑥으로 만든 인형, 채색 호랑이, 쑥(잎)호랑이(蒲人艾人, 彩虎艾虎)

『세시기(歲時記)』에 "형초(荆楚) 지역의 사람들은 단오에 창포를 사람이나 조롱박 모양으로 새겨서 갖고 다니며 사악한 것을 물리친다"라고 기록하였다. 왕기공(王沂公)의 시에 "내일이 천중절임을 알고 창포로 사악한 것

을 물리치려 한다네"라고 하였다. 오늘날 사람들이 단오에 창포를 차는 것
도 형초 지역의 남은 풍습이다. 또한 형초 지역 사람들은 쑥으로 인형을
만들어 독기를 떨쳐 버리기 위하여 문에 매달아 놓는다. 간공(簡公, 元绛)
의 시는 "쑥으로 인형을 만든 후에, 석류꽃은 열매를 맺기 시작한다(艾叶
成人后, 榴花结子初)"라고 하였다. 기공(沂公)의 시에는 "신선한 쑥이 파
랗게 문에 매달려 있고, 영기로운 가지가 집을 휘감고 있네(仙艾垂门绿,
灵丝绕户长)"라고 하고 "모든 영령이 수놓은 문을 보호하니, 쑥으로 만든
인형 빌리지 않으리(百灵扶绣户, 不假艾为人)"라고 하였다. 또 쑥으로 호
랑이 모양을 만들어 심지어 검은 콩만큼 큰 것도 있거나, 또는 채색으로
작은 호랑이를 만들어 쑥잎을 붙이기도 한다. 기공은 "쑥으로 만든 호랑이
를 머리에 꽂아 모든 사악을 없애고, 아침에 상서로운 구름을 타고 진귀한
차를 보호하네(钗头艾虎辟群邪,晓驾祥云护宝车)"라고 하였다. 간공은
"흐린 날에도 정오가 되면 청풍이 가늘게 불고, 옥제비와 호랑이 비녀가
가볍게 흔들리네(花阴转午清风细,玉燕钗头艾虎轻)"라고 하였다.

남희채의 『구간시화』에 수록된 위 자료를 통하여 중국 전통문화(주로
소상 문화)에서 유래한 '단오절'과 관련된 여러 요소가 고대 한국 사회에
널리 전파되어 점차 한민족의 중요한 명절로 변화 발전하였음을 알 수 있
다. 작가 미상의 『해동시화(海東詩話)』에서 이러한 변화 현상을 더 자세히
설명하고 있다.

허암 정희량은 무오사옥 때에 의주로 귀양 가게 되었다. 신유년에 귀양에
서 풀려나 돌아오게 되니, 곧 덕수에 있는 선산 옆에 움막을 치고 살았다.
이 때 연산군의 포악이 심해져 나랏일이 날로 그릇되어 가는지라, 공은 때
를 슬퍼하고 걱정하며 원통하여 스스로를 옛날 중국 초나라의 굴원에 비

유하고 조강에 몸을 던지니 이날이 임술년 5월 5일이었다. 남긴 옷을 가지고 고양 성산 선영 옆에 장례를 지냈다. 누군가가 그 무덤을 두고 시를 다음과 같이 지었다. "뜻 잃은 미친 수레는 어디로 갔고 물처럼 구름처럼 자취도 아득하여라. 나라 사람은 아직도 천년 일을 말하노니, 초나라 풍속은 함께 5월 하늘을 슬퍼하네. 갑자년이 무오보다 더 위태로움을 이미 아니 선비들은 다투어 신선이 되었다고 말하네. 새로 만든 빈 무덤이 아직도 남아 우리 선영 한쪽 귀에 함께 하였네." 세상에선 혹 말하기를 속세를 떠나 신선이 되었다고도 한다.[48]

한국 고대 문인들의 "스스로 굴원에 비유하고 조강에 몸을 던지는(以屈原自拟, 沉于祖江)" 불굴의 정신, 그리고 고대 한국 사회의 "나라 사람은 아직도 천년 일을 말하노니, 초나라 풍속은 함께 5월 하늘을 슬퍼하네. (東人尚道千年事, 楚俗同悲五月天)"라는 습속은 고대 한국 문인들의 두터운 '호상정결(湖湘情结)'을 생동하게 보여주었다.

본고에서는 한국 고대 시화 텍스트를 통하여 '타자'의 시선으로 호상 문화의 여러 가지 모습을 살펴보았는데 이는 한국 고전 시화에 내포된 중국 문화의 가치를 고찰함에 있어서 중요한 의의가 있다.

우선, 한국 고대 시화 텍스트를 통하여 한반도의 중국 문학 및 문화에 대한 역사적 이해와 동질성을 파악할 수 있다. 한국 고대 시화 비평가들은 중국의 우수한 문화 요소를 수용할 때 수용자의 자유롭고 자주적인 선택 경향을 충분히 과시하였다. 이는 고대 한반도의 문인들이 중국 문화에 대

48　佚名：『海東詩話』；虛庵郑希亮, 戊午史狱, 杖流义州。辛酉蒙宥, 居庐于豊德先垄。时燕山荒淫, 国事日非, 公常忧愤, 以屈原自拟, 沉于祖江, 是壬戌五月五日也。以遗置衣服葬于高阳星山, 有人题其墓曰："怊怅飚轮何处边, 水云踪迹去悠然。东人尚道千年事, 楚俗同悲五月天。甲子已知危戊午, 翰林争似作神仙。虚坟亲墓今犹在, 与我先茔隔一阡。" 或谓遗世羽化云。蔡美花, 趙季主编：『韓國詩話全編校注』, 北京：人民文學出版社, 2012年版。

해 공감하고 있었음을 증명하였다. 이러한 공감은 지속해서 한국 문인들의 기억 속에 축적되었던 것으로 보인다. 중국 문화에 대한 공감대가 형성되었기 때문에 한반도와 중국은 생활방식, 행동 패턴, 가치관념, 사유 방식, 감정 표달 방식, 심미적 이상 등 여러 측면에서 동질감을 지니게 되었다. 한국 고대 시화에 나타난 소상 문화 요소는 중국 문화가 고대 한반도에 전파된 역사적 진실에 대한 기록일 뿐만 아니라 고대 한반도에서 중국 문화를 수용한 사실에 대한 확인이다. 이러한 사실은 고대 한반도와 중국이 역사문화적으로 친연성이 있음을 충분히 보여준다.

다음으로, 한국 고대 시화는 중한 양국의 문화 교류와 동아시아의 문화 역사를 살펴보는 데 중요한 자료를 제공해주었다. 한국 고대 시화는 중국 문화의 해외 전파와 한반도의 중국 문화 유입 양상을 보여주는 인문 경관이 되기에 손색없다. 그뿐 아니라, 한국 고대 시화의 발전 맥락을 통하여 동아시아문화의 형성 과정과 그 상황을 파악할 수 있고, 동아시아 문화의 형성 과정에서 중국과 한국의 문화 교류가 일으킨 역할과 그 영향을 추적할 수 있다. 한국 고대 시화의 중국 요소와 호상 인식을 통하여 중국 문화에 대한 한국 고대 문인들의 문화 수용의 가치관과 방식을 보아낼 수 있을 뿐더러 한국 문화의 독특한 생명력을 입증할 수 있다. 아울러 중국 전통문화가 '동아시아문화권'에서 차지하는 위상에 대해서도 가늠해 볼 수 있다. 이것은 중국의 전통문화를 부흥시키고 문화강국을 구축하는 데 있어서도 적극적인 시사점을 부여해줄 것이다.

마지막으로, 한국 고대 시화는 중국 전통문화의 발전 역사를 살펴봄에 있어서 중요한 시각을 제공해주었다. 타자의 시선으로 자아를 관찰하면, 더욱 깊이 있게 자아를 발견하고 성찰할 수 있게 된다. 한국 고대 시화에 나타난 소상 문화에 대한 비판과 수용을 통하여 중국 문화의 매력 및 중국 전통문화에 대한 주변 국가의 독특한 인식과 기대 시야를 엿볼 수 있다.

한국 고대 시화에서 호상 지역 문인들이 창작한 작품에 대한 평가는 중국의 동시기의 평가와 일치하지 않는 경우도 있다. 소상팔경 시화는 한반도의 문화 현상으로서 고려 시기로부터 조선조에 이르기까지 700년 동안 성행하면서 쇠퇴하지 않았지만 호상 문화 정신의 대표적인 인물 가운데 한 사람인 왕부지(王夫之)에 관한 담론은 거의 없었다. 이러한 문제들은 앞으로의 연구과제로 삼고자 한다.

조선시대 소상팔경 한시와 '恨別思歸'

한연(韓燕)*

* 한연: 호남사범대학교 한국어학과 조교수.

'한별사귀(恨別思歸)'는 시에서 표현되는 시인의 심경으로 말하자면 이별의 한과 슬픔, 그리고 고향과 가족에 대한 그리움을 담은 정서이다. 두보의 칠언율시 〈한별(恨別)〉[1]이 그 대표작으로 시인은 작품에서 안사의 난(安史之亂)으로 인해 가족과 떨어져 타향살이를 하게 된 이별의 슬픔과 반란군의 횡포에 나라가 도탄에 빠질 것을 걱정해 빨리 평정될 것을 바라는 애국심을 표출하였다. 소상(瀟湘) 지역은 특이한 지리적 환경으로 자연 산수는 한 폭의 수묵화와 같이 아름다워 〈도화원기〉의 무릉도원을 방불케 하며, 또한 이 지역에서 전해오는 성군, 충신의 슬픈 전설은[2] 문인과 묵객들에게 청유(淸幽), 몽롱, 낭만, 슬픔의 문학적 소재를 제공하였고, 또한 탈속을 지향했던 문인들이 많이 선택했던 은거의 역사적 장소이다. 그 때문에 소상팔경 시에는 '한탄'과 '그리움', '슬픔'을 절절하게 잘 표출한 '한별사귀(恨別思歸)' 정서가 애틋하게 흐른다. 이와 같은 특징으로 소상팔경의 한별사귀 정서는 무신정변 후 무신들의 감시를 받으며 우울하고 한스러운 삶을 살았던 고려 왕실과 문신들의 마음에 와닿았고 공명을 느꼈다. 이들은 소상팔경 한시를 통해 자신들의 한스럽고 불우한 삶의 슬픔과 소상 지역에 대한 동경의 심경을 표출하면서 현실에서는 이루지 못한 욕구를 충족시켰다.

---

1 洛城一別四千裏, 胡騎長驅五六年。 草木變衰行劍外, 兵戈阻絕老江邊。 思家步月清宵立, 憶弟看雲白日眠。 聞道河陽近乘勝, 司徒急為破幽燕。 낙양을 한 번 떠나 타향 사천리, 오랑캐 쳐들어온 지 오륙년 초목도 시든 검문산 밖, 전쟁으로 길 막혀 강변에서 늙네. 집 생각에 달빛을 거닐며 밤을 지새고, 아우를 그리며 흰 구름 보다 대낮에 존다. 듣건대 하양에서 승세 탔다니, 사도여 빨리 유연 땅을 평정해 주오.
2 호남성의 지형은 말발굽형의 분지로 찬 공기와 더운 공기가 서로 교합하여 1년 내내 안개가 많다. 안개 속에 희미하게 드러낸 이 지역의 산수는 마치 한 폭의 수묵화와 같아서 자연은 선경과도 같고, 또한 오랫동안 흐르고 있는 순임금과 이비, 굴원의 슬픈 전설로 고대부터 많은 묵객의 화제와 시제의 대상이 되었다.

본 문장에서는 조선시대 소상팔경 한시에서 표출된 '한별사귀' 정서 양상에 관해 분석한다. 이와 같은 연구를 통하여 한별사귀 정서의 활용 특징과 의의에 관해 정리하고, 나아가 한국 문인들이 한별사귀 정서에 대한 이해와 인식에 관해 고찰하려고 한다.

1. 소상팔경과 '한별사귀' 정서에 대한 수용

소상문학 속 '한별사귀(恨別思歸)' 정서는 초기 이비(二妃) 전설과 굴원(屈原)의 좌천유우문학(左遷流寓文學)에서 출발하였다. 그러다가 문학작품에서 이별의 슬픔과 은일의 사상이 고조되면서 한별사귀 정서는 문인들의 내심을 표출하는 정감으로 소상팔경을 주제로 한 시에서 많이 표출되었다. 이들은 소상팔경과 같은 이상향을 통해 현실에서 경험하지 못하고 억압되었던 욕구를 충족시켰다. 소상팔경 시와 그림은 처음 사절단을 통해 고려 왕실로 전해졌다. 비록 소상팔경의 실경을 직접 체험한 적이 없지만, 소상팔경은 유입된 초기부터 고려 왕실과 문인들에게 관심의 대상이 되었다. 점차 이상향으로 관념화하면서 왕실에서 평민에 이르기까지 근 700년을 거쳐 그림, 문학, 도자기, 건축, 음악 등 분야에서 끊임없이 활용되었다. 이 과정에서 한반도로 전해진 소상팔경은 중국의 산수에서 한국의 산수로 바뀌었고 한국 문인들의 미의식과 역사적 요구에 따라 점차 한국화로 점차 탈바꿈하였다. 또한 한별사귀 정서도 한국 문인들의 정서, 한국의 심미문화 등 영향을 받아 어느 정도 변화를 보였다. 그 원인을 밝히기 전에 우선 소상팔경과 한별사귀 정서가 한반도로 유입된 문화 배경부터 정리해 보려고 한다.

우선 고려에서 과거제도의 실시와 한문학(漢文學)의 성행이다. 지리적

으로 가까운 중국과 한국은 예로부터 밀접한 관계를 유지해 왔으며, 고려
는 건국 초기부터 중국의 선진 문화를 적극적으로 받아들였다. 고려 왕실
은 중국에 유학생을 파견하고 또한 외교를 통하여 중국의 서적을 대량으
로 유입하였으며, 사학(私学)을 설치하고 중국의 과거제도를 도입하였다.

> 삼국시대 이전에는 과거법이 없었고 고려 태조(太祖, 918~943)가 먼저 학
> 교를 세웠으나 과거로 인재를 뽑는 데까지는 이르지 못하였다. 광종(光宗,
> 950~975)이 쌍기(雙冀)의 의견을 받아들여 과거로 인재를 뽑자, 이때부터
> 학문을 숭상하는 풍습이 일어나기 시작하였다.[3]
> 고려 광종과 현종 이후에 문사가 무리 지어 배출되어 사부(詞賦)와 사륙
> 변려문(四六駢儷文) 등의 글을 지었다.[4]

위의 자료에서 알 수 있듯이 한반도에서 본격적으로 과거제도를 실시
한 것은 고려 광종(光宗) 대부터다.[5] 고려는 당나라의 과거제도를 본떴으
며『논어』,『효경』,『주역』,『좌전』,『예기』,『상서』,『모시』,『문선』 등을
시험과목으로 정했다. 고려의 과거제도는 제술(制述)과, 명경(明経)과, 잡
과(杂科)가 있었다. 제술과는 글짓기로 인재를 뽑는 시험이고, 명경과는 유
교 경전에 대한 지식으로 인재를 뽑는 시험이다. 제술과는 정책과 관련된

---

3 三國以前, 未有科擧之法。高麗太祖首 建學校, 而科擧取士, 未遑焉。光宗用雙冀 言, 以科
  擧選士, 自此文風始興。大抵其法 頗用唐制。『高丽史 选举志』권73, p494
4 高麗光_顯以後, 文士輩出, 詞賦四六、穠織富麗, 非後人所及。徐居正,『东人诗话』下,
  p605
5 과거제도가 실시되기 전 고대 한국에서 인재를 뽑을 때는 귀족 등 신분을 대
  대로 세습하거나 잘 아는 사람을 추천하고 추천자가 일종의 보증을 서는 천거
  방식을 이용했다. 신라의 독서삼품과는 비록 시험을 치러 관리를 등용했으나
  시험 결과는 단지 관리 등용에 있어 참고의 역할을 하였다. 중국식 과거제도는
  고려 4대 왕 광종 때 들어왔다.

시무책보다는 문학적 재능을 더 중시했고 암기보다는 지식을 이용한 창작을 중요시했기에, 제술과에서 뽑는 인원이 명경과보다 훨씬 많았고 대우도 제술과가 명경과보다 더 좋았다.[6] 그 때문에 제술과는 과거시험에서 가장 중요한 시험과목이었으며 심지어 어떤 과거시험에는 제술과 성적으로만 관리를 선발하였다. 기록에 의하면 고려 시기 대개 250회 좌우의 과거시험이 있었는데 제술과목을 본 사람은 6,000명 정도로 가장 많았다. 과거시험을 보는 사람이 많아짐에 따라 학교에 대한 수요도 늘어났는바, 이는 사학(私学)의 건립과 발전을 추진하였다. 당시 가장 유명했던 사학은 사학십이도(私学十二徒)의 하나인 문헌공도(文宪公徒)이다.

> 그가 죽은 후 시호를 문헌(文憲)이라고 하였는데 그 후에 과거에 응시하는 자들이 모두 9개 서재에 적(籍)을 두었으므로 이들을 모두 문헌공 학도라고 불렀다.[7]
>
> 문헌공(崔冲)이 과거를 맡았을 때, 응시한 14명 가운데, 을과(乙科) 급제자 3명인 김무체(金無滯), 이종현(李從現), 홍덕성(洪德成)은 함께 상서(尙書)에 제수되었고, 이상정(李象廷), 최상(崔尙), 최유부(崔有孚)는 이어서 참정(參政)이 되었고, 김숙창(金淑昌), 김정(金正), 김양지(金良贄), 오학린(吳學麟)은 나란히 학사(學士)가 되어서, 세상에서 상서방(尙書牓)이라 불렀다.[8]

사학(私学)은 문신이었던 최충이 벼슬에서 물러난 후 후진을 양성하려고 자기 집에 열었던 9재(九齋)가 그 시초이다. 이후 고위 관직을 역임한

---

6 https://namu.wiki/w/%EA%B3%BC%EA%B1%B0%20%EC%A0%9C%EB%8F%84

7 及卒諡文憲, 後凡赴擧者, 亦皆隷名九齋籍中, 謂之文憲公徒. 高麗史‧列传卷 第八, 94

8 崔文憲公典試, 所貢十四人, 乙科三人。金無滯‧李從現‧洪德成, 同拜尙書。李象 廷‧崔尙‧崔有孚, 相繼為參政。金淑昌‧金正‧金良贄‧吳學麟, 並為學士, 世號"尙 書牓". 赵钟业‧韩国诗话丛编, 太学社, 1991. P4

유신들이 사립학교를 열어, 최충의 9재를 포함하여 총 12개의 도(徒)가 설립되었다.[9] 사학십이도는 학생들의 문학 재능을 키우는 데 중점을 두었기에 사학십이도 출신은 과거시험에서 모두 성적이 좋았다.

동시에 고려는 자신들의 문화 건설의 수요를 만족시키고자 북송대부터 공적 혹은 사적으로 중국의 서적을 대량으로 수입하였다. 이 부분은 『송사(宋史)』[10]와 『고려사(高麗史)』[11]에 기록되어 있다. 오랜 외교 왕래와 도서 수집을 거쳐 충숙왕(忠肅王) 대에 고려는 이미 많은 양의 중국의 문학 서적을 보유하고 있었다. 한편 과거시험에는 글짓기에 관한 과목을 중요시하였기에 이백, 두보, 백거이, 소식, 한유, 유종원 등의 시문집이 고려 유생들에게 큰 인기가 있었고, 도원명의 문장을 숭상하고 소동파의 시를 따라 배우는 모도(慕陶), 학소(学苏) 등 열풍이 불면서 중국의 문인은 고려 문인들의 숭배의 대상이 되었다. 이는 고려에서 한자의 사용과 보급 그리고 한시의 발전을 촉진하였다. 그 때문에 북송 대부터 중국에서 크게 유행한 소상팔경시가 고대 한국으로 전해진 것도 필연적이었다.

다음은 무신정변 후 암담한 조정의 현실이다. 광종 대 이후 과거제가 정착되면서 고려 사회는 통일전쟁의 과도기적 관료체계에서 벗어나 문신

---

9 사학 12도(私學十二徒)의 교육 내용과 성격은 국학(國學)인 국자감(國子監)과 대체로 비슷하였다. 그러나 국학이 크게 부진을 면치 못하면서, 과거를 준비하는 이들은 권위 있는 유학자가 세운 사학으로 몰리게 되었다. 또한 당시에는 과거(科擧)의 고시관이 과거 합격 후 관직 생활에 큰 영향을 끼쳤으며, 같이 합격한 동기들이 향후 관직 생활에서 주요 인맥이 되었으므로, 귀족 자제들은 국자감보다 사학을 더욱 선호하였다. 국사편찬위원회, 〈우리 역사네〉, http://contents.history.go.kr/front/tg/view.do?treeId=0100&levelId=tg_002_0670

10 哲宗立, 遣使金上琦奉慰, 林曁致贺, 请市刑法之书,《太平御览》,《开宝通礼》,《文苑英华》。诏惟赐《文苑英华》一书, 以名马 锦绮 金帛报其礼 『宋史』卷四八七, p10420

11 忠肃王元年, 遣博士柳衍 学谕俞迪等购书于江南, 船败, 衍等赤身登岸。判典校洪瀹以太子府参军在南京, 以宝钞一百五十 锭遗衍, 使购经籍一万八百而还。『高丽史·世家卷第三十四』忠肃王条, p532

중심의 지배체제를 확립하였다. 이 같은 관료체계는 무신의 최고 품계를 정3품에 한정시켰고, 이 때문에 전쟁 상황 속에서도 무신은 언제나 문신들의 명령을 받아야 하는 입장이 되었다.[12] 이러한 상황은 오랫동안 이어진 바 고려 사회는 무신들이 문신을 우대하고 무신을 천시하는 숭문천무(崇文賤武) 풍조가 일어났다. 무신정변은 바로 무신들이 문무 차별 대우에 불만을 품고 일으킨 정변이다. 정변이 일어난 후 무신들은 "무릇 문관(文冠)을 쓴 자는 비록 서리라도 죽여서 씨를 남기지 말라(凡戴文冠者, 雖胥吏, 殺無遺種)"[13]라고 외치며 무력으로 문신들을 살해했다. 이번의 난을 통해 정권을 장악한 무신들은 의종을 폐하고 명종을 왕으로 세웠으며[14] 그 후 근 1세기 동안 정권을 장악하였다.[15]

명종은 비록 이 시기 왕의 자리에 올랐어도 아무런 권력이 없었으며 모든 권력은 무신들이 장악하였다. 암담한 조정의 현실로 문신들은 점차 정계에서 소외되었으며 또한 벼슬에 대한 포부도 접을 수밖에 없었다. 이에 어떤 문신들은 아예 궁을 벗어나 초야에 묻혀 살면서 울분과 강개의 심정을 시와 술로 위로했다. 그 대표적인 예로 무신정권 시기 〈해좌칠현(海左七賢)〉을 들 수 있다. 이규보는 『동국이상국집』 칠현설(七賢說)에서 〈해좌칠현〉에 관해 아래와 같이 서술하였다.

문장으로 세상에 이름이 난 아무개 등 일곱 사람이 스스로 당대의 호걸이

---

12 박영규, 〈한권으로 읽는 고려왕조실록〉, 웅진, 2000, p335 참조.

13 『高麗史』 卷128 鄭仲夫傳

14 己卯 王單騎, 遜于巨濟縣, 放太子于珍島縣. 是日, 仲夫·義方·高等領兵, 迎王弟翼陽公 晧 卽位. 『고려사』 世家 卷第19, 毅宗24年, 9월

15 (九月 己卯) 王御修文殿, 李俊儀·鄭仲夫·李義方·李高侍從. 釋文克謙, 命書批目, 以任克忠爲中書侍郞平章事, 鄭仲夫·盧永醇·梁淑条知政事, 韓就爲樞密院事, 尹鱗瞻知樞密院事, 金成美爲僕射, 金闡爲樞密院副使, 李俊儀爲左承宣給事中, 文克謙爲右承宣御史中丞, 李紹膺爲左散騎常侍, 李高爲大將軍衛尉卿, 李義方爲大將軍殿中監, 高·義方, 皆兼執奏. 奇卓成爲御史臺事, 蔡元爲將軍. 其餘武夫, 超資越序, 職兼華要者, 不可勝數. 『고려사요절』, p121

라 하면서 마침내 서로 어울려서 칠현이라 하니 대개 진(秦)의 7현(七賢)
을 사모한 것이다. 늘 함께 모여 술을 마시고 시를 지으며 자기들 외에는
사람이 없는 것처럼 했다. 세상에서 비방하는 말이 많아지자 기세가 조금
누그러졌다.16

〈해좌칠현〉은 고려 중기 무신정권 시기 일곱 문인이 설립한 문학 모
임인데, 이는 중국 위진남북조(魏晉南北朝)시기 자유방임적인 노장사상에
심취하여 시주(詩酒)를 벗 삼던 〈죽림칠현(竹林七賢)〉을 본뜬 문학 모임
이다. 〈죽림칠현〉이 난시에 목숨을 보전하려고 초야에 들어간 것처럼
〈해좌칠현〉도 무신정권 시기 문신들에 대한 횡포가 심해지자 난세를 피
하여 향리에서 살면서 문학과 술로 자신의 불우한 처지를 위로했다. 이 모
임의 핵심인물은 이인로이며, 그 외 오세재, 임춘, 이담지, 조통, 황보항,
함순 등이 있다. 이 중 이인로와 조통을 제외한 나머지 5명은 모두 문사로
서 불우한 생애를 살았다. 하지만 이규보가 『동국이상국집』에 기록한 〈해
좌칠현〉에 관련한 자료에 의하면 이들의 이런 행위에 대해 비난하는 사람
도 적지 않았음을 알 수 있다. 이런 과정에 한반도로 유입된 소상팔경은
왕실과 문신들에게 이상적 욕구를 충족시킬 수 있는 탈출구로 상처받은
심신을 위로해주고 불우한 자신의 처지를 잠시나마 잊게 해 주었을 것이
다. 이 시기에 창작된 소상팔경 한시는 문신들의 은둔사상을 많이 읊음과
동시에 나라와 조정에 대한 걱정도 어느 정도 표출하였다. 이러한 정서 표
출은 '한별사귀 정서와 많이 흡사하다.
　마지막으로 한국 전통 시가에 표출된 '한별(恨別)'과 '사귀(思歸)'의 정서

16　先輩有以文名世者某某等七人，自以爲一時豪俊，遂相與爲七賢，蓋慕晉之七賢也．每相會，
　　飮酒賦詩，旁若無人，世多譏之，然後稍沮。李奎报『東国李相国集』(5)卷二十一〈七賢说〉，
　　首尔：民族文化推进会，2006，p9

이다. '한별'은 '이별의 한'을 말하는데, 이는 한국 전통 시가에서 많이 나타
났던 '이별의 정한'이다. 한국 문학의 고유한 특성으로 한국 고전 문학에는
이별을 소재로 하여 정한의 정서를 표현한 시가 매우 많다.

> 翩翩黃鳥 펄펄 나는 저 꾀꼴새는
> 雌雄相依 숫놈과 암놈이 저리 정다운데
> 念我之独 나의 외로움을 생각함이여
> 谁其与归 그 뉘와곰 함께 갈거나[17]
>
> -유리왕 〈황조가〉

> 公无渡河 임이며 그 물을 건너지 마오
> 公竟渡河 임은 그예 물속으로 들어 가셨네
> 渡河而死 원통해라 물속으로 빠져 죽은 임
> 其奈公何 아아 저 임을 언제 다시 만날꼬[18]
>
> -〈공무도하가〉

〈황조가〉와 〈공무도하가〉는 이별에 대한 정한을 절절하게 표출한 한
국 초기의 시가 작품이다. 〈황조가〉에서는 이별의 슬픔과 외로움에 대한
탄식을 애절하게 읊었다. 유리왕의 두 왕비 화희와 치희가 왕의 총애를 얻
으려고 다투다가 치희가 노하여 집으로 돌아가자 유리왕이 쫓아갔지만 사
랑하는 아내를 되돌리지 못하고 돌아오는 길에 황조를 바라보며 외로운
자신의 처지를 한탄하는 내용이다. 그리고 〈공무도하가〉에서도 이별의
슬픔을 읊고 있다. 술에 취한 남자가 아내의 말을 듣지 않고 강을 건너다

---

17 정병욱, 〈한국고전시가론〉, 신구문화사, 2008판본, p.60.
18 정병욱, 위의 책, p.66-67.

가 결국 빠져 죽고 만다. 이를 바라보던 아내는 남편의 죽음에 슬퍼하다가
자신도 남편을 따라 빠져 죽었다는 슬픈 이야기다. 〈황조가〉에서는 생이
별에 대한 '한별(恨別)'을 읊었고, 〈공무도하가〉에서는 사별에 대한 '한별'
을 읊었다. 그리고 고려가요 〈가시리〉는 원망과 절제, 체념, 미래에 대한
소망을 노래하는데 작품을 관통하는 정서는 이별의 정한이다. 이처럼 한
국 고전 문학작품에는 이별의 정한을 주제로 한 시가 많으며 이러한 정서
표출은 한국 시가문학 전통으로 현재에까지 쭉 이어졌다.

한편 고려가요 〈정과정〉은 정서(鄭敍)가 유배 시절 지은 가요로[19] 임
금에게 버림을 받았으나 임금을 그리워하는 마음은 변하지 않음을 강조했
다. 10구체 향가 형식으로 지은 이 가요는 충신연주지사(忠臣戀主之詞)로
조선시대에도 널리 불렸다.

> 내가 임을 그리며 울고 지내니
>
> 산 접동새와 난 처지가 비슷하구나.
>
> 나에 대한 말은 진실이 아니며 거짓이라는 것을. 아!
>
> 지는 달 새벽 별만이 아실 것이리.
>
> 넋이라도 임과 함께 가고 싶습니다. 아아!
>
> 내 죄 있다 우기던 사람이 그 누구입니까?

---

19 《郑瓜亭》, 内侍郎中郑叙所作也。叙, 自号瓜亭, 联昏外戚, 有宠于仁宗。及毅宗即位, 放归其
乡东莱, 曰：“今日之行, 迫于朝议也, 不久当召还。” 叙在东莱日久, 召命不至, 乃抚琴而歌之,
词极凄惋。인종과 동서지간이었던 정서는 인종의 총애를 받았다. 인종이 승하하
고 의종이 즉위하자 신하들의 참소로 고향인 동래로 유배되었다. 의종이 머지
않아 다시 불러 주겠다고 약속하였으나 부르지 않았다. 오래 기다려도 소명이
없자, 이에 정서는 거문고를 잡고 이 노래를 불렀다고 한다. 이후 무신(정중부)
의 정변으로 무신정권이 시작되면서 의종과 그를 모함한 문신들은 축출되고 명
종이 즉위하게 되자 작가는 다시 기용된다. 郑麟趾等著, 孙晓主编, 『高丽史·乐志』,
西南师范大学出版社, 2014.

나는 과도 허물도 전혀 없습니다.

나에 대한 뭇 사람들의 거짓말이여.

슬픈 일이로다, 아아!

임이 나를 아마 잊으셨는가.

아아, 님이여! 내 말씀 다시 들으시고 사랑해 주소서.

-정서 〈정과정곡〉20

이 작품은 임에게 버림받은 여인이 임에 대한 그리움을 노래한 것처럼 보이지만 사실은 남녀 간의 '이별의 정한'을 빌어 시인의 충군(忠君), 연군(恋君)사상을 절절하게 표출했다. 모함을 당해 어쩔 수 없이 유배하게 되었지만 임에 대한 원망은 없고 그리움만 가득하다. 그리고 화자는 임의 소환(召喚)과 재회를 간절히 기다리고 있는데 여기서는 '귀거래'의 '사귀(思歸)' 정감도 같이 표출하였다.

이처럼 소상팔경시가 한반도로 전해진 후 크게 성행한 것은 단순히 시대적 유행에 따른 것만은 아니었다. 우선 당시 고려에서 한문학(汉文学)과 한문화(汉文化)가 성행했고, 또한 무신정권이란 암담한 현실 아래 이상향으로 상징되었던 소상팔경은 무신들이 정신적 안위를 찾고자 자주 찾았던 문학 소재이며, 그리고 소상팔경시의 기본 정서인 한별사귀 정서는 고려 문인들에게 낯설지 않았다. 나라가 다르고 민족도 다르지만 소상팔경을 통해 현실적 고뇌를 해결하려 했던 목적은 중국 문인이든 한국 문인이든 다 비슷했을 것이다. 이렇게 볼 때 소상팔경은 지역적 의미의 기본 틀에서 벗어나 문화 공감이 있는 문화 현상이라 할 수 있다.

---

20 배규범, 주옥파, 〈외국인을 위한 한국고전문학사〉, 2010, p28.

2. 한국 소상팔경 한시에 나타난 '한별사귀'의 양상

무신정변 후 권력을 잃은 왕실과 탄압의 대상이 된 문신들이 정신적 탈출구로 소상팔경을 적극적으로 받아들였다. 많은 문인이 은거의 대상으로 소상팔경을 선택했듯이 고려의 왕실과 문인들은 소상팔경을 이상향으로 생각하고 문학 작품과 그림을 통해 현실에서 이루지 못한 욕망을 충족하려 했다. 고려 시기의 소상팔경 한시는 그 창작에 있어 중국의 시풍을 많이 따랐다. 그 때문에 '한별사귀' 정서도 주로 '이비'와 '굴원'의 전설을 바탕으로 한 '이별의 정한'과 '원한(怨恨)'의 표출이었다. 그러나 조선 시기로 넘어오면서 '한별사귀' 정서는 다양한 의미를 부여하였다. 우선 이성계가 이씨 조선을 건립한 후 불교의 나라에서 유교의 나라로 바뀌었으며 왕실과 유생들은 새 왕조의 건설을 위한 조치가 필요했다. 이 부분에 있어 소상팔경 한시는 새 왕조와 유생들의 지향, 그리고 군왕을 칭송하는 내용을 담으며 홍보 작용을 하였다. 따라서 '한별사귀'는 충군(忠君), 규훈(規訓), 입사(入仕)의 의미를 담아 시에서 활발히 표출되었다.

2.1 이비의 '한별사귀'에 담긴 충(忠) 사상

이비(二妃)는 순임금의 두 아내인 아황(娥皇)과 여영(女英)을 가리킨다. 전설에 의하면 순이 남순(南巡)하다 창오산(蒼梧山)에서 죽었다. 사랑하는 남편과 생이별을 당한 아황과 여영은 슬피 울었으며, 상강(湘江)에 몸을 던져 남편을 따라 순절했다고 전한다. 순임금과 이비의 슬픈 전설은 오랫동안 전해졌으며 많은 사람에게 감동을 주었다. 사람들은 이들 사이 생이별에 대해 슬퍼하고 끝까지 순결을 지킨 두 왕후에 행위에 감동했다. 이는 〈열녀전〉에서도 전한다. 하지만 조선 시기로 들어오면서 성리학의 영향

아래 순임금과 두 왕비의 관계는 왕과 신하의 관계로도 확대되어 문학 창
작에 자주 활용되었다. 따라서 이비의 정한을 바탕으로 한 '한별사귀' 정서
에는 충군(忠君)의 의미도 함께 표출한 시가 많다.

風擺雲飛舞碧瀾 바람 불어 구름 날고 푸른 물결 춤추니
蕭蕭夜雨響江灣 쓸쓸한 밤비는 강굽이를 울리는구나
湘君一夜悲難勝 상군은 밤새도록 슬픔을 이기지 못하고
斑竹千年色不刊[21] 반죽은 천 년 동안 색이 끊이지 않구나
- 홍언필 〈소상야우〉에서

雨脚連空送晚秋 빗발은 하늘에 닿아 늦은 가을 보내고
霏霏浙浙灑扁舟 보슬비 처량하게 일엽편주에 흩뿌리네
應添二女思君淚 아황 여영이 남편 사모하는 눈물을 보탬일지니
染畫叢篁萬古愁[22] 대나무 숲에 만고의 시름을 그림으로 물들이네
- 이홍유 〈소상야우〉

주지하다시피 일반적으로 '상군(湘君)'이라 하면 순임금을 가리키는데
홍언필의 〈소상야우〉에서는 순임금의 두 아내인 아황과 여영을 가리킨
다. 이는 한나라 때 유향(刘向)의 〈열녀전·유우이비(列女传·有虞二妃)〉 중
'순임금이 창오에서 죽은 후 중화(重华)로 칭하고, 상강에서 죽은 이비는
상군으로 칭했다[23]'라는 해석을 따른 것이다. 그리고 반죽(斑竹)은 이비가
순임금의 죽음에 너무 슬퍼 눈물이 피눈물로 되어버려 대나무에 뿌려져

---

21 彦弼. 默齋集：卷一[M]. 韩国文集丛刊 第19卷. 景仁文化社. 1990.
22 李弘有,『逐軒集』卷三,〈題瀟湘八景畫屏, 又寫八詠〉.
23 舜陟方死於蒼梧, 號曰重華. 二妃死於江湘之間, 俗謂之湘君.

반죽이 되었다는 전설인데 '반죽'이라 하면 보통 이비를 가리킨다. 시의 앞부분에서 화자는 남편의 죽음으로 인한 이비의 슬픈 마음을 담았다. 준비가 없는 생이별로 이비는 밤새도록 슬픔을 이기지 못한다. 하늘도 그 마음을 알았는지 바람이 불어 구름이 날고 밤새도록 비가 내린다. 이러한 환경에 대한 구체적인 묘사는 이비의 이별의 정한의 슬픔을 더 강하게 표현하였다. 그리고 시인은 '하룻밤(一夜)'과 '천년(千年)'이라는 시간을 대조함으로써 순임금에 대한 이비의 충성과 영원한 사랑을 표출했다. 이처럼 홍언필은 이비의 정한으로 앞으로 왕을 다시 만날 수 없는 슬픔을 읊었고, 천년이 지나도 '반죽'의 색은 변하지 않는다 하며 왕에 대한 일편단심을 표출하였다. 갑자사화, 기묘사화에 연루되어 순탄치 않은 관직의 길을 걸었던 홍언필은 이 시에서 이비의 전설을 빌어 자신의 슬픔을 표출함과 동시에 자신은 영원히 왕의 충신임을 노래했다고 볼 수 있다. 한편 이홍유는 〈소상야우〉에서 유생으로 왕에 대한 충(忠)을 시에서 읊었다. 처량하게 내리는 보슬비는 남편을 사모하는 이비의 눈물이자 즉 왕을 바라는 시인의 마음이다. 비록 자신은 벼슬에 나가지 않았어도 '사군(思君)'의 마음을 접은 적이 없으며, '대나무 숲에 만고의 시름을 그림으로 그렸다(染畵叢篁萬古愁)'로 유생으로 늘 나라의 앞날을 걱정하고 마음 쓰고 있음을 읊었다.

夜寒湘浦雨垂垂 추운 밤 상강 포구 밤비만 주룩주룩
斑竹離披不自持 반죽이 만개해도 절로 지닐 수 없네
千古皇英離別淚 천고에 아황과 여영이 이별한 눈물인데
蒼梧山色望皆疑[24] 창오산 색 바라보니 모든 것이 의심스럽네
　　　　　　　　　　　　　　　　　　-권상일 〈소상야우〉

---

24 權相一, 『淸臺集』 卷三, 〈瀟湘入景, 八景井四鶴, 作十二帖寢屛〉.

권상일은 자신을 이비에 비유하여 왕과의 어쩔 수 없는 이별의 슬픔을 읊음과 동시에 비록 자신은 왕의 곁에 없어도 늘 왕을 걱정하는 충성의 마음을 표출하였다. 권상일이 살았던 시대는 조선 후기로 이 시기 조선 사회는 여러모로 힘든 상황이었다. 임진왜란과 병자호란을 거치면서 국가 기강이 해이해지고 사회질서가 혼란해졌다. 이런 상황에서 문인들은 무력한 왕실과 정권에 크게 실망하였는바 점차 자신의 실생활에 치중하였고 도선사상이 이들 사이에서 유행하기 시작하였다. 상강에 끝없이 내리는 비는 순임금과 헤어진 이비의 슬픈 눈물이다. 시인은 왕의 곁을 떠난 후의 외로움과 슬픈 심정을 이비의 눈물에 비유하였다. 그리고 창오산은 순임금을 묻은 곳으로 '창오산 색 바라보니 모든 것이 의심스럽다'로 왕과 조정에 대한 걱정을 떨칠 수 없는 심정을 표출하였다. 이처럼 감동적이고 서정적인 이미지를 활용하여 임금에게 충성을 표하는 방식은 중국 고대의 '규원시(閨怨詩)'와도 비슷하다.

2.2 굴원의 '한별사귀'에 담긴 우환 의식과 규훈(规训) 사상

굴원의 인생은 비극으로 가득 차 있었지만, 그의 순결한 인성과 숭고한 절의 정신은 한국 문인들의 추앙과 높은 평가를 받았다. 충신의 상징이었던 굴원은 예로부터 문인과 문신들의 본보기였다. 국가와 민족을 사랑하고 왕에게 충성을 하였지만 억울한 누명을 쓰고 왕에게 버림을 받았음에도 불구하고 왕을 원망하지 않았으며, 어지러운 현실에 실망한 나머지 세상에 한을 품고 멱라(汨罗)에 몸을 던졌다. 소상강 지역에서 오래 전부터 전해지는 굴원의 이야기는 많은 사람에게 감동을 준바, 사람들은 굴원의 죽음을 안타까워하고 시에서 굴원의 이야기를 빌어 자신의 원한을 읊으면서 불우한 처지와 우울하고 슬픈 심정을 에둘러 보여주려 하였다. 고려 시

기 소상팔경 한시는 '한별사귀' 정서 표출에 있어 굴원의 원한을 통해 충신
의 죽음에 대한 슬픔과 불우한 처지에 대한 하소연을 주로 노래했다면 조
선 시기는 임금에 대한 규훈 사상도 어느 정도 담아냈다.

> 迢遞雲連塞 멀고 먼 구름은 변방에 이어져 있고
> 微茫水接天 가늘게 아득한 물은 하늘에 접해 있네
> 不眠孤客耳 잠들지 못하는 외로운 나그네뿐이고
> 寒雨滿江船[25] 찬비만 강가 정박한 배에 가득하네
>
> — 성삼문 〈소상야우〉

> 茫茫楚天暗 아득한 초땅 하늘 어둡고
> 湛湛江水深 잠잠한 강물은 깊구나
> 涔涔一夜雨 억수같이 밤새도록 내리는 비
> 漠漠千古心 아득히 끝없는 천고의 마음이네
> 客舟何處泊 나그네 배는 어느 곳에 정박할까
> 滿岸楓樹林[26] 언덕 가득 단풍나무 숲이네
>
> — 소세양 〈소상야우〉

성삼문은 시에서 먼 유배지로 쫓겨난 굴원의 막막하고 쓸쓸하며 처량
했을 심정을 시에 담았다. '먼 구름은 변방에 이어졌고, 물은 하늘에 닿았
다(迢遞雲連塞, 微茫水接天)'로 시인은 수도와 멀리 떨어진 유배지의 거리를
강조하면서 유배지에서 굴원의 쓸쓸하고 답답한 '한별'의 심정을 노래했다.
그리고 '찬비만 강가 정박한 배에 가득하다(寒雨滿江船)'로 충신인 굴원은

---

25 成三問, 『成謹甫集』 卷一, 『韓國文集叢刊』 第10卷, p184, 〈瀟湘八景〉.
26 蘇世讓, 『陽谷集』 卷一, 『韓國文集叢刊』 第23卷, p309, 〈書洪古阜春年畫屏〉.

유배지에서도 임금 걱정, 나라 걱정으로 마음이 편하지 않음을 노래했다. 즉 굴원 충신이 보여주었던 나라와 민족에 대한 우환 의식이다. 이처럼 시인은 유배지에서의 굴원의 심정을 빌어 시인의 심정을 노래하였다. 소세양도 시에서 유배 당시 굴원의 '한별사귀'의 심정을 빌려 자신의 심정을 표출하려고 하였다. 왕의 버림을 받아 돌아가려고 해도 쉽게 갈 수 없는 처량한 신세를 한탄하고 있으며, 낯선 땅에서 외로운 나그네는 배를 정박할 곳조차 찾기 어렵다. '잠잠한 강물은 깊구나(湛湛江水深)'로 겉으로는 괜찮아 보여도 수심이 많음을 비유하였으며, 굴원의 마음속 슬픔과 깊은 '한'을 하늘이 아는지 밤새도록 비는 내린다. 또한 이는 천년이 흘렀어도 쉽게 풀리지 않는다. 이처럼 소세양은 굴원의 여원(余怨)을 빗대어 자신의 '한별사귀' 정서를 절절하게 잘 표출하였다.

> 今古有沈魂 예나 지금이나 물에 잠긴 넋 있으니
> 天陰鬼語紛 하늘은 음산하여 귀신 소리 분분해라
> 孤舟嫠婦在 외딴 배에는 임을 여읜 부인
> 滿面是啼痕[27] 얼굴 온통 흐느낀 흔적이네
> 　　　　　　　　　　　　　　　　- 임억령 〈소상야우〉

> 魚腹葬忠魂 물고기 배 속에 묻힌 충성스러운 혼백
> 千秋向國紛 천추에 나라 향한 마음 분분도 하여라
> 江深招不得 강물 깊이 불러도 구할 수 없건만
> 天水合無痕[28] 물과 하늘 맞닿아 흔적조차 없구나
> 　　　　　　　　　　　　　　　　- 임억령 〈소상야우〉

---

27 林億齡, 『石川集』, 驪江出版社. 影印本, p126, 翻李後白瀟湘夜雨之曲. p126
28 林億齡, 위의 책, p126

誰招去國魂 임금을 떠난 혼백 누가 불렀던가

千裏不禁紛 천리에 분분함을 금할 수가 없네

忽返三更響 홀연히 깊은 밤 울림이 되돌아오니

孤襟帶血痕[29] 외로운 가슴에 핏자국만 맺혀 있네

- 임억령 〈소상야우〉

임억령은 〈소상야우〉 주제로 시를 가장 많이 쓴 사람이다. 그는 〈소상야우〉를 주제로 울분, 한탄, 외로움, 그리움의 '한별사귀' 정서를 격조 높이 읊었다. 을사사화(乙巳士禍) 때 많은 선비가 죽는 것을 보고, 또 동생이 이 일에 앞장선 사실에 자책을 느껴 벼슬을 그만두고 귀향한 그는 시에서 한을 품고 죽은 이들의 죽음을 굴원에 비유하여 억울한 영혼을 위로하고 있다. 억울하게 죽임을 당한 선비들은 죽어서도 한을 품은 혼백이 되어 허공에 떠돈다. 이를 바라보는 시인의 마음에는 핏자국이 맺힌다. 그리고 두 번째 시를 보면 시인은 '충성스러운 혼백(忠魂)'으로 죽임을 당한 선비들을 모두 굴원에 비유하였다. 그리고 '천추에 나라에 향한 마음 분분하다(千秋向國紛)'로 유생들이 사명으로 생각하는 국가와 민족에 대한 우환 의식을 높이 평가하였다. 동시에 이는 왕에게 보내는 규훈의 메시지인바 굴원과 같이 왕에게 충성하는 선비들을 아끼고 사랑할 것을 권장하고 있다. 또한 시의 마지막 행에서 시인은 유배지에서도 오직 왕과 나라를 걱정하고 생각하는 굴원의 모습을 빌려 왕에게 간신배들에 속아 충신을 버리지 말 것을 충고한다.

---

29 林億齡, 위의 책, p126

2.3 순(舜)의 '한별사귀'에 담긴 이상적 군신 관계

순임금은 효자로 명성이 자자하였고 왕이 된 후 나라를 잘 다스려 태평성대를 이루었다. 그 때문에 예로부터 순인금은 성군(聖君)으로 높이 평가되었으며, 한국 문인들은 왕의 성품과 공덕을 칭송할 때 자주 순임금으로 비유하였다. 전설에 의하면 성품이 어진 순임금은 백성을 사랑하고 나라를 잘 다스려 사람들의 존중을 받았으며, 예순 살 남순(南巡) 도중 백성들을 괴롭히는 9마리 용과 싸우다 목숨을 잃었다고 전한다. 소상팔경 한시에 표출된 순임금의 '한별사귀' 정서는 보통 순임금과 두 왕비와의 이별의 정한을 중심으로 하고 있다. 조선 시기에 이르러 순임금과 왕비의 관계는 왕과 신하의 관계로 확대되었고 순임금의 '한별사귀'는 이상적 군신관계에 대한 바람으로도 표출되었다.

> 蒼梧日落愁雲合 창오에 해지니 근심 섞인 구름 모이고
> 楚雨蕭蕭到夜分 초나라 밤 깊도록 쓸쓸하게 비 내리네
> 竹上更添無限淚 대나무 위 다시 한없는 눈물 보태지고
> 重瞳何處有孤墳[30] 순임금 외로운 무덤 어느 곳에 있을까
>
> — 박순 〈소상야우〉

> 寂寂瀟湘夜 적적한 소상강의 밤
> 蕭蕭斑竹林 얼룩진 쓸쓸한 대숲
> 蒼梧望不見 창오를 바라봐도 볼 수 없고
> 帝子雨中心[31] 황제 마음속에 비 내리네
>
> — 권만 〈소상야우〉

---

30 朴淳, 『思菴集』 卷一, 『韓國文集叢刊』 第38卷 p286.
31 權萬, 『江左集』 卷一, 『韓國文集叢刊』 第209卷, p71.

위의 시에서 모두 순임금과 이비와의 슬픈 전설을 활용하여 이별의 정한으로 인한 슬픔의 한과 안타까움의 원통을 가슴 아프게 보여주고 있다. 이러한 시들은 얼핏 보면 이별의 정 한을 바탕으로 한 애절한 사랑의 시로 느낄 수 있지만 시인은 재위 중인 임금을 순임금으로, 이비를 신하로 비유하여 유교에서의 이상적인 군신 관계를 표출하였다. 저녁이 오면 그리움은 더 커지는 법이다. 하지만 만날 수 없는 것을 알기에 순임금이 묻힌 창오는 근심 섞인 구름이 모이고 따라서 밤이 깊도록 비가 내린다. 그리고 외로울 남편을 위해 이비는 오늘도 눈물을 흘리며 순임금의 무덤을 찾고 있다. 권만의 시에서도 비슷한 정서를 표출하고 있다. 남편을 그리는 이비는 늘 창오를 바라보고 있어도 이젠 만날 수 없어 눈물을 흘리고 이것을 아는 순임금은 안타까운 마음에 눈물만 흘린다.

蒼梧聖帝魂 창오에서 숨을 거둔 순임금의 혼백이
夜半雨粉粉 한밤중 비가 되어 분분히 내리는구나
竹寒蕭蕭意 대나무 속 소슬하게 울리는 뜻은
要將洗淚痕32 바라건대 얼룩진 눈물 자욱 씻어내고자
- 임억령 〈소상야우〉

夜雨蕭蕭斑竹枝 밤비가 쓸쓸하게 반죽 가지를 물들이니
至今瑤瑟使人悲 지금도 거문고 소리 사람 심금 울리네
千歲帝子無窮恨 천년의 황제에겐 한도 끝이 없는가
只在瀟湘夜雨時33 지금도 소상강에는 밤비가 내리고 있네
- 정두경 〈소상야우〉

32 林億齡, 『石川集』, 驪江出版社影印本, p126, '翻李後白瀟湘夜雨之曲.
33 鄭斗卿, 『東溟』 卷二, 『韓國文集叢刊』 第100卷, p409, 〈題瀟湘入景圖〉.

斑竹叢深響更戾 반죽 떨기 깊기에 울림 다시 어그러지고
祠前白石淸如洗 사당 앞에 흰 돌은 씻은 듯이 맑구나
湘靈抱瑟不忍彈 상령이 거문고 끌어안고도 차마 연주하지 못하니
蛟淚如珠泣潭底[34] 교룡은 구슬 같은 눈물로 연못 바닥에서 눈물짓네
- 김홍욱 〈소상야우〉에서

　　임억령은 시에서 순임금의 '한별사귀'를 통해 군신 간의 도리를 노래하
고 있다. 이비는 순임금이 죽은 소식을 듣고 피눈물을 흘렸고 너무 상심한
끝에 상강에 몸을 던져 순절하였다. 그리고 순임금은 사랑하는 아내와 생
이별을 한 후 이별의 정한을 삭이지 못하고 혼백이 되어 찾아와 슬퍼하는
아내를 달래준다. 임억령이 말하고자 한 군신 간의 이상적 관계는 바로 순
임금과 이비처럼 '의'와 '충'을 지키는 것이다. 즉 왕은 자신을 따르는 신하
를 믿고 아끼고 신하는 왕을 믿고 충성을 다하는 것이다. 선비들이 떼죽음
을 당하는 것을 직접 목격했던 시인은 왕에게 왕을 믿고 따르는 유선비들
을 함부로 버리지 말고 아끼고 소중히 여길 것을 바라고 있다. 한편 정두
경도 순임금과 이비의 이별의 정한을 빌려 군신지도(君臣之道)를 노래하고
있다. 시 전편에는 슬픔과 안타까움이 짙게 갈려있다. 생이별의 고통과 슬
픔은 천년이 넘어서도 풀리지 않았고, 순임금과 이비는 죽어서도 서로를
그리워하고 걱정하고 있다. 효종에게 27편의 풍시로 임금이 하여야 할 절
실한 도리를 지어 올린 정두경이 말하고자 했던 군신의 관계와 역할은 역
시 '의'와 '충'이 아닌가 싶다. 김홍욱의 시에서 상령(湘靈)은 이비를, 교룡
(蛟淚)은 순임금을 가리킨다. 사군(思君)의 눈물이 끝없이 흘러 상령은 비
파를 안고도 차마 연주를 못하며, 아내의 상심을 아는 순임금은 안타까워
구슬 같은 눈물을 흘린다. 이처럼 상령은 왕에게 일편단심인 신하, 교룡은

---

34 金弘郁, 『鶴洲全集』 卷四, 『韓國文集叢刊』 第102卷, p36-37, 〈次權進士昱瀟湘入景八首〉.

신하를 아끼고 사랑하는 임금으로 비유하였다.

3. 결말

소상팔경의 유입과 함께 한시 작품에 크게 활용된 '한별사귀(恨別思歸)' 정서는 사회, 정치 그리고 유생들의 삶과 가치관에 대한 조선시대 문인들의 진실한 감정을 표출하였다. 조선시대 문인들은 한국의 기본 정서인 '한'의 정서와 소상팔경의 '한별사귀' 정서를 작품에 적당히 융합하여 사회의 부조리와 암흑한 정치에 대해 교묘하게 비판함과 동시에 굴원, 이비의 전고 등을 활용하여 '충' 사상, 우환 의식, 이상적인 군신 관계 등에 대한 자기 생각을 읊었다. 이는 성리학을 중요시했던 조선시대의 사회상과 밀접한 관계가 있다.

소상팔경이 '탈속'과 '은일'의 특징 때문에 처음 한국 문인들에게 받아들여졌던 것처럼 이별의 정한, 그리움을 담은 '한별사귀' 정서는 파란만장한 삶을 살았던 한국 문인들에게 마음의 상처와 슬픔을 달래는 탈출구로 작품에 많이 활용되었다. '한별사귀'의 정서를 담은 소상팔경은 중국에서 시작되었지만 한반도로 전해진 후 한국 문인들 사이에서 크게 유행하였으며 변의과 재생의 과정을 반복하면서 한국의 팔경 문학을 창출하였다. 이는 소상팔경 문화에 대한 전승과 발전의 결과이며, 앞으로 이를 바탕으로 의미 있는 문화 교류와 연구가 더 진행되기를 기대한다.

참고문헌

1. 단행본

박영규, 한권으로 읽는 고려왕조실록, 웅진 지식하우스, 2004.
배규범, 주옥파, 외국인을 위한 한국고전문학사, 2010.
정병욱, 〈한국고전시가론〉, 신구문화사, 2008.
刘昫, 等. 旧唐书·列传：上卷, 中华书局, 1975.
李仁老, 三韩诗龟鉴, 东文选：卷二十, 韩国古典翻译院, 1996.
韩国学文献研究所, 高丽史, 亚细亚文化社, 1983.
汉语大词典编纂处, 汉语大词典, 上海辞书出版社, 2007.
郑麟趾等, 高丽史·乐志, 西南师范大学出版社, 2014.
洪彦弼, 默斋集：卷一, 韩国文集丛刊：第19卷, 景仁文化社, 1990.
权相一, 清台集：卷三, 朝鲜刻本, 韩国古典翻译院, 2008.
林忆龄, 石川集. 影印本.翻李厚白潇湘夜雨之曲, 丽江出版社. 1989.
李齐贤, 巫山一段云·潇湘八景, 韩国文集丛刊：第2卷, 景仁文化社, 1990.
陈澕, 梅湖遗稿：卷四, 韩国文集丛刊：第2卷, 景仁文化社, 1990.
千峰, 匪懈堂潇湘八景诗帖, 韩国文化财厅, 2018.
李承召, 三滩集：卷九, 韩国文集丛刊：第11卷, 景仁文化社, 1988.
李奎报, 东国李相国集, 韩国文集丛刊：第2卷, 景仁文化社, 1990.
李齐贤, 益斋乱稿, 韩国文集丛刊：第2卷, 景仁文化社, 1990.
衣若芬, 云影天光：潇湘山水之画意与诗情, 北京大学出版社, 2020.

2. 논문

胡春惠, 从中韩关系史中谈汉学之东渐, 湖南大学学报(社会科学版), 2014.
李国镇, 朝鲜前期潇湘八景诗的形象化方式, 温知论丛, 2013.
王进明, 朝鲜朝文人徐居正的"归去来"情结, 东疆学刊, 2021.

한국 소상팔경 한시의 특징 및 유행 양상

한연(韓燕)

소상팔경(瀟湘八景)은 중국 호남성(湖南省)에 위치한 소수(蕭水)와 상강
(湘江) 일대에 펼쳐진 아름다운 여덟 풍경을 가리키는데, 수려한 풍경과
소상강 일대에 전해지는 굴원(屈原), 순임금(舜帝), 아황(娥皇)과 여영(女英)
등 전설로 일찍부터 문인묵객들의 관심의 대상이었다. 유배지였던 소상
지역이 작품의 대상으로 널리 성행한 것은 이곳이 승경(胜景)의 대명사이
자 이상향의 상징으로 많은 문인이 은일의 장소로 택했던 역사적 장소였
기 때문이다. 소상팔경은 시보다는 먼저 그림으로 그려졌다. 현재 남아 있
는 기록을 통해 소상팔경도(瀟湘八景图)를 그린 가장 이른 사람으로 오대
십국(五代) 시기 황전(黃筌)이며[1], 북송 시기 화가 송적(宋迪)은 소상강 지
역의 풍경을 팔경으로 나누어 그린 최초의 인물이다.[2] 그 후 미불(米芾)의
〈소상팔경시서요(瀟湘八景诗序要)〉가 문인들의 관심을 받기 시작하였고
꾸준히 애호되면서 청나라에 이르기까지 소상팔경을 소재로 많은 시가 창
작되었으며, 또한 한국, 일본, 베트남 등 주변 나라에도 전해져 크게 성행
하였다. 남아 있는 역사 자료에 의하면 소상팔경 시와 그림은 북송 시기
말에 사절단(使团)을 통해 고려 왕실로 전해졌다. 비록 한국 문인들이 소
상 지역에 직접 찾아가서 그곳의 실경(实景)을 체험하지는 못했지만 소상
팔경이 한반도로 전해진 후 왕실과 문인들의 관심 대상이 되었고, 점차 이
상향으로 관념화되면서 소상팔경을 시나 그림으로 창작하여 향유하는 열

---

1 북송대 곽약허(郭若虛)의 『그림견문지(图画见闻志)』에는 오대십국(五代) 황전(黃筌)
   의 '소상팔경'이 전해지나 소상팔경으로 유명한 것은 황전이 아니라 송적이라고
   했다. 宋·郭若虛, 『图画见闻志』(十九).
2 "度支员外郎宋迪工画, 尤善为平远山水。 其得意者有平沙雁落·远浦帆归·山市晴岚·江天暮
   雪·洞庭秋月·瀟湘夜雨·烟寺晚钟·渔村落照, 谓之'八景', 好事者多传之。" 沈括撰, 胡道静
   校注. 新校正梦溪笔谈[M]. 中华书局, 1957. 그러나 평사안낙, 원포범귀, 어촌낙조
   는 후세 사람들에 의하여 평사낙안(平沙落雁), 원포귀범(远浦归帆), 어촌석조(渔
   村落照)로 바뀌었다.

풍이 오랫동안 이어졌다. 고려시대로부터 조선 후기까지 약 700년 이상에 걸쳐[3] 소상팔경을 소재로 한시, 시조, 가사, 잡가, 소설 등 다양한 장르의 문학작품이 대량으로 창작되었다. 그중에서 한시의 양이 가장 많으며 고려시대부터 조선시대까지 약 86명의 문인이 소상팔경을 소재로 467수 정도의 한시를 창작했다.[4] 본 논문에서는 선행연구를 바탕으로 한국 소상팔경 한시의 주제와 사상, 예술적 특징 그리고 향유층을 시대별로 나누어 다루려고 한다.

1. 고려 시기 소상팔경 한시

고려는 건국과 더불어 중국의 선진문화를 받아들이려고 애썼고, 교섭을 통해 중국의 서적, 그림들이 대량으로 한반도로 유입되었다. 현존의 단편적인 역사 자료에 따르면, 소상팔경이 한반도로 전해진 시기는 대략 고려 무신정권(武臣政权) 시기로 추정되며, 처음 소상팔경 시화는 사절단을 통해 고려 왕실로 전해졌다. 당시 고려의 왕이었던 명종(明宗)은 소상팔경 시와 그림에 남다른 애착이 많았고 이를 적극적으로 받아들였다. 명종은 당시 유명 화가들을 불러 소상팔경도를 그리게 하고, 또한 중국에 화가를 파견하여 소상팔경 그림을 배우게도 하였으며, 문신들에게 명하여 소상팔경의 8개 주제로 시를 짓게 하고 이를 통해 작시 재능을 겨루는[5] 등 한반

---

3 전경원, 〈소상팔경 동아시아의 시와 그림〉, 건국대학교출판부, 2007, p27
4 주제별 작품 수를 통계하면, 산시청람(山市晴岚) 51수, 연사만종(烟寺晚钟) 51수, 소상야우(潇湘夜雨) 63수, 원포귀범(远浦归帆) 52수, 평사낙안(平沙落雁) 59수, 동정추월(洞庭秋月) 61수, 어촌낙조(渔村落照) 58수, 강촌모설(江村暮雪) 58수이다. 한편 〈비해당소상팔경시첩〉에 14수가 있다. 전경원, 동상, p83. 이 외에도 아직 정리가 안 되거나 발견되지 않은 소상팔경 한시가 더 있는 것으로 추정되는데 앞으로의 과제로 남긴다.

도에서 소상팔경 시와 그림을 창작하는 열풍을 일으켰다.

> 왕이 문신들을 명하여 소상팔경에 대해 읊게 하고 이어 그림을 그려서 도
> (图)로 만들었다. 왕은 도화(图画)에 뛰어났는데, 특히 산수화를 잘 그렸
> 다. 이광필(李光弼), 고유방(高惟訪) 등과 물상을 그리면서 종일토록 싫증
> 을 내지 않았으며 군국(軍國)의 일에 대해서는 뜻을 두지 않았다.[6]
> 이녕의 아들 광필 또한 그림으로 명종에게 총애를 받았는데 왕이 문신들
> 에게 소상팔경을 읊도록 하고 이어 팔경도를 그리게 하였다.[7]

고려 왕실에서 중국의 소상팔경을 적극적으로 받아들인 것은 그 당시
역사 환경과 관련이 크며, 소상팔경의 탈속성 때문이었던 것으로 여겨진
다. 명종은 '무릇 문관을 쓴 자는 비록 서리(胥吏)까지라도 씨앗을 남기지
말라'던 무신란 시기에 비록 왕으로 추대되었지만 꼭두각시일 수밖에 없던
자신이 현실에서 도피할 이상향으로 소상팔경에 주목하게 된다.[8] 그리고
무신정변 후 탄압의 대상으로 된 문신들은 현실의 불만을 삭일 수 있는
대상으로 소상팔경을 선택하였고, 따라서 이 시기 소상팔경 한시는 대상
자체에 대한 자랑과 문에 대한 자랑의 수단으로 쓰였다.[9]

> 명종이 일찍이 군신들에게 소상팔경시를 짓게 하였는데 공(진화(陳澕))이

5 안장리, 〈소상팔경 수용과 한국팔경시의 유행 양상〉, 한국문학과 예술, 제13
   집, 2014, P46
6 王命文臣制瀟湘八景詩, 仿其詩意, 摹寫爲圖。王精於圖畵, 與畵工高惟訪·李光弼等, 繪畵
   物像, 終日忘倦, 軍國萬機, 不以介懷。近臣希旨, 凡奏事, 以簡爲尙。金宗瑞 等. 高丽史
   节要.明文堂, 1939. p68.
7 之(李寧) 子光弼, 亦以畵見寵於明宗。王命文臣賦瀟湘八景, 仍寫爲圖。『高丽史』 卷122, 列
   传 第35,『李寧』篇.
8 안장리, 〈조선왕실의 팔경문학〉, 세창출판사, 2017, p15
9 안장리, 〈한국의 팔경문학〉, 집문당, 2002, p44.

어리면서 또한 장편을 지으니 기운과 격조가 호방하고 웅장하여 대간 이 인로의 시와 함께 절창이 되었다[10].

무신정변 후 무신들의 도움으로 왕의 자리에 올랐어도 아무런 권력이 없이 굴욕적인 삶을 살았던 명종, 그리고 탄압의 대상이었던 문신들에게 이상향의 상징이었던 소상팔경은 정신적으로 큰 안위를 주었을지도 모른 다. 그 때문에 이들이 탈속적인 공간을 희구한 것은 당연한 일이라 할 수 있다. 비록 자신이 직접 체험하지는 못했어도 소상팔경은 정치적 좌절을 느낀 고려 문신들에게 정신적 은거의 공간으로 적합한 지역이었으며, 벼 슬을 버리고 찾고 싶을 정도의 애틋한 고향의 이미지를 지닌 곳이며[11], 또 한 현세에서 실현된 이상 세계와도 같은 경상(景象)을 지닌 곳이기에 돌아 가고픈 세계로 인식되었다[12]. 무신정변 후 무신들이 집권하게 되자 정치에 뜻을 버린 이인로, 오세재, 조통, 황보항, 함순, 이담지 등은 중국 진나라 때의 죽림칠현(竹林七賢)을 상대하여 자신들을 해좌칠현(海左七賢)이라고 하였고, '죽림고회(竹林高会)'라는 시 모임을 가지고 자주 모여 자연과 시와 술을 벗 삼으며 '청담사상(清谈思想)'을 가지고 현실에서 도피하려 했으며, 이를 통해 무신정권 아래 문인들의 현실적인 불만을 표현하였다[13]. 이처럼 소상팔경 한시는 고려 무신란 시기에 대단히 유행하였다.

우선 향유층으로 볼 때 고려 시기는 주로 왕실과 문인 관료들을 중심 으로 하였다. 그러나 주목할 것은 명종은 비록 소상팔경을 한반도로 유입 하고 또 유행시킨 선구자의 역할을 하였지만 소상팔경 한시를 직접 창작

---

10 明宗嘗命群臣製瀟湘八景詩 公以童卯亦作長篇 氣豪壯 與李大諫仁老詩 俱爲絶唱。陈潓, 〈梅湖遺稿〉, 『梅湖公小传』. 韩国民族文化促进会编:『韩国文集丛刊』 第2卷. 首尔:景仁文 化出版社, 1996, p270.
11 이인로의 소상팔경시 중 〈원포귀범〉 참조.
12 안장리, 〈한국의 팔경문학〉, 집문당, 2002, p46.
13 이응백·김원경·김선풍, 〈국어국문학자료사전 문학편〉, 한국사전연구사, 1998.

했다는 기록은 찾을 수 없다. 단편적으로 남아 있는 기록에서 명종은 시문과 서화에 관심이 많았고 화가나 문신들을 자주 궁으로 불러 소상팔경도를 그리게 하고 제화시를 짓게 하거나 소상팔경을 시재로 문신들로 하여금 시문을 겨루게 하였다. 이에 비해 문신들은 시 창작에 직접 참여하고 또 소상팔경 한시를 일상화로 유행시킨 사람들이다. 대표적인 인물로 이인로, 이규보, 진화, 이제현, 이색 등이 있다. 이들 가운데서 이규보는 직접 창작하거나 차운하는 등 소상팔경의 매 소재로 각각 6편의 작품을 창작하였는바 작품 수가 가장 많다. 소상팔경은 한반도로 유입된 후 초기는 정권에서 밀려난 왕과 문신들이 단순히 현실 도피를 위해 정신적 안위를 찾고자 향수의 도구로 선택되었지만, 점차 문신들 사이에서 시재를 겨루는 도구로 인식되었고 문학적 역량을 가늠하는 척도로 이용되었다.[14]

> 소상팔경시를 지으면서 이제껏 소상팔경시를 쓴 사람들이 많은데 대단한 우렛소리가 달을 흔들 듯이 놀라운 구절들을 다룬 것들이니 모두가 생동감이 있어 이에 미치지 못할까 두려워서 이제까지 짓지 못했다.[15]

이규보의 이 말에서 알 수 있듯이 소상팔경 한시는 당대 시인의 문학적 역량을 가늠하는 주제였음을 알 수 있으며, 따라서 많은 문인이 창작을 시도했다. 하지만 현재까지 남아 있는 고려 시기 소상팔경 한시는 많지 않다. 문신들은 이처럼 탈속적이고 고고한 문화의 전범이었던 소상팔경시를 문인들이 시재를 겨루는 도구로 일상화시켰고 궁 밖으로 유행시켰다.

시의 내용과 감정 표달에 있어 고려 시기 소상팔경 한시는 중국의 시

---

14 안장리, 〈소상팔경의 수용과 한국팔경시의 유행 양상〉, 한국문학과 예술 제13집, 숭실대학교 한국문학과예술연구소, 2014, p43-46.
15 古今詩人 賦者多矣未嘗不撐雷裂月 爭相爲警策者 余懼不及故不敢爾. 李奎报, 〈东国李相国集〉, 『韩国文集丛刊』 第2卷, p196.

풍을 그대로 계승하면서도 또 자신만의 새로운 모습을 보였다. 이인로와 진화의 경우 북송 시기의 시인 혜홍(惠洪)의 시를 많이 모방하였으며 굴원, 순임금과 이비의 전고 등을 적절하게 활용하여 순임금과 충신에 대한 존경, 그리고 이들의 죽음에 대한 슬픔과 안타까움을 많이 담았다. 한편 이들은 시에서 무신란 시기 문신들의 처량함과 슬픔, 고독 등을 읊고 있다. 이인로의 〈원포귀범〉에서 먼 길 떠난 손님, 〈산시청람〉의 길 떠나는 나그네, 〈동정추월〉의 타향인, 〈소상야우〉의 고독한 배 손님, 그리고 진화의 〈연사모종〉에서 행인 등은 모두 시인 자신이다. 가야 할 길은 희망이 보이지 않고 기나긴 노정은 당시의 정치적 현실을 의미하며, 목적 없이 분주히 헤매는 나그네 즉 시인 자신은 이 노정에서 고독하고 슬프며 처량하다. 이규보는 소식의 시풍을 많이 따랐으며 그의 소상팔경 한시는 소식의 〈건주팔경도(建州八景图)〉와 매우 흡사했다.[16] 이규보는 시에 불교사상을 담았는데 그는 깊은 산속에 있는 사찰이야말로 속세를 벗어난 선경과도 같은 곳으로 사찰에서의 은거를 동경했으며, 소상팔경에 나타난 기러기를 사람들의 주살을 두려워하는 생활 속의 경물로 변화시켜 친근하고 일상적인 경관으로 만들었고,[17] 경물을 통한 시의 서정성을 강조하였다. 그리고 이제현은 사신으로 타국인 중국에 자주 다녀야 했으며 시를 통해 타향인의 고독과 고국에 대한 그리움을 읊었다.

그리고 예술적 기법에 있어 우선 시화일율(诗画一律)[18]의 작시법 이론

---

16 안장리, 〈한국의 팔경문학〉, 집문당, 2002, p44-46.

17 안장리, 〈소상팔경의 수용과 한국팔경시의 유행 양상〉, 한국문학과 예술 제13집, 숭실대학교 한국문학과예술연구소, 2014, p43.

18 '시와 그림의 창작 원리와 경지가 같다고 하는 문예론이며, 시화일치(诗画一致) 혹은 시화합일(诗画合一)이라고도 한다. 북송의 소식이 당나라 왕유의 시와 그림에 대해 '시중유화(诗中有画)', '화중유시(画中有诗)' 즉 시 속에 그림이 있고 그림 속에 시가 있다고 하여, 시와 그림이 같은 이치와 법칙을 지닌 것으로 평가한 데서 유래되었다. 그는 이러한 관점에서 시와 그림은 모두 하늘의 창생술인 '천

을 인용하였다. 이 시기는 소동파의 시문에 대한 학습 열기가 대단한 바[19] 고려 시기 문인들은 제화시였던 소상팔경시를 창작함에 있어서 소동파의 시화일율의 작시법을 중요시하였다. 이인로는 "시와 그림이 오묘함에서 서로 근원이 같아 일율이라 하고 옛사람은 그림을 소리 없는 시, 시를 소리 있는 그림이라 했으니, 물상을 모사하여 하늘의 비밀을 나누어 내는 기술이 서로 기약하지 않아도 같기 때문이다[20]"라고 하였다. 이 때문에 이인로, 이규보의 소상팔경 한시는 시보다는 마치 한 폭의 그림을 방불케 한다.

草屋半依垂柳岸 수양버들 기슭에 반만 가린 초가집과
板桥横断白苹汀 나무다리 가로질러 흰 마름 물가라네
日斜愈觉江山胜 해 저무니 강산 승경 더욱더 느끼겠고
万顷红浮数点青[21] 만 이랑 붉게 물들고 몇 점만 푸르네

-이인로 〈어촌낙조〉

未入洪溟大漭沧 출렁이는 큰 바다에 들어가기 전에
已如人戴帽微昂 이미 모자처럼 작게 보여 가물가물
前帆度了后帆继 앞 배 지나가자 다음 배가 뒤따르고

공(天工)'과 합일하여 기운이 '청신(清新)'한 작품을 창출하려는 작가의 마음속 뜻을 나타낸 것으로, '시화본일율(诗画本一律)'이라 하였다. 이후 시화일율은 문인화론의 핵심을 이루면서 문인화 창작의 지향 목표이며 감상 및 비평의 기준으로 작용되었다. 한국민족문화대백과 사이트 (encykorea.aks.ac.kr)

19 "임춘은 이인로에게 보내는 글에서 '내가 요새 보니 동파의 글이 크게 세상에 유행하고 있다'라고 하였고, 이규보는 과거에 합격한 사람은 모두 소동파를 본받았다고 하기도 하였다.", 안장리, 〈한국의 팔경문학〉, 집문당, 2002, p44-46.

20 "詩與畫妙處相資 號爲一律 古之人 以畫爲無聲詩 以詩爲有韻畫 蓋模寫物象 披割天慳 其術固不期而相同也" 김연주, 〈'시중유화, 화중유시': 시와 회화의 관계를 중심으로〉, 『한국미학예술학회지』14, 한국미학예술학회, 2001

21 李仁老, 〈三韩诗龟鉴〉, 〈宋迪八景图〉, "渔村落照」, 『东文选』 卷二十.

任尔飞扬渐杳茫[22]멋대로 떠가며 점점 아득해지누나

-이규보 〈원포귀범〉

이인로는 〈어촌낙조〉에서 작은 마을의 석양이 지는 모습을 한 폭의 아름다운 그림처럼 묘사하였으며, 시를 통해 속세를 떠나고 싶은 시인의 간절한 소망과 소박한 전원생활에 대한 동경을 담아내고 있다. 이규보의 〈원포귀범〉에서 배는 돌아오는 배가 아니라 멀리 떠나는 배이다. 시인은 이 시에서 '가물가물', '모자처럼 작게 보인다' 등 묘사로 거리의 효과를 넣어 독자에게 마치 그림을 감상하는 것과 같은 시각적 향수를 선물하였다. 하지만 마지막 연에서 '멋대로 떠가며 아득해지누나(任尔飞扬渐杳茫)'에서는 길을 떠나는 시인의 복잡한 심정을 느낄 수 있다.

그리고 고려 시기 소상팔경 한시에는 전고가 많이 활용되었다. 주로 이백, 백거이, 두보, 왕안석, 소식 등 유명한 중국 시인들의 시를 직접 활용하거나 시의 의미를 교묘하게 활용했으며, 역사적 인물이나 신화 속 인물 등을 활용하여 시의 내용을 더욱 풍부하게 하고 깊이 있게 표현하였다. 이는 고려 시기 문인들이 중국의 문학과 역사에 조예가 깊음을 의미한다. 동시에 시인의 사상과 감정을 좀 더 효과적으로 전달하고자 대조, 상징, 비유 등 다양한 수사법을 사용하였다. 이에 서거정은 〈동인시화〉에서 이인로의 소상팔경 한시는 참신하고 웅장하고 아름다우며, 진화의 소상팔경 한시는 힘차고 웅장하며, 이제현의 사는 심오하고 우아하며, 이규보의 시는 시원시원하고 호탈한 멋이 넘친다고 높게 평가하였다.[23]

---

22 李仁老, 〈东国李相国集〉 后集 卷六, (相国尝和示一首, 予每复以二首, 未知钧鉴何如, 惶恐惶恐), "远浦归帆", 『韩国文集丛刊』 第2卷.

23 "李大谏仁老 〈潇湘八景〉 绝句, 清新富丽, 工于模写。陈右谏澕七言长句, 豪健峭壮, 得之诡奇。皆古人绝唱, 后之作者未易伯仲。惟益斋李文忠公绝句、乐府等篇, 精深典雅, 舒闲容与, 得与 '老颉颃上下于数百载之间矣。'" 马若晗, 韩国文人 "潇湘八景" 诗接受研究[D], 福建师

고려 시기는 한국 소상팔경 한시의 초창기로 많은 부분에서 중국의 시풍을 모방하였지만 한국적 특색을 살리는 새로운 면도 어느 정도 보여주었다. 따라서 고려 시기에 거둔 성과는 한국 소상팔경 한시의 앞으로의 발전을 위한 초석으로 중요한 역할을 하였다.

2. 조선 전기 소상팔경 한시

고려 시기에 유행되기 시작한 소상팔경 한시는 조선 시기에 이르러 더욱 크게 성행하였다. 조선 시기는 중국과 고려 문인들의 시풍을 모두 계승하는 한편 조선의 시대적 요구에 맞추어 더욱 다채롭게 발전하였다. 무신란 시기 고려 왕실과 문신들이 탈속성 때문에 소상팔경을 적극적으로 받아들였다면, 조선 전기의 한국 소상팔경 한시는 건국이라는 역사 배경 아래 새 왕조의 창업과 번영을 송축하는 역할을 하였다고 할 수 있다.

우선 향유층을 볼 때 군왕, 문신 그리고 사대부들을 중심으로 소상팔경 문화가 펼쳐졌다. 고려 시기에는 군왕들이 소상팔경 한시를 즐겼으나 직접 지었다는 기록은 없다. 하지만 조선 시기에 이르러서 왕실에서도 소상팔경 한시를 창작하였다. 조선 초기에 만들어졌고 현재 한국의 문화재인 〈비해당소상팔경시첩(匪懈堂瀟湘八景詩帖)〉이 가장 큰 성과이다. 안평대군이 집필한 〈비해당소상팔경시첩〉은 두루마리로 되었는데 이 시첩에는 고려의 이인로와 진화의 소상팔경 한시, 그리고 당대의 군신(群臣), 스님을 포함한 19명이 지은 소상팔경 한시를 실었다. 왕실의 명을 받아 이루어진 시화회(诗画会)는 고려 명종이 신하들을 명하여 글을 짓게 한 사실을 연상케 하며, 동시에 〈비해당소상팔경시첩〉은 시화(诗画)에 능했던 안평대군

范大学, 2019, p32.

이 이상세계에 대한 간절한 동경으로 제작되었다. 왕실과 귀족 문인들의
시가 실린 〈비해당소상팔경시첩〉은 상류층이 향수하는 고고한 문학이었
지만 이로 인하여 한반도에서 소상팔경시의 명성은 더 커졌고 향유층이
아래로 확산되는 토대를 마련하였다. 이 외에 조선의 제9대 왕 성종(成宗)
은 자신이 직접 소상팔경 한시를 창작했고 또 신하들을 궁중에 불러 소장
된 소상팔경 그림을 함께 감상하고 각각 시를 짓게 하였다.[24] 평소 안평대
군의 작품과 문예 활동을 선호했던 성종은 〈소상팔경〉 오언율시를 창작
하였고, 안평대군의 '비해당사십팔영시'를 수창하여 이상향으로서의 궁궐
을 묘사하려고 하였으며 궁중을 대상으로 한 팔경시까지 지었다.[25] 그러나
이 시기 소상팔경 한시의 향유층은 역시 문신들이 중심이었음을 알 수 있
다. 조선은 유교적 가치관을 중심으로 세워진 나라이다. 한국 유생들에게
어진 정치로 나라를 다스려 태평성대를 이룬 순임금은 성군의 전범이고,
백성을 사랑하고 끝까지 왕에게 충성을 보였던 굴원은 충신의 전범이었으
며, 그리고 죽음으로 왕에게 충성을 보였던 이비도 한국 문인들에게 모두
존경의 대상이었다.[26] 이 때문에 이들의 구슬픈 이야기를 담은 소상팔경
한시가 고려에서 조선 시기로 전승되고 또 더 크게 성행한 것은 당연한
것이라고 본다. 〈비해당소상팔경시첩〉의 제작에 참여한 정인지, 안지, 안
숭선, 이보흠, 남수문, 신석조, 유의손, 최항, 박팽년, 성삼문, 신숙주 등 11
명은 모두 집현전(集賢殿) 출신으로 세종대왕의 문치(文治)를 뒷받침했던
쟁쟁한 문인 관료들이다.[27] 이들은 〈비해당소상팔경시첩〉의 제작에 참여
했을 뿐만 아니라 각자 소상팔경 한시를 창작하였다. 따라서 조선 전기 문

---

24 신승선·성준·이극돈·안침 외, 〈성종실록〉 권18, 〈조선왕조실록미술기사자료집
    I-서화편〉, 2001, p330-353.
25 안장리, 〈조선왕실의 팔경문학〉, 세창출판사, 2017, p62-65.
26 전원경, 〈소상팔경-동아시아의 시와 그림〉, 2012, 93-96.
27 이영서, 〈비해당소상팔경시첩〉, 사단법인 리드릭 문화재청, 2008, p106.

인 관료들의 소상팔경 한시의 창작은 문인 사대부들에게도 큰 영향을 준
바 문인사대부들 사이에서도 소상팔경 한시를 창작하는 유행이 크게 불었
고 대량의 작품이 탄생하였다. 소상팔경 한시를 창작하는 사람이 증가함
에 따라 문인들은 점차 전통적인 틀에서 벗어나 내용, 형식 등의 혁신을
시도하였으며 소상팔경 한시도 한국인의 정서와 시대적 특징을 띤 새로운
모습으로 탈바꿈하게 되었다. 향유층에 있어 특히 주목할 것은 〈비해당소
상팔경시첩〉 제작에 참여한 승려 만우이다. 천봉(千峯) 만우는 시학에 뛰
어난 승려였으며 제일 처음 소상팔경 한시를 창작한 승려이다.[28] 이는 소
상팔경 한시의 향유층이 왕실과 문인 관료, 사대부들을 넘어 다른 계층으
로 점차 확산하였음을 의미한다.

그리고 내용과 감정 표현에 있어 조선 전기의 소상팔경 한시의 새로운
특징으로 돋보이는 것은 새 왕조에 대한 찬미였다. 조선 왕조는 그 창업과
동시에 성리학을 통치 이념으로 채택함으로써, 문학 관념에서도 주자학이
문학 위에 군림하는 재도관(載道观)이 성립하게 된다.[29] 새로운 왕조가 건
립되면서 조선 전기의 소상팔경 한시는 덕치(德治)의 실현을 칭송하는 수
단의 하나로 여겨졌다. 그 예로 고려 시기 문인들은 순임금의 전고를 활용
하여 성군의 죽음에 대해 슬퍼하는 정서를 많이 표현했다면 조선 전기에
서는 순임금의 전고를 활용하여 태평성대를 칭송하는 등 새로운 왕조의
기상에 대해 찬미하였다. 그리고 〈비해당소상팔경시첩〉에 실린 시의 내
용들을 보더라도 대체적으로 안평대군 덕분에 성대한 시회에 참석하여 영
종(寧宗)과 같은 중국 황제의 글과 글씨를 보고 또 안견(安堅)의 그림을 볼
수 있었음을 칭송하면서 안평대군의 재능과 성정, 안견의 팔경도 등 배경
자료, 지향 세계 등에 관해 언급하고 있다.[30] 그러나 뒤로 가면서 문인들은

---

28 이영서, 〈비해당소상팔경시첩〉, 사단법인 리드릭 문화재청 해설 부분, 2008.
29 한국민족문화대백과사전 사이트(한시(漢詩))(encykorea.aks.ac.kr)

시를 통해 자신의 이상과 추구를 많이 표출하였다.

世間誰似江頭客 세상에 누가 강가 나그네와 같은가
一生不知行路難 한평생 삶의 어려움을 알지 못하네
短舟載網截前浦 짧은 배 그물 싣고 앞 포구 가르고
遮莫斜暉無半竿[31] 그렇다치고 비낀 햇빛 반간도 없네

　　　　　　　　　　　　　　　　　-이행 〈어촌낙조〉

湖面平千里 호수면은 천리에 걸쳐 평활하고
中秋桂影舒 한가위 계수나무 그림자 펼쳤네
晶光分物象 밝은 빛이 만물 형상 분간하고
灝氣叫龍魚 청명한 가운데 어룡이 절규하네
軒樂繁普弭 난간 풍류 번다한 소리가 그치니
仙舟裂管餘 신선의 배는 피리 여음 찢어지네
誰能跨鯨去 누가 능히 고래 타고 갈 수 있어
紫府問盈虛[32] 선계 차고 비는 것을 묻네

　　　　　　　　　　　　　　　　　-정사룡 〈동정추월〉

吳客三秋倚畵欄 오나라 사람 가을에 그림 난간 기댔네
工部淸詩驚海內 두보의 맑은 시는 천하를 놀라게 했고
洞賓雲御冠仙班 여동빈은 구름 제어하는 신선 우두머리
數聲橫吹添悲壯 빗겨 부는 서너 소리 비장함을 더하니
身在洪濛未判間[33] 몸이 홍몽 속에 있나 판단치 못하겠네

30 안장리, 〈조선왕실의 팔경문학〉, 세창출판사, 2017, p43.
31 李荇, 〈容齋集〉 卷一, 『韓國文集叢刊』 第20卷, p343.
32 鄭士龍, 〈湖陰雜稿〉 卷五, 『韓國文集叢刊』 第25卷, p155.

-홍언필 〈동정추월〉

　이행인 경우 유종원(柳宗元) 등 시인들의 시를 모방하여 은퇴와 은일사상을 많이 표출하였고 김시습, 정희량, 홍언필, 소세랑 등 문인들은 중국 신화 작품에 나오는 이야기로 속세를 떠나 선계에서 살고 싶은 도가사상을 표출하였다. 그리고 김홍욱, 유즙 등은 벼슬살이의 괴로움을 시로 풀었다. 시인은 아름다운 언어로 무릉도원에 대한 묘사를 통하여 화목하고도 자유로운 생활에 대한 동경의 심성을 적극적으로 표출했다.

　예술적 기법에서 조선 전기의 소상팔경 한시는 고려 시기와 색다른 모습을 보였다. 우선 인물 전고 활용에서 고려 시기에는 보이지 않던 새로운 인물을 많이 활용하였고, 용사(用事)보다 용전(用典)을 더 많이 활용하였으며 새 왕조의 건립, 그리고 향유층이 확대됨에 따라 인물 전고도 시에서 다양한 의미로 표현되었다. 순임금과 이비의 관계는 부부의 관계를 뛰어넘어 왕과 충신으로 관계로, 즉 유생들이 가장 바라는 군신(君臣)의 관계로 인식되었다. 또한 인물 전고로 자연 경물을 비유하는 등 새로운 모습도 보였다.

> 織罷瀟湘秋水色 소상 강 베 짜기를 마치니 가을날 물빛이네
> 随風宛轉學佳人 바람 따라 고운 자태로 미인을 배우더니
> 畫出文君眉半蹙 그림에서 나온 문군 눈썹 반쯤 찡그리네
> 俄頃霏微散作雨 잠시 부슬부슬 희미하게 비가 되어 흩뿌리니
> 青山忽起如新沐[34]청산이 홀연 솟아 새로 목욕한 듯 일어서네
> 　　　　　　　　　　　　　　　　　　-정희량 〈산시청람〉

---

33 洪彦弼, 〈黙齋集〉 卷一, 『韓國文集叢刊』 第19卷, p216.
34 鄭希良, 〈虛庵遺集〉 卷一, 『韓國文集叢刊』 第18卷, p13.

豈不戀稻粱 어찌 생계를 연모하지 않음이

其如避矰弋 주살을 피하는 것과 같겠는가

前身諸葛侯 전생 몸이 제갈 공명이었기에

布陣依沙磧[35]모래섬에 의지하여 진을 치네

-이정암 〈평사낙안〉

정희량은 탁문군(卓文君)의 전고를 활용하여 청산의 아름다움을 비유하였고, 이정암은 모래밭에 내려앉은 기러기 떼의 흔적을 제갈량(諸葛亮)의 포진도(布陣図) 전고로 비유했다. 한편 형식에서도 조선 시기로 넘어간 후 새로운 특징을 보였다. 중국의 소상팔경시는 정형시로 소상강 지역의 아름다운 풍경을 8개로 나누어 매 풍경을 하나의 주제로 지은 시이다. 그러나 조선 전기에는 한 개의 시에 8개의 풍경을 모두 담거나 혹은 8개의 풍경 중 몇 개만을 골라서 담은 새로운 형식의 소상팔경 한시가 나타났다. 〈비해당소상팔경시첩〉 제작에 참여한 19명의 문인 중 승려 만우 외에 다른 문인들은 모두 한 개의 시에 8개의 풍경을 담았다.[36] 형식에서 전통적인 관습을 벗어난 혁신적인 면을 보였지만 시첩에 담긴 시들은 모두 새로운 왕조에 대한 찬미, 안평대군의 재능과 성정에 대한 칭송을 주제로 하였기에 기타 소상팔경 한시에 비해 예술적 가치는 많이 떨어졌다.[37] 그리고 이 시기 소상팔경 한시는 편폭에 있어서도 새로운 특징을 보이는데 행(行)의 제한이 없이 비교적 긴 장시가 있는가 하면 연속체 율문 형식의 시도 있었다. 이러한 특징은 아마 한국의 고유시가 가사나 경기체가의 영향을

---

35 李廷馣, 〈四留齋集〉 卷一, 『韓國文集叢刊』 第51卷, p253.

36 衣若芬, 〈朝鮮安平大君李瑢及匪懈堂瀟湘八景诗解析〉, 域外汉籍研究集刊 第1辑, 中华书局, 2005.

37 崔雄权, 归帆更想瀟湘趣 孰于东韩汉水湄——从〈匪懈堂瀟湘八景诗卷〉 看"瀟湘八景"在韩国的流变[J], 吉林大学社会科学学报, 2015, p186-196, p254.

받은 것이 아닌가 생각된다.

3. 조선 후기 소상팔경 한시

한글 창제가 한국 문학의 역사를 크게 양분하는 분수령(分水嶺)이었다고 하면, 임진왜란은 조선왕조의 역사를 크게 갈라놓은 분기점이었다. 임진왜란과 병자호란을 치르고 난 조선 사회에는 큰 변화의 물결이 일고 있었다. 조선 후기는 두 차례의 전쟁으로 물질적 피해도 컸고 정신적인 타격과 충격 또한 막심하였다. 전쟁을 통하여 양반 귀족계층의 무력함을 절감한 평민들의 불만이 고조되고 문인들 사이에서는 현상에 대한 비판의식이 거세게 일기 시작하였다. 이와 같은 평민의 자각은 문학에도 반영되었고 따라서 평민문학의 대두와 융성을 가져오게 된다.[38]

우선 향유층에서 가장 주목되는 것은 조선 전기의 소상팔경 시문학이 주로 귀족적인 시가문학에 기울었던 데 비하여, 후기에는 그것이 평민 사이에도 크게 확산하였다는 점이다. 신분제가 흔들리고, 서민들의 의식이 깨어나면서 양반의 것으로만 여겼던 문화를 서민도 즐길 수 있게 됐다. 그동안 상류층에 집중되었던 소상팔경 문화는 조선 후기에 오면서 지배층이 아닌 중인, 서민층 등의 피지배층을 주제로 하는 작품이 많이 등장하였으며 그 내용도 매우 다양하고 풍부해졌다. 그리고 새롭게 확장된 또 다른 향유층은 바로 승려들이다. 조선 후기 숙종 재위 기간에 활동했던 월저 도안 18수, 설암 추붕 9수, 동계 경일 8수, 월파 태율 8수, 허정 법종 8수의 소상팔경 한시를 남겼다. 19세기에는 의룡 체훈도 8수의 소상팔경 한시를 남겼다. 그리고 근대 전후로 금명 보정이 〈원포귀범〉 1수를 남겼다. 조선

후기 승려들이 남긴 소상팔경 한시는 총 66수이며 이들의 시는 대부분 유
불 교류 과정에서 나온 것으로 여겨진다.[39] 그러나 조선 후기 소상팔경 한
시의 향유층의 중심은 여전히 문신과 사대부였다. 변화가 있다면 이들이
소상팔경 한시에 대한 열정이 전에 비해 많이 가라앉았다는 것이다. 조선
전기는 문인 사대부들의 지배이념인 성리학과 가치규범으로서 의리론(义
理论), 행동양식으로서 예론(礼论)을 기본으로 여겨왔다[40]. 그러나 임진왜
란과 병자호란을 겪은 후 물질적이나 정신적으로 큰 타격을 받은 조선 사
회는 새로운 변화가 급급했으며 이에 대두한 실학사상은 성리학의 공리공
론에 반대하였고 정치, 경제적 현실 문제와 과학, 기술, 역사, 문학 분야에
서 변화와 개혁을 주장했다.

따라서 조선 후기는 좀 더 실천적이고 실용적인 학문을 추구하였으며
소상팔경 한시도 현실에 대한 인식 변화에 영향을 받아 문인들 사이에서
전처럼 크게 유행을 일으키지 못했다. 그리고 조선 후기는 소상팔경의 여
덟 주제를 전부 시로 창작하는 것보다 일부를 선택하여 창작하였기에 조
선 전기에 비해 작품 수도 적은 편이다. 한편 이 시기 왕실에서 소상팔경
시에 대한 애호와 관심은 전에 비해 많이 가라앉았지만 완전히 사라진 것
은 아니었다. 비록 고려 시기 명종, 조선 전기 안평대군과 성종처럼 문신
과 문인에게 명하여 소상팔경을 주제로 시를 짓게 하거나 시회(诗会) 등을
열지 않았지만 규장각에서 '차비대령화원(差备待令画员)'을 선발할 때 시험
문제로 4번 출제되었다[41]. 그리고 숙종의 칠언절구 〈소상팔경〉과 정조의

---

39 하성운, 〈한·일 고전시가의 소상팔경 모티프 수용과 풍경의 미학〉, 고려대학교
    대학원 박사학위논문, 2020, p48.
40 차두환, 〈조선후기 실학연구의 문제점과 방향〉, 태동고전연구 3집, 1987. p103-148.
41 '헌종(宪宗) 1년(1835)에는 '강천모설', 헌종(宪宗) 8년(1843)에는 '동정추월', 철종
    (哲宗) 13년(1862)에는 '강촌모우', 고종(高宗) 5년에는 '평사낙안'이 각각 출제되었
    다.' 박해훈, 〈조선시대 소상팔경도 연구〉, 홍익대학교 박사학위논문, 2007,
    p111.

칠언절구 〈소상팔경·계사(瀟湘八景·癸巳)〉가 전하는데 이 시들은 숙종과
정조가 세손일 때 지어졌으며 이런 점에서 학습 차원에서 지은 것으로 여
겨진다.[42]

　그리고 내용과 감정 표달에 있어 조선 후기는 우선 소상강 지역을 현
실에서 실현된 이상세계로 인식하고 시를 통해서 마음의 위안을 찾고자
하였다. 임진왜란과 병자호란을 겪은 후 주자학의 공허한 논리화와 지나
친 명분론적 논쟁이 극에 달하여 많은 사화(士禍) 등이 발생하였다.[43] 이러
한 당쟁과 사회적 변혁은 많은 문인에게 현실 참여의 불안을 야기하게 되
고, 현실로부터 일탈을 꿈꾸었다. 이들은 소상 지역 산수의 아름다움을 묘
사하고 그러한 아름다운 산수를 배경으로 내적인 감정을 드러내고자 하였
다. 이 때문에 이시기 문인들이 소상팔경 한시를 짓고 감상하는 것은 지치
고 아픈 마음을 위로하고 현실에서 일탈할 수 있는 가장 좋은 방법이었
다.[44] 이와 비슷한 맥락에서 조선 후기 소상팔경 한시는 도선사상(道仙思
想)을 많이 담았다. 시대가 각박해지고 당쟁이 격화될수록 선경을 찾고자
하는 문인들의 마음이 자연스럽게 표출되었다. 세속을 잠시 떠나 탈속의
진리를 찾아보고자 하는 생각은 각박한 현실에서 벗어나 잠시 신선의 마
음이 되어보려는 일종의 신선사상에서 시작된 것이라고 보겠다.

　한편 조선 후기의 소상팔경 한시는 예술적 기법에서 조선 전기와 크게
다를 바가 없지만 한층 승화된 예술미가 풍겼다. 그것은 세련된 어휘 사용
과 경물 묘사에 대한 자연스러움이 아닌가 싶다. 그리고 조선 전기의 문인
들은 대량의 전고를 활용하여 시의 예술성을 높였는데 이에 비해 조선 후
기 김만기와 같은 문인들은 시에 전고를 활용하지 않고도 적절한 수사법

---

42 안장리, 〈조선왕실의 팔경문학〉, 세창출판사, 2017, p105.

43 장계수, 〈조선후기 소상팔경도에 대한 연구〉, 동국대학교 석사학위논문, 1999,
　　p20.

44 裴幼華, 〈八斯遺稿〉 卷一. 〈送瀟湘八景图于龟侄以慰病怀 二首〉, 『韩国文集丛刊』.

과 압운을 잘 살려 시의 예술적 가치를 높였다.

고려 시기부터 오랫동안 성행한 소상팔경 문화는 조선 후기에 점점 사람들의 관심에서 멀어졌지만 한국 한시사에서 또 다른 문학 장르인 한국 팔경시를 탄생시켰다. 한편 조선 후기에 '진경산수(眞景山水)'의 문화 풍기가 유행하면서 소상팔경 한시를 기반으로 한국의 팔경시가 생겨났다. 이로써 소상팔경시는 완전히 한국식으로 토착화되어버렸다. 사실 한국을 대상으로 창작한 팔경시는 고려 시기 이제현부터이며, 이는 조선 전기에도 이어졌지만 소상팔경이 완전히 토착화된 것은 조선 후기이다. 그 원인에 있어 하나는 조선 후기에는 소상팔경 한시 외에도 또 다른 산수전원시가 유행하면서 소상팔경 한시를 대신했고, 실제 가보기 힘든 중국의 소상 지역보다는 한국의 팔경은 얼마든지 가까이할 수 있었기에 충분히 소상팔경을 대신할 수 있었다. 하지만 한국의 팔경시는 형식상에서 소상팔경 한시를 모방하였다. 여덟 개 풍경은 각각 하나의 주제이며 여덟 수가 모여서 한편의 완전한 시가 되는 것이다. 그러나 시에 활용된 인물 전고는 여전히 중국의 역사적 인물이나 전설 혹은 신화 속의 인물을 주요로 하였다.

4. 결론

소상팔경은 그 자체가 하나의 문화 현상이라고 할 수 있다. 비록 소상팔경의 배경과 발원지는 중국이지만 한국, 일본, 베트남으로 전해진 후 점차 관념화하면서 다양한 장르로 더욱 활발히 창작되었고, 동화와 재생 과정을 거치면서 그 민족의 심미에 맞는 소상팔경 문화로 발전하였다.

중국 문학의 영향을 받아 소상팔경이 한반도에 전해지면서 '팔경' 열풍을 일으킨바, 고려 시기부터 조선 후기까지 왕족, 문인, 그리고 승려, 평민

에 이르기까지 시대적 환경과 요구에 맞추어 끊임없이 소상팔경 한시를
창작하였다. 이들의 시에는 시대에 따라 시인의 지향, 고뇌, 포부 등 다양
한 감정을 풍부하게 담았다. 시풍에서도 한국의 소상팔경 한시는 초기 중
국의 시풍을 그대로 본뜨다가 점차 한국의 역사, 문화의 흐름 속에서 문인
들의 심미에 맞는 새로운 정서의 소상팔경 한시로 탈바꿈하였고, 따라서
조선의 산수를 대상으로 한국 팔경문학, 팔경문화가 탄생되고 유행하였다.
이는 문화의 전승과 재생이라 할 수 있다.

한국 문인들이 '桃源' 이미지에 대한 수용 및 유행

한연(韓燕)

'도원(桃源)'의 이미지는 동아시아 문화에서 이상세계의 중요한 구성 요소로서 문인들의 가치관과 창작에 크게 영향을 주었으며, 문학과 예술 분야에서 많이 활용되었다. 학계에서 일반적으로 '도원'의 이미지는 주로 동진(东晋)시대 시인 도연명(陶淵明)의 〈도화원시병서(桃花源诗并序)〉에서 유래했다고 생각한다.[1] 하지만 '도원' 이미지의 기원은 이미 선진(先秦)시대[2]에 시작되었고, 그러다가 위진남북조(魏晋南北) 시대에 이르러서는 탈속과 은일사상을 강하게 보여주는 하나의 상징적 문화 현상으로 발전하였다. 〈도화원시병서〉는 이런 문화 현상을 바탕으로 도연명의 개인적 경험과 당시 소상(潇湘) 일대에 널리 알려진 도화원의 전설이 합쳐져 탄생한 것이라고 할 수 있다. 탈속과 은일은 '도원' 이미지의 가장 중요한 모티브로 문인들이 숭고한 인격 추구와 이상 세계에 대한 동경을 담았다. 노자(老子)의 '소국과민(小国寡民)'[3]을 바탕으로 창출된 '도원'은 문인들이 바라던 평등하고 평화롭고 안일한 이상사회다. 따라서 '도원'의 이미지는 문인들의 이상 세계와 은일관을 담아 작품 속에 자유롭게 활용되었다. 도연명의 시문은 신라시대에 이미 한반도로 전해졌으나 고려시대부터 문인들의 관심을 받기 시작하였으며, 도연명의 가치관, 시풍, 창작기법은 한국 한문학의 발전에 큰 영향을 주었다. 한국 문인들은 '도원'의 이미지를 빌려 선계, 자연 회귀, 은일 등 욕구를 표출하였는데, 이는 실의에 빠졌던 당시 한국 문인들에게 정신적 위안을 찾고 불우한 처지와 슬픔을 잠시 잊게 하였다. 본 문장에서는 도시(陶诗)의 한반도 유행, 그리고 한국 문인들이 '도원' 이미지에 대한 활용 양상과 특징에 관해 정리해 보려고 한다.

---

1 石守謙, 移動的桃花源東亞世界中的山水畫[M], 北京:生活讀書新知三聯書店, 2015, p11
2 '춘추전국시대(春秋戰國時代)'를 달리 이르는 말. 진나라(秦朝)의 시황제(始皇帝)가 중국을 통일(統一)한 기원전(紀元前) 221년 이전의 시대(時代)라는 뜻이다.
3 '소국과민'은 문명의 발달 없는 무위와 무욕의 이상사회를 가리키는 말이다.

1. 陶诗의 전파 및 수용

초세(超世)적인 '도원'은 풍부한 문화적 의미를 지니며, 동양의 대표적인 이상향으로 중국뿐만 아니라 한국, 일본, 베트남 등 여러 나라 문인에게 큰 영향을 주었다. 흔히 문인들은 '도원'의 이미지를 활용하여 이상 세계에 대한 내심적 추구와 인생관을 표출하였는데, 그 이유는 아래와 같은 이유에서 출발한 것 같다. 첫째는 '도원'의 이미지를 빌려 현실을 풍자하고 또한 강하게 비판할 수 있었다. 둘째는 '도원'의 초현실성이다. '도원'은 이상향으로 현실에서 이루지 못한 문인들의 욕구를 충족시킬 수 있었고, 현실에서 오는 번뇌도 잠시 잊을 수 있었다. 마지막으로 '도원'의 이미지를 빌려 비현실적인 내용으로 역사적 진실성을 더 잘 부각시킬 수 있었다. 한국 문인들의 '도원' 이미지에 대한 활용 양상과 그 특징을 분석하기 전에 우선 한반도에서 도시(陶诗)의 전파와 수용에 관해 정리하려고 한다.

1.1 신라시대

한국 문인들이 도연명의 시를 접하게 된 것은 신라시대부터다. 신라는 인재를 선발하려고 과거시험을 설치했는데 도연명의 시가 수록된 『소명문선(昭明文選)』이 한반도에 전해지면서 도연명의 시문도 한국 문인들에게 알려지게 되었다. 최치원은 도연명 관련 전고와 이미지를 시에 처음 담은 한국 문인이다. 『계원필경(桂苑筆耕)』에 수록된 시문 〈장계(長启)〉에서는 도연명의 〈귀거래사병서(归去来兮辞·并序)〉의 시구 '남쪽 창에 기대어 멋대로 있노라니(倚南窗以寄傲)'[4]를 활용하였고, 〈전선주당투현령왕비섭양자

---

4 〈장계(長启)〉의 '몸을 도창에 기대여(身寓陶窗)'란 시구는 〈귀거래사병서(归去来兮辞·并序)〉 중 '남쪽 창에 기대어 멋대로 있노라니(倚南窗以寄傲)'를 활용한 것이다.

현령(前宣州当涂县令王翱摄扬子县令)〉에서는 도연명이 '다섯 되의 쌀 때문에 허리를 굽히지 않는다(不为五斗米折腰)'라는 전고를 활용하는 등 도연명의 시풍을 적극적으로 받아들였고, 또한 자유를 숭상하고 권세를 멸시하는 그의 고결한 품성에 대해 긍정하였다. 하지만『계원필경(桂苑筆耕)』은 최치원이 당나라에 머물렀을 때 쓴 것으로 당시 도연명의 시집이 고대 한반도로 전해졌는지는 확실하지 않다. 그리고『소명문선(昭明文選)』에 수록된 도연명의 시도 9편 밖에 없었기에 신라시대 문인들이 도연명의 시문을 많이 접하지는 못했을 것이다. 그러나 도연명의 예술 풍격과 가치관 그리고 고결한 성품은 신라 문인들에게 어느 정도 영향을 주었을 것이다.

1.2 고려시대

도연명의 시는 고려시대부터 본격적으로 한국 문인들에게 관심을 받기 시작하였다. 고려 사회에서 당·송 문화와 문학을 숭상하는 열풍이 불면서 도연명의 시풍을 배우고 따라 하는 열조가 생겼으며 고려 말에 절정에 이르렀다. 도시(陶诗)와 '도원'의 이미지가 고려 시기부터 한반도에서 유행한 것은 고려와 북송의 활발한 외교와 문화 교류의 영향이 크다. 두 나라의 밀접한 교류로 더 많은 도연명의 작품이 고려에 전해졌으며, 또한 소식(苏轼)을 중심으로 한 북송 문인들 사이에서 도연명의 시와 품성에 대한 흠모의 열풍이 일자 고려 문인들도 도연명과 도시에 큰 관심을 갖게 되었다.[5] 또한 고려의 역사를 볼 때 전반적으로 전쟁과 동요의 세월이 많았고 이는 도연명이 살았던 동진시대와 매우 흡사하였다. 그 때문에 도연명의 〈귀거래사(归去来兮辞)〉와 〈도화원기(桃花源记)〉에서 표출된 탈속과 은거관은 고려 문인들의 마음에 와닿았고 공감을 느꼈을 것이다. 고려시대 문인 중

---

5 石守謙. 移動的桃花源東亞世界中的山水畫[M] . 北京:生活讀書新知三聯書店, 2015, p50

84%[6]가 도연명의 영향을 받았을 정도로 도연명의 인기는 높았고, 그의 성품과 시문은 고려 문인들이 따라 배울 대상이었다. 고려시대 문인 중 도연명의 영향을 가장 많이 받은 문인으로 이인로를 뽑을 수 있다. 그는 도연명의 〈도화원기(桃花源记)〉를 읽고 큰 감명을 받아 한국의 첫 〈和陶诗(화도시)〉[7]인 〈청학동기(青鶴洞记)〉를 창작하였다. 이 작품은 구조, 운율, 형식상 도연명의 작품과 거의 동일하며, 이인로는 청학동을 '도원'으로 탈바꿈하여 자신을 알아주지 못하는 현실에 대한 비판, 이상 세계에 대한 추구, 속세를 떠나고 싶은 은일적 사상 등을 표출하였다. 하지만 이인로의 마음은 언제나 정계에 머물러 있었기에 그가 말하는 은일은 권세를 담박(淡薄)하게 생각했던 도연명의 은일과는 많이 달랐다. 이는 사실상 불평등한 현실에 대해 비판하고 관직에서 뜻을 이루지 못한 자신을 위로하고자 했던 것이다. 총체적으로 고려시대 문인들은 도시를 수용함에 있어서 제재와 형식에 대한 모방을 중요시하였다. 특히 제재에서 〈귀거래사(归去来兮辞)〉와 〈도화원기(桃花源记)〉에 치중하였고 은거정취에 집중하였는데, 이는 은거정취를 과대평가하고 은거의 어려움이나 그 삶 속에서 느끼는 고독, 갈등과 모순에 관해서는 언급하지 않고 그냥 지나쳐버리는 폐단을 낳았다.

1.3 조선시대

조선시대에 와서 도연명의 문학적 지위는 진일보 높아졌다. 도연명은 절의와 충성의 표상으로서 그와 관련된 내용이 이름과 아호(雅號), 당호(堂

---

6 嚴明, 謝夢潔, 〈朝鮮·日本对陶渊明诗文的接受〉, 苏州教育学院学报, 2020, p3
7 '화도시(和陶詩)'는 도연명의 시에 화운(和韻)한 작품을 말하는데, 운자(韻字)를 따라 쓰는 방식으로 도연명 시에 대한 존중과 공감을 표현한다.

號), 실명(室名) 등으로 활용되는 등 지식인 사이에서 유행처럼 되뇌어졌다. 조선의 건국 과정에 참여하지 않고 고려에 절의를 지켜 은둔으로 여생을 보냈던 사람들은 도연명을 정신적 표상으로 삼았으며, 조선 건립의 주체들 또한 사풍(士風)을 고양한다는 의도 아래 이들 인사들의 행위를 도연명에 견주는 방식을 빌려 포양하였다.[8] 한편 조선의 건국과 더불어 한반도는 불교의 나라에서 유교의 나라로 바뀌었고 주희의 성리학을 빠르게 보급하였다. 주희는 도연명의 고결한 성품에 대해 높이 평가하였는바, 자연히 조선시대 문인들에게도 영향을 주었다. 그리고 소식은 도연명을 스승으로 삼아 많은 '화도시'를 창작하였고, 조선시대 문인들도 이를 본받아 대량의 '화도시'를 창작하였는가 하면, 도연명의 저작도 여러 권 출판되었다. 15세기 중엽부터 17세기 중엽까지『도연명집(陶淵明集)』,『전주정절선생집(箋注靖節先生集)』,『도정절집(陶靖節集)』,『도정절집초(陶靖節集抄)』,『퇴계교본도연명시집(退溪校本陶淵明詩集)』[9]이 출판되었다. 이는 주희 다음으로 발행 서적 수가 많았다.[10] 한편 임진왜란과, 병자호란을 거친 후 현실에 대한 절망과 좌절감으로 수많은 뜻있는 인사들은 유민의식을 가졌고, 이때 은둔의 삶을 택하여 전원으로 회귀한 그들에게 도연명은 정신적 지주가 되어주었다. 그리고 도연명과 그의 시문에 대한 이해가 깊어지면서 '도원'의 이미지도 다양하게 활용되었다. 고려시대 도가의 신선사상을 중심으로 현실 도피를 위한 정신적 탈출구로 활용되었던 '도원'의 이미지는 조선시대에 와서 도가적 무위(無爲)와 무욕(無慾), 그리고 유교의 애국, 충군사상을 담아 새롭게 활용되었다. 그리고 도시 수용에서도〈귀거래사(归去来兮

---

8 이남종,〈조선시대 도연명시 수용 및 전범화 양상〉, 연구보고서, 중앙대학교, 2015, 초록 참조.
9 임락명,〈한국한문학에 나타나는 도연명의 수용 양상-이인로와의 비교를 중심으로〉, 공주대학교 석사학위논문, 2013, p30
10 김학주,〈조선시대 간행된 중국문학관계서 개황〉, 동아문화 제25호, 1987, p2-5

辭)〉와 〈도화원기(桃花源記)〉를 제외한 도연명의 전원 회귀, 술, 국화를 주제로 한 시문에도 많은 관심을 가졌다. 그러나 조선 말기에 이르러 실학 사상이 대두하면서 학도(学陶) 풍조는 점차 쇠퇴해갔다.

요컨대, 한국 문인들이 도시에 대한 수용은 소극적에서 적극적으로, 단편적인 해석에서부터 포괄적인 이해로 여러 단계를 거쳤다. 따라서 '도원'의 이미지도 세대의 요구와 문인들을 심미에 따라 작품에 다양하게 활용되었다.

2. 한국 문인들이 '도원' 이미지에 대한 수용 양상

2.1 超世적 仙界에 대한 동경

'도원'은 동양의 이상적 낙원이자 근원으로 문학 작품 속에서 다양하게 형상화되어 왔다. '도원'이라 하면 난세 도피, 은거 정취, 자연 심취가 먼저 떠오르기에 '도원'의 이미지는 늘 세속에 구속되지 않는 초세(超世)의 느낌을 준다. 도연명의 〈도화원기(桃花源記)〉에서 시작된 '도원'의 이미지는 세속을 벗어난 선경(仙境)으로 관념화하고 미화되어 있는데, 특히 미술이나 문학에서는 이를 동경하고 재현하려 하였다.

지리산은 두류산(頭留山)이라고도 한다. 금나라 영내의 백두산에서부터 시작하여 꽃과 꽃받침처럼 잘 어우러진 봉우리와 골짜기가 면면히 이어져 대방군(帶方郡)에 이르러서 천 리에 서리어 맺히었다. 이 산 주위에 10여 고을이나 있는데, 한 달 이상 걸려야 그 주위를 다 구경할 수 있다. 노인들이 전하기를 "이 산속에 청학동이 있는데, 사람이 겨우 다닐 만큼 길이 매우 좁아서 간신히 통행할 만하다. 구부리고 기어서 몇 리쯤 가면 넓게 트인 마을이 나타난다. 사방이 모두 좋은 농토로 땅이 비옥하여 농사짓기에 알맞다. 청학이 그곳에서만 서식하므로 그 동네를 청학동이라 부른다. 옛날 속세를 등진 사람이 살던 곳으로, 무너진 집터가 아직도 가시덤불 속에 남아 있다"고 한다. 예전에 나는 집안의 형 최상국(崔相國)과 함께 영원히 속세를 떠날 뜻이 있어서, 이 고을을 찾기로 약속하였다. 살림살이를 담은 대고리짝을 두세 마리 소에 싣고 들어만 가면, 세속과 멀어질 수 있으리라 여겼다. 마침내 화엄사(華嚴寺)에서 출발하여 화개현(花開縣)에 이르러 신흥사(神興寺)에서 묵었다. 지나는 곳마다 선경(仙境) 아닌 데가 없었다. 천만 봉우리와 골짜기가 다투듯 빼어나고 다투듯 흘러내리며, 대울타리 초가집이 복사꽃에 보일 듯 말 듯하니, 자못 인간 세상이 아니었다. 이른바 청학동은 어딘지 끝내 찾을 수 없었다. 그래서 나는 시를 지어 바위에 새겨 놓았다. "두류산은 아득하고 저녁 구름은 낮게 깔려/ 천만 골짜기와 봉우리 회계산(會稽山) 같네/ 지팡이를 짚고서 청학동 찾아가니/ 숲 속에선 부질없이 원숭이 울음소리뿐/ 누대에서 삼신산(三神山)이 아득히 멀리 있고/ 이끼 낀 바위에는 네 글자가 희미하네/ 묻노니, 신선이 사는 곳 그 어디멘가/ 꽃잎 떠 오는 개울에서 길을 잃고 헤매네" 예전에 서루(書樓)에서 우연히 『오류선생집(五柳先生集)』을 뒤적이다 「도화원기(桃花源記)」가 있기에 반복해 읽어 보았다. 대체로 다음과 같은 내용이었다. 대개 진(秦)나라 사람들이 난리를 피해 처자를 거느리고 산과 물이 겹겹이 둘러쳐져 나무꾼도 갈 수 없는 깊숙하고 외진 곳을 찾아가 그곳에서 살았다. 진나라 태원 연간에 어떤 어부가 요행히 한 번 찾아갔으나, 사람들이 그다음엔 길을 잃어 다시는 찾을 수 없었다고 한다. 후세 사람들이 그곳을 그림으로 그리고 노래와 시로 전하였는데, 도원을 선계로 여겨 우거표륜(羽車飇輪)을 타고 다니며 장생불사하는 신선들이 사는 곳이라고 생각하지 않음이 없었다. 이는 「도화원기」를 제대로 읽지 않았기 때문일 것이니, 실은 저 청학동과 다름없는 곳이리라. 어찌하면 유자기(劉子驥) 같은 고상한 선비를 만나 그곳에 한번 가볼 수 있을까?[11]

-이인로 〈청학동기〉

도연명의 〈도화원기(桃花源記)〉를 읽고 창작된 〈청학동기(青鶴洞記)〉는 주제와 구조, 서술기법에 있어 〈도화원기〉와 거의 비슷하다. 이렇게 볼 때 이인로가 찾고자 하는 청학동은 '도원'을 바탕으로 탄생된 것이라고 할 수 있다. 〈청학동기〉는 모두 3개 부분으로 되었는데 첫 번째 부분에서는 청학동에 대한 묘사와 찾는 과정을 썼으며, 두 번째 부분에서는 〈유지리산(游智異山)〉이라는 시를 썼으며, 마지막 부분에서는 〈도화원기(桃花源記)〉를 읽게 된 계기와 소감을 썼다. 시의 제목, 그리고 '천 개의 바위가 다투어 우뚝했고 만 개의 골짜기에서 강물이 다투어 흘렀다. 대나무 울타리와 초가집들이 있고 복숭아나무와 살구나무가 서로 근사하게 어울려 거의 인간 세상이 아닌 듯하였다(所過無非仙境. 千巖競秀, 萬壑爭流. 竹籬茅舍, 桃杏掩映, 殆非人間世也)'라는 시구에서 시인이 찾고자 하는 청학[12]동은 선

---

11 智異山或名頭留. 始自北朝白頭山而起. 花峯蕚谷縣縣聯聯. 至帶方郡. 蟠結數千里, 環而居者十餘州, 歷旬月可窮其際畔. 古老相傳云, "其間有青鶴洞, 路甚狹纔通人行. 俯伏經數里許, 乃得虛曠之境, 四隅皆良田沃壤宜播植. 唯青鶴棲息其中, 故以名焉. 蓋古之遁世者所居, 頹垣壞塹, 猶在荊棘之墟." 昔僕與堂兄崔相國, 有拂衣長往之意, 乃相約尋此洞. 將以竹籠盛牛犢兩三以入, 則可以與世俗不相聞矣. 遂自華嚴寺至花開縣, 便宿神興寺, 所過無非仙境. 千巖競秀, 萬壑爭流. 竹籬茅舍, 桃杏掩映, 殆非人間世也, 而所謂青鶴洞者, 卒不得尋焉. 因留詩巖石云, "頭留山迥暮雲低, 萬壑千巖似會稽, 策杖欲尋青鶴洞, 隔林空聽白猿啼. 樓臺縹緲三山遠, 苔蘚微茫四字題, 試問仙源何處是, 落花流水使人迷." 昨在書樓, 偶閱五柳先生集, 有桃源記, 反復視之. 盖秦人厭亂, 携妻子, 覓幽深險僻之境, 山迴水複, 樵蘇所不可得到者以居之. 及晉太元中, 漁者幸一至, 輒忘其途不得復尋耳. 後世丹青以圖之, 歌詠以傳之, 莫不以桃源爲仙界, 羽車飊輪長生久視者所都. 盖讀其記未熟耳, 實與青鶴洞無異. 安得有高尚之士如劉子驥者, 一往尋焉. 『破閑集. 補閑集』, 韓国学文献研究所編, 아시아문화사, 1983, p6-8

계와 같이 신비롭고 아름다운 곳으로 선계에 대한 동경의 심정을 표출하였다. 이는 현실적 질곡에서 벗어나 자유로운 세계를 꿈꾸자 했던 작가적 열망에 기인했다고 할 수 있다. 무신정변 이후 현실적 혼란에 강렬한 불만과 혐오감을 느낀 이인로는 '부재불우(怀才不遇)'의 좌절감을 느꼈으며, 자기 위안의 한 방편으로 선계를 동경했던 것으로 보인다. 이처럼 선계와 같은 청학동은 도가가 추구하는 자유정신의 상징이며, 혼란스러운 세속 세계의 탈출구로 제시되었다. 한편 이 시기 이인로는 시골로 내려가 현실에 불만을 품고 정치에 뜻을 버린 6명의 문인과 함께 '해좌칠현(海左七賢)'을 만들었다. 이들은 청담사상(淸談思想)을 가지고 자주 모여 자연과 시와 술을 벗 삼으며 문학 활동을 활발히 진행하였다. 이들의 행위를 지지하는 사람도 있었고 또한 현실 도피라고 비난하는 사람들도 적지 않았다.[13] 한편 이인로의 〈청학동기〉를 시작으로 한국에는 대량의 '화도시'가 창작되었다. 한국 문인들이 '도원'의 이미지를 통해 보여주려 했던 내적인 추구는 시인에 따라 조금은 다를 수 있지만 이들이 읊은 '도원'은 모두 선경과 같은 곳으로 선계에 대한 동경을 표출하였다. 이런 현상은 주로 도교의 신선(神仙) 사상을 바탕으로 출발한 것이라 할 수 있다.

　　만 그루 싱싱한 복숭아나무 비단에 수놓은 듯 펼쳐져 있고, 신선 바람이
　　멀리서부터 찬란한 안개 불어 보내네. 신선이 산다는 산에 할머니 얼마 전
　　에 하늘 위로 떠나갔고, 구슬 같은 꽃술만이 쓸쓸히 피어 있네. 멀고 가까
　　운 곳에 따사로운 바람 서로 비껴 불며, 높고 낮은 곳이 서로 비추어 첩첩

---

12 민속에서 청학은 날개가 여덟이고 다리가 하나이며 사람의 얼굴에 새의 부리를
　　한 상상의 새이다. 한편 이 새가 울 때는 천하가 태평하다고 했다.

13 先輩有以文名世者某某等七人，自以爲一時豪俊,遂相與爲七賢，蓋慕晉之七賢也。每相會，飮
　　酒賦詩，旁若無人，世多譏之，然後稍泪。李奎报，『东国李相国集』(5) 卷二十一『七贤说』,
　　民族文化推进会，2006, p9.

이 겹쳤어라. 신선들 이곳에서 삼천년을 놀았다니, 인간 세상 일 년에 꽃 한 번 피는 것과는 다르다네. 잠깐 바둑 한 판 보는 사이에 도끼자루 벌써 문드러졌으니, 눈앞의 천년도 많은 것이 아니로세. 화사한 꽃 피어 있는 것도 잠깐 사이의 일, 복숭아꽃 피었다 소식 알려 어쨌다는 건가14

위의 시는 신숙주가 안견의 〈몽유도원도(梦游桃源图)〉를 보고 지은 찬시(赞诗)이다. 시에서 '도원'은 신선들이 삼천년 살았던 곳이라고 하였다. 이곳은 안개가 자욱하여 신비스럽고 산과 물이 맑고 복숭아꽃이 만발하며 선풍(仙风)이 불어 꽃노을을 불어온다. 이처럼 시인은 '도원'을 묘사함에 있어 선계(仙界)의 분위기를 많이 살렸다. 신숙주 외에도 박연, 박팽년, 강석덕, 김종서, 성삼문, 이현로 등 20명 좌우 문인들이 〈몽유도원도〉에 대해 찬시를 지었다. 이들이 지은 찬시에서 '도원'은 모두 신선이 사는 곳으로 구체화되었다. 이는 그림을 바탕으로 한바 그림을 들여다보면 기암괴석 골짜기 한편에 복숭아꽃이 흐드러지게 피어있으며, 장생불로하는 복숭아가 자란 이곳이 바로 안평대군이 꿈에서 만난 무릉도원 신선 세계다. 한국에서 신선사상은 선계와 같은 이상 낙원에서 살고 싶은 인간의 낭만적 욕구에서 출발하였다. 말하자면 인간이 행복하고 아름다운 삶에 대한 추구다. 안견이 그린 〈몽유도원도〉에는 안평대군의 이상과 정치적 꿈을 담았다.

---

14 萬樹天桃錦繡堆, 仙風吹送綵霞來. 貌姑近日朝天去, 留取瓊葩寂寞開. 遠近交如燒暖風, 高低相暎正重重. 仙遊更值三千歲, 不是人間一樣紅. 傾勁看碁已爛柯, 眼前千歲不爲多. 穠華亦是須臾事, 報道桃花奈爾何. https://kuedu.korea.ac.kr/educa/notice/book01.do

2.2 이상 세계에 대한 추구

이상 세계는 현실적 모순과 부조리가 없는 이상적이며 완전한 세계를 가리킨다. 전쟁과 정치적 동란(动乱)이 많았던 고대, 문인들은 공포와 불안을 늘 체험하였으며 좌절감과 함께 그것에 저항하고 벗어나려 했다. 도연명의 〈도화원기〉 속 '도원'은 평등하고 평화로우며 노자의 '소국과민(小国寡民)'을 바탕으로 인간의 질서를 중요시한다. 노자의 '소국과민'은 '작은 나라 적은 백성'이라는 뜻으로 세속적인 욕망이 생기기 이전인 원시적 공동체 생활로 무위(無爲)와 무욕(無慾)의 사회를 은유적으로 일컫는다. '소국과민'에서 노자는 문명의 발달이 생활을 풍부하고 화려하게 하지만, 인간의 노동을 감소시키고 게으름과 낭비와 생명의 쇠퇴 현상을 가져온다고 하면서 소박하고 원시적 촌락공동체 사회를 추구했다.[15] 현실에 대한 강한 불만으로 실의에 빠진 한국 문인들에게 이상향인 '도원'은 현실의 질곡을 잊을 수 있는 정신적 탈출구였고 〈도화원기〉에 묘사된 인간 사회는 이들이 추구했던 이상 사회였다.

> 동해의 검푸른 연기에 동남동녀 아득하고, 상산의 푸른 봉우리에는 붉은 지초 빛난다. 이처럼 당시 진나라를 피할 만한 곳은, 도원이 가장 좋아 신선이라 하였네. 시냇물이 다한 곳에 산에 입구가 뚫렸으니, 땅이 기름지고 물도 부드러워 좋은 밭이 많았다. 붉은 삽살개 구름 보고 짖어 해 저물고, 떨어진 꽃 땅에 가득하여 봄바람에 뒤집히네. 복숭아나무 심은 뒤에 홀연 고향 생각 끊겼고, 책을 사르기 이전 세상의 일들만 말하였다. 앉아 풀과 나무를 보아 추위와 더위 알고, 웃으며 어린아이 데리고 앞뒤를 잊었

---

15 조은실, 〈夢遊桃源圖를 통한 現實과 理想에 대한 연구〉, 홍익대학교 석사학위논문, 2011, p6

네. 어부가 한 번 보고 곧 배를 돌리니, 안개 낀 물결만 만고에 속절없이
아득하여라. 그대 저 강남 마을 보지 못했는가, 대나무가 지게문 되고 꽃
이 울타리 되며, 실개울 맑은 물에는 찬 달이 어지럽고, 고요한 푸른 나무
에는 그윽한 새가 지저귄다. 한스럽기는 백성들 생활이 날로 피폐한데, 고
을 아전들은 세미 받으러 항상 문을 두드린다네. 다만 바깥일로 와서 핍박
하는 것만 없다면, 산촌은 곳곳마다 모두 도원일 텐데. 이 시는 뜻이 있거
니 그대는 버리지 말고, 고을 문헌에 적어 두었다가 자손들에게 전하라.[16]

- 진화 〈도원가〉

도연명의 〈도화원기〉를 차용한 〈도원가〉는 정치적 변혁을 통해 현실
사회를 이상적인 무릉도원으로 바꾸고자 했던 진화의 생각을 담았다. 이
시는 모두 3개 부분으로 나뉜다. 앞부분에서는 주로 도화원의 경치에 대해
묘사하였는데 진화가 묘사한 '도원'은 도연명의 〈도화원기〉 속 도원의 풍
경과 거의 비슷하다. 다음은 상상을 가하여 시인이 동경하는 '도원'을 읊었
다. 마지막은 '도원'에 대한 감수이다. 무릉도원은 자급자족의 농업생산 경
제에 기초한 소규모 이상사회로 빈부의 차이, 계층 간의 모순이 발생하지
않는 평화롭고 안정된 사회이다. 여기서는 풍족한 물질적 욕구의 충족보
다는 욕망의 절제와 검약을 통하여 안정을 추구하는 사회의 성격을 보인
다. 초기 도교와 도가, 그리고 유가에서 추구했던 태평 세상과 일맥상통한
다.[17] 진화는 작품에서 '도원'을 현실화한바 고려 땅을 무릉도원에 비유하

---

16 徐居正, 『東文選』 第六卷 七言古詩 第一册[M]. 서울:民文庫, 1967, p621

17 卯角森森東海之蒼煙, 曄曄南山之翠巓, 等是當時避秦處, 桃源最號爲神仙, 溪流盡處山作口,
土膏水軟多良田, 紅厖吠雲白日晩, 落花滿地春風顚, 鄕心斗斷種桃後, 世事只說焚書前, 坐
看草樹知寒暑, 笑領童孩忘後先, 漁人一見卽回棹, 煙波萬古空蒼然, 君不見江南村, 竹作戶
花作藩, 淸流涓涓寒月漫, 碧樹寂寂幽禽喧, 所恨居民産業日零落, 縣史索米長敲門, 但無外
事來相逼, 山村處處皆桃源, 此詩有味君莫棄, 寫入郡譜傳兒孫 정우선, 〈韓國文學에 나
타난 理想社會 具顯 樣相 考察 : 現實的 理想社會를 中心으로〉, 중앙대학교 석사학

면서 관리들의 수탈이 없으면 산마을 곳곳은 이상향이라는 뜻을 담았다. 무신정변 이후 무신들이 문신에 대한 탄압, 그리고 원나라와의 전쟁으로 인한 백성들의 질고는 진화의 마음을 아프게 했다. 이 시에서는 진화의 애국, 애민사상도 표출된바 시인은 '도원'을 찾아 평등하고 평화로운 이상적인 세계를 만나자고 했다.

> 두류산은 아득하고 저녁 구름은 낮게 깔려/ 천만 골짜기와 봉우리 회계산(會稽山) 같네/ 지팡이를 짚고서 청학동 찾아가니/ 숲속에선 부질없이 원숭이 울음소리뿐/ 누대에선 삼신산(三神山)이 아득히 멀리 있고/ 이낀 낀 바위에는 네 글자가 희미하네/ 묻노니, 신선이 사는 곳 그 어디멘가/ 꽃잎 떠오는 개울에서 길을 잃고 헤매네.[18]
>
> ─이인로 〈청학동기〉

이인로는 한국의 산수를 '도원'으로 비유하면서 '도원'의 이미지를 현실화하였다. 이인로의 시에서 알 수 있듯이 청학동은 이인로가 찾고자 하는 '도원'이다. 이인로는 청학은 천년 학으로 전설 속의 신비로운 새이며 한번 울면 천하가 태평하다고 전해졌다.[19] 그러므로 〈청학동기〉의 청학에는 태평성대를 바라는 민중의 염원과 바람을 암시한다. 동시에 이는 역설적으로 당대 현실의 혼란상도 암시하고 있다 하겠다. 이처럼 이인로는 한국 전통 설화와 '도원'의 이미지를 빌려 소박하고도 원초적인 정서가 담긴 이상 사회에 대한 열망을 표출하였다.

위논문, 2003, p20-21
18 『破閑集, 补閑集』, 韩国学文献研究所编, 아시아문화사, 1983, p6-8
19 정민, 『초월의 상상』, 휴머니스트, 2002, p. 83.

2.3 자연으로 회귀에 대한 갈망

자연으로 회귀는 '자연으로 돌아가자'로 자연 상태에서 자유롭고 불평등이 없는 이상향으로 복귀한다는 뜻이다. 도연명이 보여준 '도원'은 도가의 낭만적인 사상과 자연스러움을 기본 이념으로 하는 자연정신이 배어있다. 〈도화원기〉 속의 '도원'은 풍광이 선경처럼 아름답고 땅은 비옥하며 거기에 사는 사람들은 부지런히 땅을 가꾸어 가며 안락하게 생활하고있다. 즉 아름다운 자연이 있는 곳이 바로 무릉도원이고 나아가 이웃과 소통하며 살아가는 삶의 현장이 무릉도원임을 은유적으로 표현한다. 이처럼 '도원'의 이미지에는 '무위자연(無爲自然)'과 '물아일체(物我一體)'라는 노자의 자연주의적 유토피아관을 바탕으로 회귀자연(回歸自然)의 갈망을 담았다. 자연 속에 유유자적하는 자연과의 합일, 이처럼 도연명은 동양적 이상향을 '도원'의 이미지로 정착시켰고, 자연과 인간의 어울림을 최고의 이상으로 예찬하였다.

> 一自桃源得避秦 한번 도원에서 진나라 난리 피함으로부터
> 至今誰不羨其人 지금까지 그 누가 그 사람을 안 부러워하랴
> 採花食實眞細事 꽃 따고 열매 먹는 건 참으로 잔다란 일이요
> 只喜山川隔戰塵 산천이 난세와 격해 있음을 기뻐할 뿐이네[20]
>
> —이색 〈도(桃)〉

위의 시에서 시인은 어지러운 속세를 떠나 '도원'에서 살고 싶은 심정을 표출하였다. '도원'의 풍경은 선경처럼 아름답고 '도원'은 평화롭고 적적한 사람의 마음을 달래주는 쉼터다. 즉 시인은 '도원'의 이미지를 통해 자연으

---

20 『牧隱詩稿』 卷之九 〈園中雜咏〉.

로 돌아가고 싶은 심정을 읊었다. 이 때문에 시인은 '도원'을 신유(神游)하는 꿈에서 깨고 싶지 않다. 여기서 세속의 각박함에서 탈출하여 인간과 권력의 횡포를 제거할 수 있는 곳이 바로 '도원'이다. 자연과의 합일은 자유롭고 초탈적이며, 신선적인 것이다.

> 작은 고을을 돌다가 만나니 네 개의 산이 둘러싸고, 작은 정자와 시든 나무는 구름 사이에 의지하네. 저녁연기 그림처럼 펼치고, 일천 봉우리 겹쳤는데, 들판의 강물에 적삼을 적시니 달은 반쯤 물러나네. 인간 세상 혹독함 알기에 몸은 거칠게 늙어가는데, 숲속 샘은 어느 곳이든 편하고 한가하지 않겠는가. 내일 아침에는 다시 무릉도원 별천지 길로 들어가, 뛰어난 좋은 경치의 내력과 처지 감추지를 않으리라.[21]
>
> -김시습 〈모투(暮投) 영평현〉

시인은 영평을 '도원'에 비유하였다. 시인이 머무른 영평은 '도원'처럼 아름답고 한적하다. 한편 '거칠게 늙은 몸'을 달래고자 시인은 아름다운 영평에 머물고 싶어 하며, 이를 통해 자연으로 돌아가 소박하게 살고 싶은 자연 회귀에 대한 갈망을 표출하였다. 조선시대 생육신의 한 사람인 김시습은 더러운 무리와 어울리는 것이 싫어 평생 전국을 돌아다니며 방황하였으며, 말년에는 자연으로 들어가 살다가 세상을 떠났다.

> "이 세상 어느 곳이 꿈꾼 도원인가, 은자(隱者)의 옷차림새 아직도 눈에 선하거늘 그림 그려 보아 오니 참으로 좋을씨고, 여러 천년 전해지면 오죽 좋을까."[22]

---

21 小邑周遭圍四山, 短亭枯樹倚雲間。暮煙展畵峯千疊, 野水浸衫月半環。人世極知身老大, 林泉何處不安閑。明朝更入桃源路, 勝景由來地不慳。梅梅月堂詩集, 卷之十.

22 世間何處夢桃源, 野服山冠尙宛然, 著畵看來定好事 自多千載擬相傳。後三日正月夜 在致知

-안평대군 〈서시〉

마음이 태연하여 형체를 수고롭게 하지 않으니, 세속의 잡된 생각 따위 파고들 틈조차 없어라. 하늘과 땅에 뜻을 두어 거듭 순박하기만 하오며, 온 백성 천수를 누리는 낙원에 오르기 바라네. 황제의 화서씨 나라 꿈 허황한 것 아니었나니, 비해당의 도원 꿈 어찌 헛된 꿈이라 말하랴! 비심이 초야를 갈망하니 언사가 순일하여지고, 자천이 거문고 타나 정사는 절로 다스려지네. 초연히 물외로 나아가 성정을 기쁘게 지니니, 참으로 큰 저울대 절로 그 가운데 있다네. 쉽사리 단청을 의논하지 말지니, 내 이제 눈 비비고 천지의 편안함 보리라.[23]

-박연

위의 시문 중 첫 번째는 안평대군이 〈몽유도원도〉를 위해 쓴 서시(序詩)이고, 두 번째는 박연이 쓴 찬시이다. 안평대군은 서시에서 꿈 이야기가 그림과 함께 후세에 전해질 것을 기대하고 있다. "이 세상 어느 곳이 꿈꾼 도원인가(世間何處夢桃源)"는 안평대군이 꿈에서 본 '도원'은 현실에서 찾을 수 없으며, 꿈속의 '도원'은 자신이 추구하는 이상 세계로 그림에 안평대군의 정치적 이상을 담은 듯하다. 그리고 〈도화원기〉 속 '도원'에는 사람도 동물도 모두 등장하지만 〈몽유도원도〉에는 오직 경치만 담았다. 이는 안평대군이 정권을 잡은 왕실 성원임에도 불구하고 그로 인한 불안에서 벗어나고자 자연으로 회귀하여 마음의 정화를 하려고 한 것이 아닌

亭因故有作淸之. 안휘준, 이병한, 安堅〈夢遊桃源圖〉, 도서출판 예경, 1991, p108

23 天君泰然不役形, 塵想無緣抵間隙, 有意乾坤再淳朴, 且欲人民躋壽城, 軒轅華胥兆不忒, 匪懈桃源豈虛得, 神諶謀野辭命精, 子賤彈琴治道成, 超然物表怡性情, 於中自有大權衡, 莫將容易議丹靑, 我今刮目天地寧. 안휘준, 이병한, 安堅〈夢遊桃源圖〉, 도서출판 예경, 1991, p98

가 싶다. 안평대군의 자연 회귀에 대한 갈망은 박연의 찬시 "비심이 진실로 초야를 갈망하니 언사가 순일하여지고, 자천이 거문고 타고 지냈으나 정사가 절로 다스려졌다(匪懈桃源豈虛得, 禅諶謀野辭命精, 子賤彈琴治道成, 超然物表怡性情)"라는 시구에서도 쉽게 찾을 수 있다.

2.4 은둔 생활에 대한 지향

은둔(隱遁)은 사전적인 의미로는 '세상을 피하여 숨어 삶'이고 은사(隱士)는 '은거하여 사는 사람, 예전에 벼슬을 하지 않고 숨어 살던 학자'를 지칭한다. 이처럼 은둔은 인간의 현실세계에서 벗어나 자연이나 초월적인 세상으로 숨는 것을 의미한다. 이러한 은둔사상은 노자의 '무위이무불위(無爲而無不爲)'나 장자 '소요유(逍遙遊)'의 도가사상을 기본으로 현실의 혼란한 상황에 처해 은둔할 것을 자각할 때 생겨난다. 도연명의 〈도화원기〉 전체를 관통하는 은둔사상은 한국 고대 시인들이 많이 흡수했던 주요 '도원' 이미지 중 하나다. 그러나 도연명이 조정 정치에 대해 실망하고 스스로 은둔을 택한 것과 달리, 고대 한국 문인들에게는 좌천이나 유배를 당한 후에 다시 관직에 복귀하기를 바라는 마음으로 잠시나마 산수전원에 집착했던 것이 일반적이었다. 그 때문에 한국 문인들의 은둔은 노장사상의 무위자연 정신과 공자의 "천하에 도가 있으면 나아가 벼슬하고 도가 없으면 물러나 은거한다(天下有道則見 無道則隱)"라는 정신이 작용하고 있으며, '반은반사(半隱半仕)' 식의 은둔이 많았다. 가장 대표적인 작품으로 이인로의 〈청학동기〉를 들 수 있다. 〈청학동기〉의 마지막 부분을 보면 시인은 이상향인 청학동을 끝내 찾지 못하고 돌아온다라고 마무리한다. 이는 시인이 속세의 미련을 떨쳐 버리지 못했음을 시사하며, 그에게 '도원'은 도가적 은둔이 아니라 관념적 이상향으로만 작용했음을 짐작할 수 있다.

현실에 불만을 품은 이인로가 한때 초야로 들어가 은둔 생활을 하였지만, 정계에 미련을 버리지 못한 그의 은둔 생활은 '반은반사' 식의 은둔이라 할 수 있다.

> 暇日尋芳上古台 한가한 날 좋은 풍경 찾아 옛 대에 오르니
> 武陵流水泛花来 흐르는 물에 복사꽃잎 떠내려오네
> 还将满目伤心事 그러나 보이는 것들은 마음 아픈 모습이니
> 都付东风酒一杯[24] 봄바람 불 때 술 한 잔에 마음을 달래네
>
> —유희경 〈탕춘대(荡春台)〉

아름다운 '도원'에 있지만 시인은 기쁘지 않으며 술로 외로움과 슬픔을 달래고 있다. 유희경은 허균(许筠)이 칭찬할 정도로 문장에 재능이 뛰어난 사람이다. 하지만 신분제도가 엄격했던 조선시대 천인 신분으로 초기에 자기 능력을 펼치지 못했다. 따라서 이 시에서 젊은 시절 시인의 고민과 갈등, 좌절감을 동시에 읽을 수 있다. 즉 정계에서 자신의 능력을 펼칠 수 없는 좌절감과 은둔의 낭만에 심취될 수 없는 갈등과 모순이 표출되었다. 하지만 다음 시들은 도연명이 추구했던 무위자연의 은둔 낭만을 잘 표출하였다.

> 依稀林石泉聲咽 숲과 바위는 어렴풋한데 물소리는 울려 퍼지고
> 彷彿枫鸦树影斜 단풍나무에 까마귀인 듯 나무 그림자 흔들리네
> 自有武陵堪避世 무릉도원을 가졌으니 속세를 피하기에 충분한데
> 何勞忘路問漁樵[25]무엇 하러 길을 잊고 어부와 나무꾼에게 묻는가

---

24 김대현, 〈북한산 한시선〉, 경남대학교출판문화원, 2021, p80
25 金時習, 〈梅月堂集〉卷六, 『韓國文集叢刊』 第13卷, p195.

-김시습 〈산시청람〉

山城雨初過 산성에 내리는 비가 처음으로 지나가자

嵐翠散邐迤 푸른 남기 흩어졌다 이어지며 비스듬하네

樓臺滅沒間 누대가 그 속으로 사라지려는 순간에도

草樹空濛裏 초목은 부질없이 가랑비 속에 있네

淸流映麗譙 맑은 물결에 우아한 망루가 비추는데

彷彿桃源水[26] 흡사 무릉도원의 물과 다름이 없네

-소세양 〈산시청람〉

김시습은 시에서 현재 자신이 찾은 이곳은 경치가 아름답고 사람들은 자연과 어울려서 안락하게 생활하고 있음을 제시했다. 이 때문에 시에서 무릉도원을 가졌다고 말했으며, 속세를 피할 수 있는 이곳에서 은둔할 지향을 표출하였다. 이는 시구 '무엇 하러 길을 잊고 어부와 나무꾼에게 묻는가(何勞忘路問漁樵)'로 이곳에 은거할 지향을 한 번 더 확실하게 표출하였다. 어지러운 속세에 혐오를 느끼고 문장 실력이 뛰어났음에도 벼슬길에 나가지 않고 자유를 즐기며 자연에 은거한 김시습의 은둔은 도연명의 선택과 매우 흡사하다. 한편 소세양도 시에서 은둔 생활의 정취를 낭만적으로 읊었다. 시인은 비 오는 날 비 속에서 펼쳐지는 산과 초목의 아름다운 모습을 상세하게 묘사하였으며 이는 무릉도원의 아름다운 경치를 연상케 한다. 이는 모든 것을 내려놓은 자만이 즐길 수 있는 향수로 자연과 하나가 된 시인의 즐거움을 읊었다.

---

26 蘇世讓, 〈陽谷集〉卷一, 『韓國文集叢刊』 第23卷, p309.

3. 결말

도연명과 도시(陶诗) 그리고 '도원' 이미지의 영향은 한국 고전문학사에 광범위하게 침투해 있는 문학 현상이다. 신라시대부터 한국 문인들은 도시에 흥미를 가지고 도연명과 그의 작품에 대해 이해하기 시작하였으며 초세와 은둔을 가리키는 '도원'의 이미지를 작품에 적극적으로 활용하여 현실의 세계를 강하게 비판하고 작품에 자신의 이상 세계를 구축하였다. 도연명이 구상한 '도원'은 노자의 '무위이무불위(無爲而無不爲)'나 장자 '소요유(逍遙遊)'의 도가사상을 기본으로 창출하였다. 환상적이고 아름다운 '도원'은 초세의 낭만이 넘쳐흐르며, 평등하고 안일한 '도원'은 어지러운 속세를 떠나 진정한 자유를 추구하는 문인들에게 은둔하기 가장 적합한 곳으로 꼽혔다. 도가의 '소국과민' 사상을 바탕으로 하는 '도원'은 세상의 질고를 체험하는 한국 문인들에게 현실에서 이룰 수 없는 욕구를 충족시키는 유토피아의 상징이었고 현실의 질고를 잠시 잊게 해주는 쉼터였다. 고려시대 이인로, 진화 등 문인들을 시작으로 조선시대에 이르기까지 한국 문인들은 '도원'의 이미지를 통하여 초세적 선계에 대한 동경, 이상 세계에 대한 추구, 자연으로 회귀에 대한 갈망, 은둔 생활에 대한 지향을 자유롭게 표출하였다. 하지만 이인로처럼 정계에 미련을 버리지 못한 문인들은 은둔의 삶을 선택했어도 진정한 자연으로의 회귀보다는 정계 복귀의 욕구를 표출한바, 결국 이들은 '반은반사(半隱半仕)'라고 할 수 있다.

한글 연행록 연구
-여성 한시 향유를 중심으로

한예민(韓藝敏)*

* 한예민: 호남사범대학교 한국어학과 조교수.

1. 서론

연행록(燕行錄)은 조선시대에 사신의 임무를 수행했던 인물들이 중국의 연경(북경)을 왕래하면서 보고 들은 것을 기록한 여행 기록물 형태의 산문 문학이다.

연행록 자료의 발굴이나 해제 등의 기초 토대가 마련된 뒤로,[1] 수많은 연구 성과가 제출되었다. 예컨대 연행의 문화사, 중국과의 교류사, 연행을 통한 중국 체험의 의미, 연행록에서 볼 수 있는 공연예술, 연행록의 시각화 및 콘텐츠 방안 등 문학이나 역사 분야는 물론, 정치, 경제, 외교, 사상, 의식, 복식, 건축, 회화, 지리 등 여러 방면에서 수백 편에 이르는 관련 논문이 보고되었다.[2] 이처럼 연행록에 대한 관심과 연구가 꾸준히 진행되고 있지만, 양적인 면과 질적인 면에서 한문 연행록이 주된 연구의 대상이었다.

최근에 총 14종의 한글 연행록이 현전해 있음[3]이 보고되면서 조금씩 한글 연행록 관련 연구가 학계에 보고되고 있으며, 한글 연행록 개별 작품에

---

1 2008년에 성균관대학교 대동문화연구원에서 『燕行錄選集補遺』를 출간한 바 있으며, 2011년에는 復旦大學校 文史研究院과 함께 『韓國漢文燕行文獻選編』(30책)을 간행하기도 하였다. 2010년에는 廣西師範大學의 弘華文 교수가 『燕行錄全編』(12책)을 출간하였으며, 또한 南京大學校의 域外漢籍研究所와 한국학중앙연구원에서는 『高麗朝鮮時代中國行紀資料彙編』을 편찬하고 있다. 또 임기중 교수에 의해 『定本燕行錄全集』 간행을 위한 補正 작업이 꾸준히 진행되었으며, 2013년에는 『燕行錄叢刊增補版』이 간행되어 전자책으로 서비스되고 있다.

2 대표적으로 『연행록 연구총서』(조규익 외, 연행록 연구총서 1~10, 학고방, 2006.)를 참고할 수 있다. 연행록 연구의 경향은 김영진, 김현미, 홍성구 등이 이미 다룬 바 있다. 김영진, 〈연행록의 체계적 정리 및 연구 방법에 대한 시론〉, 『대동한문학』34, 2011.; 김현미, 〈연행록 문학 방면 연구 성과와 향후 과제〉, 『대동한문학』34, 2011. 홍성구, 중국학계의 연행록 연구, 『대동한문학』34, 2011.

3 유춘동, 〈한글연행록의 수집 현황과 활용 방안〉, 『洌上古典研究』 50집, 2016.

관한 연구도 꾸준히 이루어지고 있다. 그중 한글 연행록의 독자층을 여성으로 상정한 논의가 눈에 띈다. 조양원이 박지원의 『열하일기』와 김직연의 『연힝녹』을 대상으로 한 연구4에서, 한문 연행록을 보편적 여행 기록으로, 한글 연행록을 여성 독자층을 위해 변형을 거친 텍스트로 구분하고 김직연의 텍스트에서 그 차이점을 구체적으로 분석하였다. 그중 채송화는5 한글 연행록인 『을병연행록』은 담헌 홍대용이 자기 집안 여성들을 위해 집필했는데, 자신의 중국 견문 내용을 여성 독자들에게 효과적으로 전달하려고 다양한 글쓰기 방식을 구사한바 여성들의 관심사와 직결되는 중국 문물을 상세하게 묘사했으며, 낯선 용어나 한시 등에는 해설을 덧붙이고, 학술적인 내용은 축소했다고 주장했다. 그 논의에서 『을병연행록』을 비롯한 한글 연행록은 조선 후기에 여성 독자들의 주요 독서물이라는 관점을 피력했다.

본고는 한글 연행록이 여성 독자를 대상으로 배려한 연행록이라는 기존 연구의 관점을 토대로, 조선시대 여성 한시 문화와 관련해 가문 내 한시 향유 문화 및 여성 한시 수요라는 당대 문화사적 측면으로 한글 연행록을 바라보고자 한다.

따라서 본고는 한글 연행록 중 김창업의 『연힝일긔』, 김직연의 『연힝녹』, 박지원의 『연암열하일긔』를 연구 대상으로 한시의 삽입 방식을 살피겠다. 위의 세 연행록을 연구 대상으로 한 이유는 모두 한문본과 한글본이 병존하는 한글 연행록이라는 점에서 한문본이 한글본으로 번역되는 과정

---

4 조양원, 〈동경대 소장 한글본 『熱河記』연구〉, 민족문화44, 한국고전번역원, 2014.; 조양원, 〈김직연의 연행기록 『燕槎日錄』·『연힝녹』 비교연구〉, 정신문화연구 제35권 제1호, 한국학중앙연구원, 2012.

5 채송화, 〈『을병연행록』 연구 -여성 독자와 관련하여-〉, 서울대학교 국어국문학과 석사학위논문, 2013; 채송화, 〈『을병연행록』과 여성 독자〉, 민족문학사연구 55권 0호, 민족문학사학회·민족문학사연구소, 2014.

에서의 한시 삽입 양상을 더욱 직관적으로 살필 수 있기 때문이다. 이를 통해 독자 수용의 측면에서 한글 연행록에 여성 독자층에 대한 한시의 교육적 목적이 내재되어 있음을 규명하고자 한다.

2. 한글 연행록 속 한시

한문본과 한글본이 병존하는 연행록의 경우[6], 한글본은 한문본에 삽입된 한시를 대부분 번역하여 수록하고 있다.

우선 김창업(金昌業, 1658~1721)[7]의 한글 연행록 『연힝일긔』를 살펴보자. 김창업은 712년(숙종 38) 연행에 타각(打角, 자제군관(子弟軍官))으로 참여해 연행 기간 자신이 겪은 경험과 견문을 한문 연행록인 『노가재연행일기(老稼齋燕行日記)』와 한글 연행록인 『연힝일긔』[8]로 남겼다. 현전하는 김창업 연행록의 이본은 한문본 8종과 한글본 3종이 있다. 한문본은 규장각 소장본(6책), 장서각 소장본(6책), 국립중앙도서관 소장본(6책), 국립중앙도서관 소장본(4책), 일본의 동양문고(6책)와 교토대 가와이문고(5책)에

---

6 선행연구에 따르면 한문본과 한글본이 모두 전하고 있는 연행록은 총 7종으로, 金昌業(1658~1721)의 〈老稼齋燕行日記〉·〈연힝일긔〉, 姜浩溥(1690~1778)의 〈桑蓬錄〉·〈상봉녹〉, 李義鳳(1733~1801)의 〈北轅錄〉·〈서원녹〉, 洪大容(1731~1783)의 〈燕記〉·〈乙丙燕行錄〉, 朴趾源(1737~1805)의 〈熱河日記〉·〈熱河記〉, 徐有聞(1762~1822)의 〈戊午燕錄〉·〈戊午燕行錄〉, 金直淵(1811~1884)의 〈燕槎日錄〉·〈연힝녹〉 등이다. (유춘동(2016), 앞의 논문, 367~370쪽)

7 김창업의 家系와 生涯는 선행연구(박지선, 「金昌業의 『老稼齋燕行日記』 研究」, 고려대학교 박사학위논문, 1995, 12~30쪽)에 상세하다.

8 〈연힝일긔〉는 이본으로 한문본 4종, 한글본 2종이 있는 것으로 알려져 있었는데 (박지선, 〈『老稼齋燕行日記』의 서지적 고찰〉, 『어문연구』23-4, 1995, 197쪽) 한영균의 연구에서는 새로운 한글본 1종을 소개하였다(한영균, 〈순천 뿌리깊은 나무 박물관 소장 자료의 국어사적 가치〉, 『열상고전연구』41, 2014, 191~215쪽 참조.)

소장된 『연휘(燕彙)』에 수록본9, 일본 교토대 아가와 문고 소장본(5책), 조
선고서간행회 『조선군서대계(朝鮮群書大系)』(續續)의 제7집인 『가재연행
록』(연활자본) 등 8종이며, 한글본은 국립중앙도서관 소장 임창순본(6책
중, 3책 일실)과 규장각 소장 가람본(1책), 순천시립 뿌리깊은나무 박물관
소장본(1책) 등 3종이다.

김창업의 한글 연행록 『연힝일긔』(임창순본)에는 한문 연행록인 『노가
재연행일기』(규장각 소장본)보다 연행시가 더 많이 수록되어 있다.10 한글
연행록 『연힝일긔』 권1, 권2, 권4에 수록된 한시는 모두 24수인데 비해, 한
문본인 『노가재연행일기』에는 김창업의 자작시만 8수 실려 있어 대부분
수록되지 않았음을 알 수 있다. 한문본에 수록되지 않은 이 24수의 시들은
대부분 김창업의 문집인 『노가재집(老稼齋集)』 권5의 「연행훈지록(燕行塤
篪錄)」에 수록되어 있다.11 한글 연행록 『연힝일긔』에 삽입된 한시를 살펴

---

9 『燕彙』에 수록된 것으로, 표제는 『燕彙』, 우측 하단에 『稼齋錄』이라 적혀 있으며,
  권수제는 「稼齋說叢」이다. 권차는 나눠지지 않았으며, 규장각본과 대체로 비슷
  하다. 김창업의 문집인 『老稼齋集』이 간행될 때 수록되지 못하고 필사본의 형태
  로만 전하다가, 일본인 釋尾春芿(토키오 슌조, 1875~?)가 설립한 조선고서간행회
  에서 1914년 간행된 연활자본 『朝鮮群書大系』 續續의 제7집에 〈稼齋燕行錄〉이라
  는 제명으로 수록되었다.(노경희, 〈『燕彙』의 이본 검토를 통한 조선후기 연행록
  의 유통과 전승〉, 『규장각』41집, 서울대학교 규장각 한국학연구원, 2012, 45쪽)
10 임창순본은 한문본에는 수록되지 않은 김창업의 자작시가 모두 24편이나 수록
  되어 있으나 가람본에는 한문본에 수록된 대부분의 시가 생략되어 있다.
11 한글본의 경우 국립중앙도서관 소장 임창순본은 3책이 일실되어 있으나, 남아
  있는 3책으로 그 대강의 원형을 짐작할 수 있다. 1책과 4책 표지의 背面에는 필
  사기가 적혀 있는데, 본문의 글씨와는 다른 필체로, 후대에 추가한 글귀로 추정
  된다. 현전하는 임창순본 3책의 내용은 한문본과 거의 비슷하나, 한문본에는 단
  8수만 실려 있는 김창업의 자작시가 임창순본에는 일실된 3책을 제외하고도 모
  두 24편이 수록되어 있다. 이 때문에 김창업이 직접 저술한 것일 가능성이 크
  다고 볼 수 있다. 다만 그 시기는 정확하게 비정하기 어려우며, 한문본과 거의
  같은 시기이거나 그 직후일 것으로 추정할 수 있다.(조양원, 〈연행록 번역 양
  상 연구〉, 한국학중앙연구원 한국학대학원 박사학위논문, 2016,18쪽 참조)

보면, 대부분 일기체 기사의 말미에 당일 지은 시를 삽입하는 방식으로 수록되어 있는데, 한시의 원음을 한글로 적고 하단에 작은 글씨로 번역을 추기한 형태로 나타난다. 그 방식은 다음과 같다.

> 장ᄉᆞ빙헌의긔웅(壯士憑軒意氣雄) 장시 난간을 비기매 의긔 웅장ᄒᆞ니
> 션쥐텰검니여풍(宣州鐵劍利如風) 션쥐 쇠칼이 들기 ᄇᆞ람갓도다
> 타시셰혈디하쳐(他時洗血知何處) 다른 ᄶᆡ 의리ᄅᆞᆯ 시ᄉᆞ미 아ᄂᆞ니 어ᄂᆞ곳인고
> 간취오룡슈진홍(看取烏龍水盡紅) 오룡강의 물이 다 블그물 보라
> 션쥐기악작변셩(宣州妓樂作邊聲) 션쥐 녀기의 풍뉴 변방소리ᄅᆞᆯ 디으니
> 무검가인결속경(舞劍佳人結束輕) 칼을 춤추ᄂᆞᆫ 가인이 결속ᄒᆞ기ᄅᆞᆯ 경쳡ᄒᆞ
> 　　　　　　　　　　　　　　ᄂᆞᆫ도다
> 곡파화당상월ᄇᆡᆨ(曲罷華堂霜月白) 곡됴ᄅᆞᆯ 젼ᄒᆞ매 빗난집의 서리ᄅᆞᆯ 이희여
> 　　　　　　　　　　　　　　시니
> 와쳥문고타삼경(臥聽門皷打三更) 누어 문북이 삼경을 치믈 듯ᄂᆞᆫ도다[2]

의검정(倚劍亭)에서 느낀 감회를 읊은 시와 검무(劍舞)를 보고 지은 시이다. 시구의 한자음을 한글로 먼저 적고, 하단에 작은 글씨로 시구를 번역하여 읽는 이의 이해를 돕고 있다. 위 인용문에 제시했듯이, 삽입된 한시는 독음과 번역문이 함께 제시되어 있다. 한자를 제시하지 않은 채 상단에 독음과 하단에 역문을 병기하는 양식은 주로 여성을 위한 언해 한시집에 쓰인다.[13]

---

12 『연힝일긔』 1권 88쪽. 1712년 11월 19일조. 시구의 뒤에 "이 글은 의검뎡셔 지은 시라"고 작시 배경을 설명하고 있으며, 『老稼齋集』권5 『燕行塤篪錄』에 〈倚劍亭〉이라는 제목으로 수록되어 있다. (괄호 안의 한자는 필자가 임의로 추가한 것이다. 이하 같음.)

13 한시의 한글음을 한 구씩 행을 바꾸어 쓰고, 각 구 아래 小字雙行으로 번역을

김창업의 한글 연행록『연힝일긔』에 삽입된 한시는 모두 위와 같은 형
태를 취하고 있으며, 이는 여타의 한글 연행록도 마찬가지이다. 다만 연행
록에 삽입된 한시의 빈도가 얼마나 되느냐의 차이일 뿐, 그 형태는 대부분
동일한 양상을 보인다. 한글 연행록의 독자층이 대개 상층 여성인 점과 한
시 제시 방식을 함께 고려하면 '한시 독음과 역문'은 여성 독자를 고려해
문면에 삽입된 것이다. 또 역문 역시 글자를 빠짐없이 번역하는 축자역을
했는데, 이는 "여성들이 한문으로 지은 한시도 번역문뿐만 아니라 원문까
지 한글로 읽는 전통"의 일례로 이해할 수 있다.[14]

예컨대 김직연(金直淵, 1811~1884)의 한글본 연행록『연힝녹』[15]에도 한
시가 적잖이 삽입되어 있는데, 표기 방식은 김창업의 한글본 연행록과 동
일하다.[16]

됴션스쟈거ᄒ지(朝鮮使者去何之) 죠션 스신이 어디로 가ᄂ뇨

적는 방식은 한글본 서책 중 번역된 한시가 삽입되는 전형적인 형태이다.(서정
민, 〈삼강명행록의 교양서적 성격〉, 『고전문학연구』28, 한국고전문학회, 2005.;
이종묵, 〈조선시대 한시 번역의 전통과 양상〉, 『장서각』7, 한국학중앙연구원,
2002, 참조.)

14 이종묵, 〈조선시대 여성과 아동의 한시 향유와 이중언어체계(Diaglosia)〉, 『진단
학보』104, 2007, 179쪽

15 김직연의 한문본과 한글본 연행록에 관한 선행연구는 다음과 같다. 김근태,
〈김직연의『燕槎錄』과『연힝녹』의 서술방식 비교〉, 제96차 대동한문학회 춘계
학술대회 발표문, 2011.04.30.; 노대환, 〈19세기 중반 김직연(金直淵)의 연행(燕
行)과 청 정세 인식〉, 『대동문화연구』79, 2012.; 신익철, 〈『연사일록』의 서술방
식과 청국의 혼란상 및 풍속에 대한 인식〉, 『한국문학연구』43, 동국대학교 한국
문학연구소, 2012; 이지영, 〈『燕槎日錄』한글본에 대한 고〉, 『국어사연구』제15
호, 국어사학회, 2012; 조양원(2012), 앞의 논문.

16 김직연의 한문본 연행록인『燕槎日錄』에는 자작시는 물론, 연행에 참여한 다른
이가 지은 시 등을 모두 수록하고 있으나, 한글본인『연힝녹』에는 자신이 직접
지은 시 중에서도 득의한 작품으로 생각되는 것만 선별하여 수록하고 있다. 조
양원(2012), 앞의 논문, 251쪽, 참조

죠셕비가압슈두(祖席悲謌鴨水湄) 쩌나는 자리 슬픈 노릭 압녹강 가히로다

일도ᄎᆞ강비아계(一渡此江非我界) 혼번 이 강을 것너면 우리나라 짜이 아
니라

셩쵸님발ᄌᆞ지지(星軺臨發自遲遲) ᄉᆞ신의 슈레 쩌나기 님ᄒᆞ여 스스로 더듸
고 더듸도다[17]

황무일망평(荒蕪一望平) 것친 풀이 바라보기 평ᄒᆞ니

미경개여션(微逕開如線) 적은 길이 실갓치 낫도다

인직노즁어(人在蘆中語) ᄉᆞ룸이 갈듸가 온듸셔 말ᄒᆞ니

노심인불견(蘆深人不見) 갈대가 깁퍼 ᄉᆞ룸은 보지 못ᄒᆞᆯ너라[18]

난슈층아쇠초영(亂樹層峩衰草縈) 어즈러운 나무 층층이 놉고 쇠혼풀이 얼
켯시니

ᄒᆡᆼ인지졈구련셩(行人指點九連城) ᄒᆡᆼ인이 구련셩을 지졈ᄒᆞ더라

가련누누진즁골(可憐纍纍塵中骨) 가히 불샹ᄒᆞ다 누누혼 씌끌 가온듸 쎄가

진시당년션젼병(盡是當年善戰兵) 다 이 당년의 잘 싸오던 군ᄉᆞ로다[19]

위 인용문은 삽입시가 한글 연행록『연힝녹』에 수록된 경우이다. 한자
어의 발음을 한글로 적고, 시문의 아래쪽에 소자쌍행(小字雙行)으로 번역
도 아울러 실었다.[20] 물론 인용문에 수록된 시는 모두 김창업의 한문 연행

---

17 金直淵,『연힝녹』, 1858년 11월 26일조.
18 金直淵,『연힝녹』, 1858년 11월 26일조.
19 金直淵,『연힝녹』, 1858년 11월 26일조.
20 한시의 한글음을 한 구씩 행을 바꾸어 쓰고, 각 구 아래 小字雙行으로 번역을
적는 방식은 한글본 서책 중 번역된 한시가 삽입되는 전형적인 형태이다. (서정
민, 〈삼강명행록의 교양서적 성격〉,『고전문학연구』28, 한국고전문학회, 2005. ;
이종묵, 〈조선시대 한시 번역의 전통과 양상〉,『장서각』7, 한국학중앙연구원,

록에도 수록되어 있다. 다만 마지막 삽입시의 경우 한문본에는 '또 절구 2 수를 지었다(又吟二絶)'라고 하여, 위 시에 이어 또 한 수의 칠언절구를 수록하였으나, 한글 연행록『연힝녹』에는 한 수만을 수록한 차이가 있다. 이처럼 한글 연행록에는 시문이 수록된 경우에도 전체 시의 일부만을 수록하는 등 한문본에 비해 삽입시의 빈도가 상당히 떨어지는 편이다. 한문본에 수록된 시가 한글본에 드물게 수록되었다는 사실은, 저자 스스로 특별히 선별하고 득의한 작품만을 수록했으리라 짐작하게 한다.

연암 박지원의 한문본 연행록『열하일기(熱河日記)』의 한글본은 일본 동경대학교 소창진평문고(小倉進平文庫)에 소장된『열하기(熱河記)』(이하 동경대본)와 명지대학교에 소장된『열하긔』(이하 명지대본) 2종이 현전하고 있다. 동경대본은 2권 2책의 필사본으로, 표지의 제목은『열하기(熱河記)』이고, 내제는「연암열하일긔」라고 되어 있다. 명지대본은 1책의 필사본으로, 표지의 제목은『열하일기(熱河日記)』이고, 내제는「열하긔 권지이」라고 되어 있다.

동경대본『열하기』와 같은 경우는 한문본 연행록『열하일기』에 삽입된 상당량의 한시를 대부분 생략하였다. 동경대본에 삽입된 한시는 합본된 소시집(小詩集)의 시를 제외하면[21] 총 4회[22]이다. 삽입된 한시에는 타 한글

2002. 참조.)

21 합본된 小詩集은『열하일기』의 시를 번역한 것이 아닌, 번역자인 '공닌'과 주변 인물들의 시를 모아 놓은 것이다. 소시집은 총 15쪽으로 모두 22수의 시가 수록되어 있는데, 그 제목과 작자를 표기한 것과 그렇지 않은 것이 섞여 있다. 1쪽부터 7쪽에 걸쳐서는 제목이 없는 칠언 율시 9수가 수록되어 있으며, 詩句는 모두 한글로 한자어를 음차하여 표기하고 하단에 번역을 따로 적어놓았다. 각 시의 말미에는 작자의 신상을 간단하게 표시하였는데, '공닌 향반', '니경우 동 능', '신용빈 챵의', '신사룽 슈셩', '김계지 챵산', '심경여 영회', '유성소 모람', '김 혼션 금운', '신?룽 별쟝' 등이 그것이다. 7쪽 중반부에서 10쪽까지는 칠언절구가 7수 실려 있는데, 그 제목은 '일벽졍', '셰심졍', '읍쳥누', '심원졍', '환월졍', '함벽 졍(2수)' 등이며, 역시 시구는 한자어를 음차한 것이고 번역도 아울러 싣고 있

본 연행록과는 달리 한글로 음을 단 시구에 구결까지 표기되어 있다.

퇴계공년셕일장(推䯻空憐昔日粧) 퇴계 쇽졀업시 녯날 단장을 에엿비 녁이니
졍군환진월나상(征裙換盡越羅裳) 졍군을 월나상을 밧고아다 ᄒ엿더라
야양싱ᄉ지하쳐(爺孃生死知何處)오 부모의 죽으미 살믈 어느곳인고
통곡츈풍샹심양(痛哭春風上瀋陽) 봄ᄇ람의 통곡ᄒ야 심양을 올나가더라 23

홍장됴락냥황긔(紅粧朝落鑲黃旗) 불근 단장이 아츰의 냥황긔예 쩌러지니
가박샹심졔오ᄉ(笳拍傷心第五詞)를 호가십팔박의 졔오시 마음을 샹ᄒᄂ
도다
쳔하남이무밍덕(天下男兒無孟德)ᄒ니 쳔하의 남이도 밍덕이 업ᄉ니
쳔금슈속채문희(千金誰贖蔡文姬)오 쳔금을 뉘 채문희롤 속방ᄒ리오 24

위의 시 두 수는 진자점(榛子店) 벽에 있는 계문란(季文蘭)의 시와 그
사연을 연암에게서 전해 들은 기풍액이 즉석에서 지은 시이다. 두 수 모두
원시(原詩)의 한자어 발음을 한글로 적고, 하단에 번역을 실었다. 시구에

다. 12쪽에는 제목이 없는 오언과 칠언이 각각 한 수씩 수록되어 있으며, '다른
글'이라 표기된 하단에 '공넌'이라는 작자명과 '나으리 글 이 아릭ᄂ 모도'라고
적혀 있다. 13쪽에도 '쏘 다른 시'라는 제목으로 칠언시가 두 수 수록되어 있으
며, 14쪽부터 15쪽에 걸쳐 '연화'라는 제목의 오언 고시(24구)와 제목 하단에 '공
넌의 글', '이거슨 여긔 나으리 지으신 것'이라는 주석이 추가되어 있다. (조양원
(2016), 96쪽 참조)

22 936쪽에는 榛子店의 벽에 붙은 季文蘭의 시를 삽입하였고, 937쪽에는 奇豐額이
연암에게 계문란의 시를 듣고 즉석에서 지은 시를 삽입하였다. 또 1005쪽에는
〈옥갑야화〉에서는 중간에 〈피서록〉의 일부 내용을 인용하면서, 〈피서록〉의
中宗 때 南越(?~?)가 겪은 일화와 함께 이야기 속에 등장하는 시를 삽입했으며,
1007쪽에는 『感舊集』에 수록된 金尙憲의 시를 두 편 연달아 삽입하였다.

23 「연암열하일긔 권지이」, 『연행록선집보유』하권, 936쪽.

24 「연암열하일긔 권지이」, 『연행록선집보유』하권, 937쪽.

'오', '룰', 'ᄒ니' 등의 구결이 달려 있음을 볼 수 있다. 이는 여성이나 초학자로 예상되는 독자들이 그 의미를 쉽게 이해하도록 배려해 충실한 번역과 함께 당시의 한시 독법까지 붙였음을 확인할 수 있다. 한시를 이해하기 어려운 독자를 감안한 번역자의 세심한 배려를 엿볼 수 있는 대목이다.

이같이 한글 연행록의 장면, 한시 독음, 역문의 유기적 연계는 인물 및 연행의 상황을 형상하는 데 일조할 뿐만 아니라, 시를 이해하는 데도 도움이 된다. 장면과 역문을 통해 문면에 제시된 한시의 독음에 해당하는 한자를 파악할 수 있기 때문이다. 이렇게 파악한 한시는 장면과 다시 조합됨으로써 독자는 시상(詩想)의 평면적 재현에 그치는 게 아닌 이른바 정취와 전경이 융합된 '깊은 이해'에 이르게 된다.

3. 한글 연행록 속 한시의 기능

한문 연행록이 남성 사대부를 예상 독자로 한 것이라면, 한글 연행록은 조선의 여성을 예상 독자로 한 것이다. 조선 사신들은 연행 과정에서 경험한 중국의 사회와 정치, 경제, 문화, 문물제도, 자연풍경, 인물과 풍습 등을 한글로 번역하여 여성 독자가 읽을 수 있게 했다. 조선 여성은 한글 연행록을 통해 외국의 문물을 접하고 조선 외의 세상에 대한 안목을 갖출 수 있었다.[25] 특히 한글 연행록에 삽입된 한시의 원음은 대자(大字)로 표기하고 그 번역문은 소자(小字)로 표기하는 방식을 사용했는데 이는 조선 전기부터 국가적 차원으로 장려한 여러 시학서(詩學書)와 동일한 형태를 띠고 있다. 한시에 대한 교육은 조선 초기부터 국가적 차원에서 장려되었던 것으로, 왕실 여성은 물론 사대부가의 여성들에게도 한시에 대한 기본적인

---

25 문려화, 〈한글본 연행록에 나타난 중국 여성〉, 『한국고전연구』 51집, 2020, 98쪽.

이해는 필수적으로 강조되어 왔다. 이런 까닭에 여성이나 초학자인 아동
을 위한 한시 번역서가 다수 출간되었고, 조선 후기에는 한글로 엮은 고전
소설에도 한시가 삽입되어 여성들이 자연스럽게 한시를 익히도록 사회적
분위기가 형성되었다. 예컨대 『두시언해(杜詩諺解)』[26]로 대표되는 한시 교
육서는 물론, 16세기 이후 등장하는 『언해절구(諺解絶句)』[27]나 『자훈언해
(字訓諺解)』[28]와 같은 한시 번역서는 한시 원문에 한글로 한자음을 병기하
고 그 번역도 함께 싣고 있다. 19세기 후반에 이르면 『오언당음』, 『칠언당
음』, 『당시장편』 등이 간행되어 널리 유통되기도 했는데 이 가운데 일부는
한글로 번역되기도 했다.[29] 『오언당음』을 번역한 『언해당음』은 위쪽에 독
음, 아래쪽에 역문을 넣어 한자를 모르는 사람도 한시를 즐길 수 있도록
했다. 여성을 위한 언해서의 양식, 다시 말해서 원문 없이 독음과 역문을
기재하는 방식을 따르고 있으므로, 여성 역시 독자로 상정할 수 있다. 『언
해당음』 등은 시에 익숙한 남성에게는 번역의 수고로움을 덜어주고 시에
익숙하지 않은 남녀에게는 시어를 익히는 수준에서 당시를 학습하는 학습
서 역할을 했을 터다. 향유의 깊이를 차치하고 보면 19세기에 이르러 상층
교양으로서 한시는 성별을 불문했다고 볼 수 있다. 한시가 상층 여성의 교
양에 편입되는 상황과 더불어, 여성이 지녔던 한시에 대한 수요 역시 한글
연행록에 한시가 제시된 문화사적 배경 가운데 하나다.

---

26 『杜詩諺解』는 한시 원문에 한글로 음을 부기하지는 않았으며, 주석문에는 한글과
   한자를 혼용하여 기록하였다. (이종묵(2007), 앞의 논문)
27 남권희의 연구(〈諺解絶句의 간행에 대하여〉, 『문헌과 해석』 8, 1999.)에 따르면,
   『언해절구』는 『學蔀通辨』의 배접지에서 2면만 발견되었으며, 1481년에서 1576년
   사이에 간행된 것으로 추정된다고 하였다.
28 程端蒙의 저작인 『字訓』에 盧守愼(1515~1590)이 조카를 위해 宋나라 번역과 주석
   을 달았다. (황문환, 『字訓諺解』, 『문헌과 해석』 3, 1998. 참조.)
29 이종묵, 〈당시의 대중화와 한글본 『당시장편』〉, 『조선 사람이 좋아한 당시』,
   민음사, 16쪽

한글 연행록에는 연행 도중에 지은 시와 중국 문인들과 교유하며 나눴던 수창시도 삽입되어 있으며, 삽입된 한시의 독음과 번역도 함께 실어 자연스럽게 한시를 감상하고 간접적으로 작시법을 습득할 수도 있게끔 하고 있다. 물론 삽입 한시로는 시사(詩史) 관련 지식을 쌓기 어렵다. 하지만 문면에 제시된 한시는 한글 연행록의 독자들로 하여금 시어를 습득하고 감식안을 함양하는 데는 충분히 도움이 된다. 한시의 역문은 원문 독음에 해당하는 한자를 정확히 가리키는 표지 역할을 한다. 또 시어를 설명함으로써 장면, 원문 독음, 역문의 조합으로 드러내기 어려운 정보를 독자에게 전달하는 기능이 있다. 독자는 원문의 독음 및 역문과 함께 숙독함으로써 시어의 습득은 물론이고 정취와 전경이 융합된 깊은 이해에 이를 수 있었다. 이러한 과정을 통해 독자는 다양한 한시를 접하게 되고 시구를 습득했으며, 최종적으로 시에 대한 감식안을 함양할 수 있었다. 따라서 연행 과정에서의 다양한 문물, 풍토 지리, 교양 지식의 서술과 한시 명편을 연행의 한 장면 속에 삽입하는 것은 여성 독자의 내적 자질을 함양하는 국면에서 궤를 같이한다.

앞서 살펴봤듯이 한글 연행록에 한시와 번역, 구결 등이 빈번하게 삽입된 것은 한글 연행록 독자층을 위한 역자의 의도를 짐작할 수 있는 부분으로, 한시에 대한 교육적 목적이 다분히 포함되어 있음을 추정케 하는 방증이라 할 수 있다. 비록 한글본 연행록은 한시의 원문은 표기되어 있지 않지만 한글로 적힌 발음과 번역을 통해 대략의 한자를 유추할 수 있게 된다. 따라서 기본적인 한시에 대한 이해가 수반된다면 어렵지 않게 연행록 속 한시의 전문을 감상할 수 있었을 것으로 보인다. 조선 후기 활발하게 창작되어 유행한 한글소설이 사대부 부녀자들에게 단순한 파적거리에 불과한 것이 아닌 교양 함양의 목적이었다는 평가를 감안하면, 연행록에 삽입된 한시를 통해 여성층의 한시에 대한 간접적 교육을 염두에 뒀다고 볼 수 있다.

4. 결론

한글 연행록의 출현 배경과 독자층 배려의 양상에 대해서는 조선 초기부터 국가적 차원에서 장려되어 온 한글 번역서의 수용 과정과 여행 기록으로서의 연행록에 대한 관심이 한글 연행록을 출현시킨 것으로 매듭지을 수 있으리라 생각한다. 본고는 또한 여성 독자층에 대한 인문 지식 함양과 한시에 대한 교육적 목적이 한글 연행록에 내재되어 있는 것으로 보았다. 본고의 논의는 3종의 한글 연행록을 대상으로 진행했기에 그 대략적인 윤곽만 잡아냈을 뿐이며, 앞으로 이와 관련한 논의는 보다 현재까지 발굴된 한글 연행록 전체를 대상으로 연구를 심화시킬 여지가 남아 있다. 특히 한글 대장편소설이나 다른 한글 번역서와 연관시켜 다각도로 접근할 필요가 있어 보이며 특히 한글본과 한문본 연행록 비교의 측면에서 더욱 치밀한 논의가 진행된다면, 한글 연행록의 진정한 자료적 가치가 드러날 수 있으리라 생각된다.

참고문헌

고운기, 〈한글본 연행록의 제작 양상〉, 『열상고전연구』20, 2004.

김영진, 〈연행록의 체계적 정리 및 연구 방법에 대한 시론〉, 『대동한문학』34, 2011.

김현미, 〈연행록 문학 방면 연구 성과와 향후 과제〉, 『대동한문학』34, 2011.

남권희, 〈諺解絶句의 간행에 대하여〉, 『문헌과 해석』8, 1999

노경희, 〈『燕彙』의 이본 검토를 통한 조선후기 연행록의 유통과 전승〉, 『규장각』41, 2012.

문려화, 〈한글본 연행록에 나타난 중국 여성〉, 『한국고전연구』51, 2020.

박지선, 〈金昌業의 『老稼齋燕行日記』 研究〉, 고려대학교 박사학위논문, 1995.

박지선, 〈『老稼齋燕行日記』의 서지적 고찰〉, 『어문연구』23-4, 1995.

서정민, 〈삼강명행록의 교양서적 성격〉, 『고전문학연구』28, 2005.

이종묵, 〈조선시대 한시 번역의 전통과 양상〉, 『장서각』7, 2002.

이종묵, 〈조선시대 여성과 아동의 한시 향유와 이중언어체계(Diaglosia)〉, 『진단학보』104, 2007.

이종묵, 〈당시의 대중화와 한글본 『당시장편』〉, 『조선 사람이 좋아한 당시』, 민음사,2022.

조규익 외, 『연행록 연구총서』1~10, 학고방, 2006.

조양원, 〈동경대 소장 한글본 『熱河記』연구〉, 『민족문화』44, 한국고전번역원, 2014.;

채송화, 「『을병연행록』 연구 -여성 독자와 관련하여-」, 서울대학교 국어국문학과 석사학위논문, 2013.

한영균, 〈순천 뿌리깊은나무 박물관 소장 자료의 국어사적 가치〉, 『열상고전연구』41, 2014.

홍성구, 〈중국학계의 연행록 연구〉, 『대동한문학』34, 2011.

황문환, 『字訓諺解』, 『문헌과 해석』3, 1998.

『연행록 연구총서』, 조규익 외, 연행록 연구총서 1~10, 학고방, 2006.

한글대장편소설
『명행정의록(明行貞義錄)』의
삽입시의 기능 연구

한예민(韓藝敏)

1. 서론

본 연구는 한글 대장편소설[1] 『명행정의록(明行貞義錄)』을 대상으로 작품의 '교양소설적 성격'에 주목해, 서사에서 활용된 삽입시의 양상과 소설 속에서 삽입시가 갖는 기능을 구명하는 데 목적을 둔다.

본고가 논의 대상으로 삼은 한국학중앙연구원 장서각 소장 『명행정의록』은 70권 70책[2]에 이르는 대장편소설로 『보은기우록』을 전편으로 하는 연작소설의 후편[3]이다. 19세기 문인 조선 문인 홍희복(洪羲福, (1794~1859) 과 남윤원(南允元, 1834~1894)이 『명행정의록』의 향유 기록을 남긴 바 있는 데, 이 향유 기록을 통해 『명행정의록』을 19세기에 향유된 작품으로 추정 가능하다.[4]

---

1 '대장편소설'이라는 용어는 초기에 '낙선재본 소설'이라는 용어로부터 시작해, '가 문소설', '장편가문소설', '연작형소설', '대하소설', '장편대하소설' 등 학자마다 달 리 지칭한다. 여러 연구자가 제정한 용어들의 근거를 모두 포괄하고, 단점을 보완할 수 있는 용어로 임치균은 '대장편소설'이라는 용어를 내세웠다. 본고는 임치균의 논의를 수용하여 '대장편소설'이라는 용어를 사용하고자 한다. 임치균, 『조선조 대장편소설 연구』, 태학사, 1996, 39~41쪽 참고.

2 현재까지 학계에 보고된 『명행정의록』의 이본은 70권 70책의 한국학중앙연구원 장서각 소장본과 94권 94책의 국립중앙도서관 소장본, 총 2종이 있다. 서정민 에 의하면 장서각본과 국립중앙도서관본 외에 개인 소장 이본이 한 종 더 있 는데, 『古書通信』15호(1999.9)에 또 다른 이본으로서 『명행정의록』이 소개되어 권16의 첫 면 사진이 실려 있다고 한다. 그러나 그 실체에 대해서는 아직 확 인하지 못하였다. 서정민, 『〈명행정의록〉』 연구, 서울대학교 박사학위논문, 2006, 10쪽.

3 18책 분량의 『보은기우록』은 부자 갈등을 주요 사건을 다루는 작품이라면, 『명 행정의록』은 전편 『보은기우록』의 남녀 주인공 위연청과 백부인의 자녀인 3남 1녀의 혼인과 부부 갈등을 가장 큰 비중으로 다루는 작품이다.

4 『명행정의록』은 작품의 창작 시기를 확정할 기록은 없다. 다만, 보통의 고전소 설이 작품의 표지에 남아 있는 필사 후기나 독서 후기를 제외하고 구체적인 향유기록을 찾기 어렵다는 점에 비춰볼 때, 『명행정의록』은 19세기에 향유되었

『명행정의록』은 정병욱에 의해 학계에 처음 소개되었다.[5] 이후 『명행
정의록』에 관해서는 학계에서 다양한 논의가 이루어져 왔다. 이들 연구는
대체로 연작 양상에 초점을 맞춘 논의,[6] 작품에 초점을 맞춘 논의,[7] 특정
주제를 중심으로 기타 작품들과 함께 다루어진 논의[8] 등이 주를 이룬다.
이러한 연구를 통해 인물 형상, 갈등 양상 등이 분석되어 주제적 의미와
더불어 작품의 전반적인 특징이 밝혀졌다. 『명행정의록』만의 변별적인
특징을 밝히려고 연구자들은 다각적인 노력을 기울였다. 『명행정의록』은

음을 확인할 수 있는 기록이 남아 있다는 점에서 의미가 있다. 그 기록은 洪義
福(1794~1859)의 『제일기언』 서문과 南允元(1834~1894)의 『옥수기』 발문에서 찾
아볼 수 있는데 이 기록을 참고하면 『명행정의록』은 늦어도 19세기까지는 향유
된 것으로 추정할 수 있다.

5 정병욱, 〈낙선재문고 목록 및 해제〉, 『국어국문학』44-45합병호, 국어국문학회,
1969.

6 김기동, 〈보은기우록〉과 〈명행정의록〉-이조연작소설연구(1), 〈도남조윤제박사
고희기념논총〉, 형설출판사, 1976; 서정민, 〈보은기우록〉과 〈명행정의록〉의
연작 양상, 관악어문연구28, 서울대 국어국문학과, 2003.

7 문용식, 〈명행정의록〉의 세대별 인물 기능과 갈등의 의미, 국제어문16, 국제어
문학회, 1995; 서정민, 『〈명행정의록〉의 여성 형상화 양상』, 한국고전여성문학
연구11, 한국고전여성문학회, 2005; 서정민, 『조선조 한글대하소설의 위상 提高
방식 연구』, 국문학연구13, 국문학회, 2005; 서정민, 〈명행정의록〉의 여성 형상
화 양상, 한국고전여성문학연구11, 한국고전여성문학회, 2005; 박순임, 〈명행정
의록〉에 나타난 여성의 욕망, 한국고전여성문학연구16, 한국고전여성문학회,
2008; 한예민, 〈명행정의록〉의 전고 활용양상 연구, 한국학중앙연구원 박사학위
논문,2019; 채윤미, 〈명행정의록〉의 구현옹 형상의 특징와 의미, 동서인문학58,
계명대학교 인문과학연구소, 2020; 고은임, 한글장편소설 남성인물의 '공감'에
대하여-〈명행정의록〉의 '위천유'를 주목하며, 한국문학논총84, 2020.

8 서정민, 〈조선후기 한글대하소설 속 여성의 시작 양상과 그 소통-〈소현성록〉,
〈유씨삼대록〉, 〈명행정의록〉을 대상으로〉, 여성문학연구24, 한국여성문학학
회, 2010; 고은임, 한글장편소설의 동성애적 감성 형상화 장면-〈소현성록〉,
〈하진양문록〉, 〈명행정의록〉을 중심으로, 민족문학사연구66, 민족문학사학회,
2018; 채윤미, 한글장편소설 속 선계 형상화 일고찰-〈천수석〉과 〈명행정의
록〉을 중심으로, 『고소설연구』47, 한국고소설회, 2019.

전대의 한글 대장편소설에서는 흔히 볼 수 없는 한시를 작중에 대량으로 삽입했다. 서정민은 『명시종(明詩綜)』을 위시한 시선집(詩選集) 및 사서, 지리서 『해내기관(海內奇觀)』, 도서(道書) 『금단사백자(金丹四百字)』의 수용을 밝혀[9] 연구의 선편을 잡았다. 이후 한예민은 도서 『자청지현집(紫淸指玄集)』과 수신서(修身書) 『여범절록(女範節錄)』의 수용을 밝혀[10] 『명행정의록』의 개성을 더 세밀하게 조명했다. 근래 홍현성은 120수의 출전을 새롭게 밝혔고 『명시종』 출전 시를 19수에서 56수로 바로잡고 또 목재(牧齋) 전겸익(錢謙益) 소작이 활용된 사실을 지적했다.[11]

이 작품은 선행연구가 지적했듯, 문면에 중국 지리서 『해내기관』, 내단(內丹) 관련 도서(道書)를 서술했으며, 등장인물 소작으로 '한시(漢詩)'를 제시한다. 이렇게 제시한 한시는 총 179수에 달한다. 『명행정의록』처럼 한시를 다량으로 삽입한 한글 대장편 고전소설은 찾기 어렵다. 예컨대, 『완월회맹연』이나 『화씨충효록』과 같은 방대한 서사를 자랑하는 한글 대장편소설의 경우에도 삽입시는 찾아보기 어렵기 때문이다. 이에 본고는 우선 서사에서 삽입된 한시의 활용 양상과 소설 속에서 삽입시가 갖는 기능을 구명하는 데 목적을 두고자 한다. 본고에서 작중 삽입시가 작품에 주는 효과를 밝히면 『명행정의록』을 온전히 이해하는 데 도움이 될 것으로 기대된다.

---

9 서정민, 앞의 논문, 60~114쪽.

10 한예민, 앞의 논문.

11 홍현성, <명행정의록>의 삽입시 연구-『明詩綜』 출전 시를 중심으로, 한국문학과 예술33, 2020., 235~267쪽.

2. 『명행정의록』 소재 삽입시의 기능

『명행정의록』을 보면 가장 눈에 쉽게 띄는 점은 작품에 활용된 전고와, 삽입된 한시가 무척 많다는 사실인데 작중에는 무려 179수의 삽입시가 들어 있다. 한글 대장편소설과 서로 상이한 장르적 전통 하에 있는 중장편 한문소설의 경우, 19세기에 이르러 한시의 개입은 거의 형식화가 되어 작품의 성격과 서사 진행의 키를 쥐지 않고 있다.[12] 이런 점에서 한글 대장편소설 『명행정의록』이 보여준 다양한 문예 양식의 활용은 다소 이질적이며 삽입시의 활용 역시 주목받을 만한 것이다. 우선 『명행정의록』의 삽입시가 어떤 특징이 있으며 같은 시기의 한글 대장편소설과 어떤 점에서 이질적인지 살펴볼 것이다.

첫째, 삽입시 대부분이 분명한 출전을 갖고 있다.

앞서도 언급했듯이 『명행정의록』에는 총 179수의 삽입시가 들어 있다. 홍현성에 따르면 179수 가운데 144수의 출전은 확인되었다.[13] 『명행정의록』의 삽입시는 기존의 작품을 그대로 수용하거나 혹은 여러 시를 한 시로 엮는 집구(集句)의 방식으로 응용한 것이다. 그런데 시에 관한 정보를 작중에서는 알리지 않는다. 다만 작중에 삽입된 한시는 선행연구에서도 지적했듯이 문학적 수준에 있어서 일정 수준 이상의 정통의 한시 작품들을

---

12 〈금오신화〉소재 애정전기소설인 〈만복사저포기〉, 〈이생규장전〉이나 17세기 애정전기소설인 〈주생전〉의 경우에도 삽입시가 들어 있어 서사와 긴밀하게 조응하고 있다. 또한 초기의 전기소설의 삽입시가 주인공의 내면 심리를 대신하거나 서사 전개의 주요한 매개항으로써 작용했다면 17세기 이후의 전기소설에서 삽입시는 이러한 역할을 거의 수행하지 못하는 경향을 보였다. 특히 19세기 중장편 한문소설에서 시의 개입은 거의 형식화가 되어 작품의 성격과 서사 진행의 매개체로 작용하지 않았다. 정환국, 『전기소설 삽입시의 미감』, 『초기 소설사의 형성과정과 그 저변』, 소명출판, 2006. 참고.

13 홍현성, 앞의 논문, 237쪽.

선별하여 수용한 것이다. 작가는 이러한 작품을 선별해서 삽입시로 활용함으로써 작품의 위상[14]을 높이려던 데 있다.

둘째, 작중 여성 인물의 시작이 강화되었다.

『명행정의록』은 여성 문인의 시를 적극적으로 활용함[15]은 물론이고, 중심 서사의 축에 있는 여성 인물은 모두 뛰어난 시재를 지녔다. 『명행정의록』에서 시를 통해 문재를 입증하는 인물은 남성뿐만 아니라 여성도 시재가 뛰어난 인물로 표현하였던 것이다. 이 점은 그간 한글 대장편소설에 제시된 여성상과는 다른 『명행정의록』만의 특징적인 면이다. 한글 대장편소설의 주 향유층인 여성의 시사(詩詞)를 부정적인 것으로 여기는 사회적 통념 하에 『명행정의록』을 기준으로 전대의 한글 대장편소설은 여성의 시작 행위로서의 한시를 적극적으로 활용하지 않았다.[16] 적극적인 활용이 없음은 물론이고 여성의 시재를 작중에 드러내는 경우도 드물었다. 그런데 『명행정의록』은 여성 인물의 시작을 부각하고자 한시를 삽입하였고, 기존의 시가 지닌 원래의 의미를 살려 서사의 적재적소에 한시를 활용하였다는 점은 이질적이다.

셋째, 삽입시는 서사의 흐름과 연관이 깊다.

---

14 서정민, 앞의 논문, 92-93쪽.

15 홍현성의 연구에 따르면 〈명시종〉 출전의 삽입시 57수 가운데 14수는 여성 문인의 작품이다. 그리고 주목할 점은 작중의 남성 인물의 소작으로 여성 문인의 작품을 제시했다는 점에서 〈명행정의록〉의 작가는 여성의 문재를 긍정하고 높이 평가했다. 홍현성, 앞의 논문, 259쪽.

16 한글 대장편소설은 그 발흥 이래 상층의 여성을 주된 향유층으로 하였다. 조선시대 전반적인 소설배격론 속에서도 대장편소설은 여성에 대한 이데올로기적 교화를 내세웠기에 그 존재를 사회적으로 용인받을 수 있었다. 특히 조선 후기 사회는 여성의 글쓰기를 허용하지 않았던 시기에 여성의 문학적 활동은 실용적인 차원에서 언간 정도에만 허락되었다. 따라서 여성에 대한 지배 이념의 교화를 명목으로 하던 대장편소설에 〈명행정의록〉과 같이 지리서, 도학서와 기타 교양서 그리고 한시까지 등장시켜 이를 여성 독자들이 향유하게 하는 것은 적절하지 않은 일이었을 것이다.

『명행정의록』과 비슷한 시기에 창작된 것으로 추정되는 『삼강명행록』
과의 비교를 통해 보자. 『삼강명행록』 역시 작품 속에 총 125수의 한시를
수용하면서 원작의 정보까지 사실적으로 밝혀두었다.[17] 하지만 『명행정의
록』이 작중 서사 속에 삽입 한시를 밀착시켜 더욱 깊이 있는 문학적 체험
이 되게 한 것과는 달리 『삼강명행록』의 삽입시는 서사와 동떨어진 한시
가 삽입되어 있기도 하고, 시의 쓰임이 작중 인물의 감정이나 상황에 맞지
않는 경우도 있다. 기존의 한시를 삽입하였으나 서사와는 유기적인 관계
를 맺지 못하고 원작의 정보까지 제시하여 시 자체를 소개하는 정도로 활
용하는 양상[18]을 보이는 것이다. 그런 관점에서 보면 『명행정의록』의 삽입
한시의 서사에 개입이 결코 적지 않음을 확인할 수 있다. 본고는 이점에
주목해 삽입시의 서사적 기능에 대해 중점적으로 살펴볼 예정이다.

『명행정의록』의 삽입시는 서사의 맥락과 흐름에 녹아들어 서사의 전개
에 적극적으로 활용됨으로써 서사의 폭을 확대하고 서사 진행의 매개물로
기능한다. 그 외에도, 삽입시는 인물의 심리를 곡진하게 표현하고, 등장인
물의 개성을 드러내어 인물들의 형상을 부각시킨다는 점에서 일정한 기능
을 한다.[19] 아래 그 기능에 관해 자세히 살펴보고자 한다.

---

17 서정민, 앞의 논문, 162쪽.
18 〈삼강명행록〉과 관련하여 한시에 대한 여성의 시재와 시작 활동에 대한 연구
   는 다음과 같다. 서정민, 「〈명행정의록〉의 여성 형상화 양상」, 『한국고전여성
   문학연구』 제11집, 한국고전여성문학회, 2005; 「조선후기 한글대하소설 속 여성
   의 시작(詩作) 양상과 그 소통」, 『여성문학연구』 제 24집, 한국여성문학학회, 2010.
19 삽입 시가의 기능에 대하여, 이승복은 고전소설 전반을 대상으로 ①인물의 형상
   화, ②장면과 분위기의 형상화, ③사건의 전개와 상황의 구성으로 분류하였고,
   윤세순은 작품 내적 기능과 외적 기능으로 나누되, 내적 기능은 구조상 기능,
   형식상 기능, 내용상 기능으로 분류하였다. 박종우는 『금오신화』를 대상으로 ①
   의사소통의 기능, ②묘사의 기능, ③복선의 기능, ④총론의 기능으로 분류하였고,
   정병호도 『금오신화』를 대상으로 ①유기적 기능, ②삽입적 기능으로 분류하였다.
   이에 필자는 기존의 연구자들이 분류해 놓은 삽입 시가의 기능 연구를 참조하
   면서 기존의 분류를 재정리해 논의를 펼치고자 한다.(이승복, 『고전소설과 가문

우선, 시는 서사를 이어가며 서사 전개의 매개물로서 기능한다. 자신의 배우자로 위천보를 확신한 소예주는 위천보가 이월혜와 정혼한 사실을 알고도 자신과의 혼인을 추진하고자 일련의 사건을 꾸민다. 천존의 글을 위조하여 자신과 위천보의 혼인이 하늘의 뜻임을 알리는 글을 위부에 떨어뜨리는가 하면, 위천보의 화상을 그려 아버지 소문광이 우연히 발견하도록 하고 소문광으로 하여금 천존이 소예주의 배필을 그린 화상을 자신에게 준 것이라 오해하게 만든다. 소문광은 위부에 소예주와 위천보의 천정연을 알리는 서간이 이르렀음을 듣고, 자신이 우연히 주은 위천보의 화상을 가지고 위부에 가서 위천보와 소예주의 혼인을 청혼한다. 결국 위천보의 할아버지인 위지덕은 소예주와 위천보의 혼인을 허락하게 되는데, 소예주는 이월혜가 원위임을 알고는 계속하여 위천보가 이월혜를 의심할 만한 사건들을 만들어 간다. 그 과정에서 소예주는 이월혜가 지은 것인 양 감춘시(感春詩)를 지어 위천보를 속인다.

한안비도강　　찬 기러기 나라 강을 건너니
옹옹과옥동　　옹옹ᄒ여 집 동녘흘 지ᄂᆡᄂᆞᆫ도다
하쳐유졍신　　어ᄂᆡ고ᄃᆡ 유졍ᄒᆞᆫ 신인고
홀문경쳡몽　　홀연 드ᄅᆞᄆᆡ 쳡의 ᄭᅮᆷ을 놀ᄂᆡᄂᆞᆫ도다

-『명행정의록』 권4

(寒雁飛渡江 嗈嗈過屋東 何處有情新[信/呻] 忽聞驚妄夢[20])

의식』, 월인, 2000; 윤세순, 「17세기 전기소설에 나타난 삽입시가의 존재양상과 기능-〈위생전〉, 〈위경천전〉, 〈운영전〉, 〈상사동기〉를 중심으로」, 『동방한문학』42, 2010; 박종우, 『전기소설 삽입시가의 기능과 성격』, 『한국시가연구』 13집, 한국시가학회, 2003; 정병호, 『금오신화에 나타난 삽입시가의 양상과 기능』, 『퇴계학과 한국문화』 19호, 경북대 퇴계연구소, 1991.)
20 시의 한문 번역은 필자가 한 것이다. 예컨대 출전이 분명한 시의 경우 원전의 시를 제시하겠다. 이하 동일하다

기러기가 짝지어 옹옹거리며 날아가는 경관과는 달리 시 화자는 홀로 잠에서 깨는데, 화자의 잠을 깨운 것은 바로 유정한 소리였다. 고독한 화자가 꿈결에 임의 소리(혹은 소식)인가 싶어 잠에서 깬 것인데, 이렇게 잠에서 깬 화자가 임이 그리운 나머지 '문군즈과침실불입거(勿君子過寢室不入去)[21][군즈 침실을 지닉되 드듸 아니코 가다말라]라는 제목의 시를 짓게 된다. 그런데 위 시를 본 위천보는 남편이 아내의 처소를 찾지 않음을 이월혜가 탄식하며 쓴 것으로 오해하며 그녀의 정숙함을 의심한다. 부부의 사이가 멀어지던 와중, 위천보는 또 이월혜에게 수창하기를 제안했다가 이월혜에게 거절까지 당하게 된다. 이러한 서사의 맥락에서 삽입된 위의 시는 작품의 서사 흐름을 고려하여 삽입한 시이다.

위부 가문의 막내딸 위혜주와 사몽성의 결연 역시 위혜주의 시를 매개로 이루어진다. 백양의 명으로 상빙심과 위혜주가 백연(白燕)을 소재로 시를 짓는데, 위혜주가 쓴 백연시는 원경문(袁景文)이 지은 『백연시(白燕詩)』로 『명시종(明詩綜)』 권78에 수록되어 있다.[22] 위혜주는 평소 여성의 글짓기가 소임이 아니라 여기지만, 외조부의 명이기에 시를 짓는다. 이때 문득 제비 한 마리가 날아와 위혜주의 시만 물고 날아 가버린다. 그리고 제비는 위혜주의 시를 사몽성에게 떨어뜨린다.

> 요회춘심구누비　구슬 바회 봄이 깁흔 딕 옛 집이 아닌딕
> 슈운막막상의회　물과 구름이 막막ᄒ딕 ᄇ라가미 의희ᄒ도다
> 셜중예누표홍거　눈 가온딕 실을 닛그러 붉은 거슬 나붓겨가고
> 월상규염부분귀　달 우희 발을 엿보아 분을 바ᄅ고 도라오ᄂᆞᆫ도다
> 막이쳐당이옥우　집의 이스므로써 옥깃슬 깃거말나

21 '문'은 '물(勿)'의 오기이다.
22 홍현성, 앞의 논문, 245쪽.

긔장쇼막어오의   엇지 막의 깃드리믈 가져 검은 옷슬 말ᄒ리오
고궁별젼금하향   옛 궁과 별젼이 니졔 어듸로 향ᄒᄂᆫ고
닝낙니화영영비   닝낙ᄒᆫ 비꼿 그림ᄌᆞ와 함긔 나ᄂᆞᆫ도다

-『명행정의록』 권58

(瑤海春深舊疊非 水雲漠漠望依稀 雪中曳縷飄紅去 月上窺簾傅粉歸

莫以處堂怡玉羽 豈將巢幕語烏衣 故宮別殿今何向 冷落梨花影共飛

-袁景文, 『白燕詩』, 『明詩綜』 권78)

사몽성이 위혜주의 시를 얻는 것은 까치의 보은이다. 사몽성은 까치의 새끼를 해치려는 솔개를 죽여 그 새끼를 구해주는데 며칠 후 그 까치가 다시 날아온 것을 보고 사몽성은 시를 지어 읊는다.

션션우모탁조휘   션션ᄒᆫ 깃과 털이 아춤 날빗츨 셜쳐시니
홍분장두뉴연지   붉은 분칠ᄒᆫ 담머리와 프른 닉 가지로다
일난풍경연이년   날이 덥고 바름이 가븨야온듸 입이 가연ᄒ여시니
응장희ᄉ보인지   벅벅이 깃분 일을 가져 사름의게 보ᄒᆯ 쥴 아ᄂᆞᆫ도다

-『명행정의록』 권58

(鮮鮮羽毛耀朝暉 紅粉牆頭綠橫枝 日暖風輕言語軟 應將喜報主人知

-歐陽脩, 『野鵲』, 『歐陽文忠公集』 권11)

사몽성이 까치시를 읊자 까치는 위혜주의 시를 사몽성의 앞에 떨군다. 사몽성이 이때 읊은 까치시는 송나라 시인 구양수의 유명한 '야작(野鵲)' 시이다. 좋은 소식을 주인에게 알린다는 시의 내용은 곧 사몽성과 위혜주의 결연이 좋은 결말로 이어질 것임을 예시하는 것이며, 이렇듯 적재적소에 '야작' 시를 서사 속에 삽입하였다. 사몽성은 그 시의에 압도되어 감동하

다가 위혜주의 필적을 알아보고 위혜주의 시임을 알게 된다. 사몽성은 위
혜주의 백연시를 보고는 '차운코져 ᄒ다가 진실노 밋지 못홀 줄 ᄭᅵ다라
긋치고 다만 그 아릭 일 수²³ 시를 짓는다.

> 님하잔첩묘풍신 님하의 잔잉ᄒ 셔첩이 묘ᄒᆫ 거시 풍신ᄒ여시니
> 방필능기도리춘 붓슬 노흐미 능히 복셩화 외얏 봄을 여럿도다
> 젼어산음왕일쇼 말을 산음 왕일쇼의게 젼ᄒᄂ니
> ᄎ셰ᄌ유위부인 이 셰상의도 스ᄉ로 위부인이 잇ᄂ니라
>
> —『명행정의록』 권58
> (林下殘帖妙風神 放筆能開桃李春 傳語山陰王逸少 此世自有衛夫人)

시의 화자는 왕희지의 스승인 위부인을 위혜주에 빗대어 위부인과 왕
희지의 관계 속에 시어를 안배한 것이다. 즉, 왕희지에게 말을 전하노니
이 세상에서 스승 위부인이 있다는 시어로 위혜주의 시재가 위부인에 견
주며 그녀를 높이 평가한 것이다.

사몽성은 어느 날 평소 그림에 조예가 있는 위혜주의 오빠인 위천강에
게 화축을 청한다. 위천강이 화축을 주지 않자 사몽성은 위천강이 없을 때
방문하여 화축을 가져가버리는데 위천강은 사몽성이 가져간 것이 자신이
누이 위혜주를 그린 것임을 알고 되찾아 온다. 뜻하지 않게 미인도를 가져
오게 된 사몽성은 그림 속 여인에게 한눈에 반하고 상사병에 걸리고 만다.²⁴
그러고는 위천강이 화상에 쓴 시²⁵ 아래에 이어서 또 시 2수를 짓는다.

---

23 『명행정의록』 권58
24 '먼니 ᄇ라 탄식ᄒ고 갓가이 나아가 차탄하니 완연이 한낫 실혼ᄒᆫ 사름이라 반
향을 어ᄌ러이 날치다가 비로쇼 정혼을 졍ᄒ여 싱각ᄒ되 나의 글을 이 그림의
사름을 일ᄏᄅ미 부쳐의 머리의 똥을 더러이미로되 한 번 이 우희 쓰미 농문
의 영홰라'(권59)

사몽성이 위혜주 화상에 쓴 위천강의 시를 보고 쓴 시(1)

우과계산발묵농   비가 계산의 지나민 먹을 색려 므로녹아시니

청금셔불반상풍   묽은 거믄고를 쳔쳔이 반상 바름의 썰쳐도다

거연엄곡슈라녀   거연이 스를 가리오고 깁을 드리온 계집이

사입장강거안용   쓴 거시 장강의 상 드는 얼골을 드럿도다

- 『명행정의록』 권58

(雨過*山潑墨濃, 清琴徐拂盤上風. 遠然掩毅垂羅女, 寫入長江擧案容)

사몽성이 위혜주 화상에 쓴 위천강의 시를 보고 쓴 시 (2)

경중금취쳔슈지   거울 가온되 금빈혀를 눌을 비러 알고

누월지운시화수   달을 삭이고 구름을 마로직혀 이 화수로다

셔즈호변모셔즈   셔즈 물가의 모양이 셔즈니

즈간졈필이미리   잠간 붓스로 졈흐믈 보민 임의 졍신이 희미ᄒ도다

- 『명행정의록』 권59

(鏡中金翠倚誰知, 鍍月裁雲是畵師. 西子湖邊貌西子, 自看需筆已迷離)

　　사몽성은 그림 속의 위혜주를 보고 위천강은 비록 사몽성과는 친우지
간이기는 하나, 평소 경박한 행동을 일삼는 사몽성을 누이의 배필로는 허
락하고 싶은 마음이 없었다. 이에 사몽성이 몰래 가져간 화상이 위혜주를
그린 화축임을 알고는 사몽성이 화상 속 주인공이 누구인지 알아채기 전
에 되찾으려 했던 것이다. 화상을 본 사몽성은 마음속으로 이미 화상 속의

---

25 겁화쇼분옥불고   겁화가 슬와타는 옥은 므른지 아니니
　　교인쳘누총셩쥬   교인이 눈물을 드리오민 다 구슬을 일윗도다
　　나지텬강경초리   엇지 옅은 스 가빅야온 깁 속의
　　신직도가입화도   몸이 도가 그림 속의 이셔 들줄 알니오 -『명행정의록』 권58
　　(劫火燒焚玉不枯, 蛟人瀡淚總成珠. 那知淺鋒輕納裏, 身在圖家入書圖)

여인이 위천강과 닮아 있는 모습에 눈치를 챘다. 위천강은 누이 위혜주에게 이미 정혼자가 있다고 거짓말까지 해가며 사몽성과의 인연을 끊으려 했으나, 전날 까치가 물어간 위혜주의 백연시가 사몽성의 손에 있음이 밝혀져 결국 천정지연이라 받아들여 둘의 혼인이 성사된다.

이처럼 위혜주와 사몽성의 결연은 한시와 화상을 매개로 이루어진다. 위혜주가 지은 시가 일차적으로 두 사람을 잇는 역할을 하고, 위천강이 그린 위혜주의 화상이 또 매개물이 되어 서사 진행에 긴요한 역할을 한다. 그리고 화상에 지은 위천강과 사몽성의 시는 모두 이들 결연 서사를 마무리하는 역할까지 하는 것이다. 마지막으로 사몽성의 손에 든 위혜주의 시가 다시 작중 인물들의 발화로 회자되면서 작가는 작품 안에서 시가 인연의 매개물로 활용되었음을 재차 확인해 주었다. 삽입시가 그저 단순히 삽입되어 있다는 느낌이 거의 들지 않는 것이다. 만약 사몽성과 위혜주의 결연 서사에서 삽입시가 생략되어 버린다면 서사의 진행이 매끄럽지 못하다는 인상을 줄 것이다. 이처럼 서사의 전개 속에서 삽입시는 서사와 잘 맞물려 짜임새 있는 구성을 만들어 낸 것이다. 이로써 작가가 의도적으로 시를 삽입함으로써 시를 통해 서사를 진행하고자 했음을 알 수 있다. 이는 시의 삽입이 단순히 한 장면이나 한 사건의 단순 화소로 사용한 것이 아니라 하나의 서사를 이어가는 데 기여함을 보여준다.

『명행정의록』은 대장편소설인만큼 그 서사가 방대한 만큼 인물들과 얽힌 다양한 사건이 등장한다. 사건의 전개 과정에서 새로운 국면에 접어들어 전환되어야 하는 시점에서 삽입시는 일정한 기능을 하고 있다.

힝즈삼청취우경 살고열미 젹삼이 묽고 비취지취 가븨야오니
암연독닙원삼싱 암연이 홀노 셔셔 삼싱을 원망ᄒᆞᄂᆞᆫ도다
당낭거후향진젹 당낭이 간 후의 향툿글이 쏫혀시니

각쥬금년불인힝   문득 금영을 머므러 춤아 힝치 못ᄒ노라

난난곡곡쇄슈양   난간이 구븨구븨 한듸 드리온 버들이 잠가시니
츈식무단옥단장   봄빗치 무단이 창ᄌ를 싄코져 ᄒᄂᆫ도다
루루시시진가한   오리오리 시시로 진실노 한ᄒᄂᆞ니
하증반쥬박졍낭   엇지 일즉이 박졍낭을 얽어믹리오

-『명행정의록』권35

(杏子衫淸翠羽輕　暗然獨立怨三生　*郎去後香塵積　却住錦輩不忍行
关干曲曲鍊垂楊　春色無端玉斷腸　縷縷時時眞可恨　何曾絆住薄情郎)

위의 시는 소예주가 남편 위천보와 다정히 수창하던 시절을 그리며 지은 감회시이다. 이월혜의 원위 자리를 뺏으려고 온갖 악행을 저지른 소예주는 자신의 계략으로 이월혜가 출부(黜婦)의 신세가 되었음에도 자기 지위가 달라지지 않았고, 오히려 남편 위천보의 의심과 냉대를 받게 된다. 이 와중에 어린 딸마저 감기에 걸려 어느 하나 이뤄지지 않은 현실에 소예주는 시의 내용처럼 낭군에 대한 원망과 무한한 허탈감을 느끼게 된다. 전날 자신을 따뜻하게 바라보면서 수창을 하던 남편으로부터 무정하게 버림을 받은 소예주는 그 원망과 체념의 마음을 시로 풀어낸다.

소예주가 시를 읊조리자 그의 처소에 위천보가 찾아온다. 딸의 기침 소리가 끊이지 않은 것을 들을 위천보가 소예주의 처소를 찾은 것이다. 여기에서 소예주가 남편을 그리는 심정을 삽입시로 표현하고 이 장면에 바로 위천보와 소예주의 만남이 이어진다. 이때 소예주의 감회시는 그의 허탈하면서도 절절한 마음을 표현하는 동시에 소예주가 혼자 있던 장면에서 부부가 대면하게 되는 장면으로 전환하는 기능을 하고 있는 것이다.

다음, 이야기의 복선으로서 기능한다. 소설 속에는 사건의 전개 과정에

서 앞으로 일어날 사건에 대해 독자에게 암시하는 서술이 등장한다. 흔히
등장인물의 발화나 전고를 통해 미래의 서사를 예시하는데, 『명행정의록』
에서는 삽입시가 복선의 기능을 수행하기도 한다.

지방 순무를 떠난 위천보가 그 부친 위연청의 지병을 낫게 할 선약(仙
藥)을 얻고자 천존을 찾아 봉황산 일대를 둘러보다 영은사에 이른다. 그러
던 중 영신원에 이르러 상빙심이 벽에 써둔 시 두 수를 보게 된다.

> 귀킥슈의ᄂᆡ당젼   귀흔 손이 슈옷ᄉ로 당 압히 오니
> 담담옥부염신션   담담ᄒᆞᆫ 옥부ᄂᆞᆫ 고운 신션이로다
> 빙항온보남교로   빙항은 평안이 남교길노 거러시니
> ᄎᆞ거방희월노연   이 가ᄂᆞᆫ 거시 월노와 ᄒᆞᆫ가지로 ᄒᆞ미로다[26]
>
> — 『명행정의록』 권18

상빙심이 천존의 가르침으로 위천보가 찾아올 것을 이미 알고 써둔 시
이다. 상빙심은 위천보가 어사로 찾아온 것을 '수의(繡衣)'로 표현하여 자
신이 이미 알고 있음을 밝혔다. 그리고 배항과 운영의 고사를 운운하며 자
신과 위천보 역시 부부연이 있음을 시에 드러냈다.

> 마고션굴포고산   마고션의 굴이오 포고뫼히
> 봉ᄌᆞ변비원교환   봉탄션지 번득여 먼 뫼부리의 도라왓도다
> 옥녀봉두인연쇼   옥녀봉 머리의 사름이 연쇼ᄒᆞ니
> 두란향거가인간   두란향이 가셔 인간의 셔방 맛도다
>
> — 『명행정의록』 권18
>
> (麻姑仙窟鮑姑山 鳳子翻飛遠嶠還 玉女峰頭人冷笑 杜蘭香去嫁人間

---

26 貴客繡衣來堂前 淡淡玉膚艶神仙 裵航穩步藍橋路 此去**月老緣

-羅素月, 『梅花村』, 『明詩綜』 권92)

위의 삽입시는 천존의 명으로 자신을 구하러 온 상빙심을 만난 후 위천보가 지은 시이다. 이 시는 명나라 라소월(羅素月)의 〈매화촌(梅花邨)〉이라는 시이다. 라소월은 라부산에 입산한 여도사(女道士)인데, 시에 능한 인물이다.[27] 위천보의 이 시는 선인(仙人) 상빙심이 앞으로 평범한 인간세상에서 남편을 맞게 된다는, 즉 위천보와 상빙심이 결연을 맺을 것을 "杜蘭香去嫁人間"구절로서 독자들에게 은연중에 내비치고 있다.

그리고 인물의 심리를 표현하는 기능을 한다. 『명행정의록』의 작가는 주로 압축적인 내용으로써 삽입시를 통하여 인물의 심리 등을 은유적이고 함축적으로 암시하고 표현한 것이 특징이다.

야향오산슉 밤의는 오산을 향ᄒ여 ᄌ고
조죵원[월]녕비 아ᄎ흠은 원[월]영을 조ᄎ 나더라
년년츈욕모 년년이 봄이 져믈고ᄌ ᄒ니
최긱뉴쳠의 긱을 직쵹ᄒ여 눈물이 오ᄉ 젹시ᄂ도다
슈닝비잔월 남기 ᄎ니 쇠잔ᄒ 달이 슬헛고
연[쳔]쟝원난희[휘]ᄂ가 기러시ᄆ 셔러지ᄂ 희빗츨 원망ᄒᄂ도다
화시무한호 곳 씨의 무한이 조ᄒ디
유도불여귀 오히려 불여귀로〈원문 주:두견의 쇼ᄅᄂᆡ 불여귀니라〉 니ᄅᄂ도다

---

27 〈粤東诗海〉권100에 라소월에 대해 다음과 같이 기재하고 있다. "羅素月, 博羅人, 一作東莞人, 入羅浮山爲女道士, 嘗募種梅千本於梅花村, 雅能詩" 작중의 인물 상빙심과 라소월은 모두 선인의 형상을 가진, 약초에 능하고 시작에 능한 인물이다. 이는 작가가 상빙심이라는 여성 인물을 형상화할 때 라소월의 이미지를 생각하고 설정했던 것으로 보인다.

-『명행정의록』권42

(夜向吳山宿 朝從越嶺飛 年年春欲暮 催客淚沾衣
樹冷悲殘月 川長怨落暉 花時無限好 猶道不如歸)

이월혜는 소예주의 계략으로 결국 위부에서 유배된다. 유배의 과정에
서 또 다시 석여옥에게 탈취당할 고난에 처하여 스스로 투강해 자결하고
자 하는 이월혜를 천존이 그녀를 구해 천태산 수행진인의 처소에 머물도
록 한다. 절명의 위기를 벗어나 세속을 벗어난 천태산에 머물면서 이월혜
는 자신의 내면을 독자에게 토로하기 시작한다. 위의 시는 천태산에 머무
는 동안 쓴 두견시이다. 위의 시의 결구는 원작 시인 송나라 범중엄(范仲
淹)의 『월상문자규(越上聞子規)』 시의 결구를 따오면서 시어를 바꿨다. 원
작 시는 "春山無限好, 猶道不如歸"에서 '춘산(春山)'은 '화시(花時)'로 바뀌었
다. 화자는 독거하는 자신의 고독함과 슬픔을 비추고 있다. 좋은 시절이
많으나 언제 다시 돌아갈 수 있을지에 대한 막연함을 두견새의 울음소리
에 비춰 원망과 슬픔 그리고 애절함을 마음을 전하고 있다.

두견시에 이어 천태산에서 만난 상빙심과 시를 주고받으며 즐기는가하
면, 천태산을 유람하면서 유람시를 짓기도 한다. 규범형 인물에 속하는 이
월혜는 그동안 차위 소예주의 모함과 남편 위천보의 오해와 냉대, 소예주
가 꾸민 일련의 악행과 그와 한통속인 악인들의 고난 속에서도 그 내면을
토로하지 않았다[28]는 점에서 이월혜의 내면이 부각되는 공간에도 주목할
필요가 있다. 규범의 일상 공간에서 벗어나 세속에서 멀리 떨어진 천태산
에서 이월혜는 그제야 자신의 감추어 왔던 내면을 보여주는데, 이때 활용
된 것이 바로 삽입시이다.

대장편소설 작품들은 여성들을 교육하고 교화시키는 데 효과적으로 이

---

28 서정민, 앞의 논문, 41쪽.

용되기도 했다. 즉, 대장편소설 작품들 안에는 여성 독자층이 본받아야 할 여성 인물들이 등장하는데, 이들은 당대 권장되던 유교 윤리를 완벽하게 체득한 인물들로, 이들의 모범적이고 규범적인 언행은 독자들을 의식화하는 데 상당한 영향을 주었을 것이다.[29] 여성이 지켜야 하는 것으로 규정된 규범을 충실히 따르는 모범적이고 전형적인 인물인 이월혜는 모진 고난과 역경에서도 자신이 처한 상황에 대한 한탄을 하지 않는다. 규범의 일상에서 벗어난 이월혜는 결국 자신의 내면을 삽입시를 통해 독자들에게 전달해 진실한 내면을 보여주었다.

3. 한시 삽입의 의미

19세기에 이르러 한글 대장편소설을 포함한 고전소설은 기존의 서사구조를 답습하면서 독자들에게 더 이상의 흥미를 끌어내지 못하는 상황에 직면하게 된다. 홍희복의 『제일기언』 서문에는 19세기 당대 소설 작품들이 상투적인 경향에서 벗어나지 못함을 비판한 그의 목소리가 담겨 있다.

언문이 말ᄒ기 자셰ᄒ고 빈호기 쉬온 고로 부인녀ᄌᄂ 언문을 위업ᄒ고 문쯔를 빈화 닉이지 아니ᄒ니 이 ᄯᅩ흔 흠시라. 셩경현젼과 녜긔쇼학을 비록 언문으로 삭여 언희라 일홈ᄒ야 부듸 사름마다 빈화 본밧고져 ᄒ나 보ᄂ 지 무미코 지리ᄐ ᄒ야 다만 쇼셜신화의 허탄괴뢰흔 ᄇ를 다토아 즐겨보니…

위 인용문에서 드러나듯 홍희복은 여성들이 즐길 만한 양질의 한글 독

---

29 임현아, 〈삼강명행록 연구〉, 한국학중앙연구원 박사학위논문, 2019, 214쪽.

서물이 부족함을 지적하였다. 다시 말해, 홍희복은 양질의 작품들이 부족한 까닭에 여성 독자들이 허탄하고 기괴한 소설과 신화에만 빠져 있는 현실을 지적한 것이다. 더불어 홍희복은 당대 여성들이 즐겨보던 소설 작품들에 관해 다음과 같은 기록을 남겼다.

> 뇌 일즉 실학ᄒ야 과업을 일우지 못ᄒ고 훤당을 뫼셔 만호모로 셰간의 젼파ᄒᄂ 바 언문쇼셜을 거의 다 열남ᄒ니 …(중략)…그 밧 뉴씨삼대록 미소명힝 조시삼대록 충효명감녹 오원젹합 님화졍연 구리공츙녈긔 관쟝낭문록 화산션계록 명힝졍의록 옥닌몽 병허당 완월회밍 명쥬보월빙 모든 쇼셜이 슈삼십 죵의 권질이 호대ᄒ야 혹 빅권이 넘으며 쇼불하 슈십 권에 니르고 그 남아 십여 권 슈삼 권식 되ᄂ 뉘 쏘 ᄉ오십 죵의 지ᄂ니 심지어 슉향젼 풍운젼의 뉘 가항의 쳔흔 말과 하류의 ᄂ즌 글시로 판본에 긔간ᄒ야 시상에 미미ᄒ니 이로 긔록지 못ᄒ거니와 대쳬 그 지은 ᄯᆺ과 베푼 말을 볼진ᄃ 대동쇼이ᄒ야 ᄉ름의 셩명을 고쳐시나 ᄉ실은 흡ᄉ하고 션악이 ᄂ도ᄒᄂ 계교ᄂ 흔ᄀ지라 젼혀 부인 녀ᄌ와 무식 쳔류의 즐겨 보기를 위ᄒ든 말노부터 즁간 혼인ᄒ고 평시 공명부귀ᄒ든 말 ᄲᆫ이니 그 즁 ᄉ단인즉 부ᄃ ᄌ녀롤 실산ᄒ야 오른 후 ᄎᄌ거ᄂ 혼인에 ᄆ쟝이 잇셔 간신이 연분을 닐우거ᄂ 쳐쳡이 싀투ᄒ야 가졍이 어즈러워 변괴 빅츌ᄒ다가 늣ᄀ야 화락ᄒ거ᄂ 일즉 궁곤이 ᄌ심ᄐ가 죵년부귀 극진ᄒ거ᄂ 환로의 풍파롤 만ᄂ 만리의 귀향가고 일죠의 형벌을 당ᄒ다가 ᄆ춤ᄂ 신원셜치ᄒ거ᄂ 그 환란 고초롤 말ᄒ미 부ᄃ 죽기에 니르도록 ᄒ고 그 신통 긔이흔 바롤 말ᄒ면 필경 부쳐아 귀신을 일커롤 ᄲᆫ이니……30

홍희복이 당시 접했던 중국 소설 번역본과 장편소설, 전책류 등이 포괄

---

30 박재연, 정규복 校注, 『제일기언』, 국학자료원, 2001, 22~23쪽.

되어 있는데, 대장편소설류는 『명행정의록』을 포함하여 『유씨삼대록』,
『옥원재합』, 『임화정연』 등 총 14종이 언급되었다. 더불어 여기서 홍희복
은 부녀자들이 즐겨보는 한글소설 작품들이 주제 및 서사, 표현 등의 측면
에서 대동소이하다 말하며 소설의 가치에 대해 혹평했다.[31] 이어 그는 자
신이 한글로 번역하여 『제일기언』이라 이름 한 청나라 이여진(李汝珍)의
『경화연』에 대해서는 다음과 같이 평했다.

> 우연이 근셰 중국 션비 지은 바 쇼셜을 보더니 그 말이 죡히 사름의게 유
> 익ᄒ고 그 뜻이 부ᄃ 셰샹을 씨닷과져 ᄒ야 시쇽 쇼셜의 투를 버려ᄂ고
> 별노히 의ᄉ를 베퍼 경셔와 ᄉ긔를 인증ᄒ고 고문벽셔를 샹고ᄒ야 신션
> 의 허무ᄒ 바를 말ᄒ되 곳″이 빙게 잇고 외국에 긔괴ᄒ 바를 말ᄒ되
> 낫″치 ᄂ역리 이셔 경셔를 의논ᄒ면 의리를 분셕ᄒ고 ᄉ긔를 문답ᄒ면
> 시비를 질졍ᄒ야 쳔문지리와 의약복셔로 잡기방슐에 니르히 각″ 그 묘
> 를 말ᄒ고 법을 붉히니 이 진짓 쇼셜에 대방가요 박남ᄒ기의 읏듬이라.
> 그 지은 사름의 뜻인즉 평ᄉ에 빈ᄒ고 아ᄂ 빈 이가치 너르고 깁것마ᄂ
> 마춤ᄂ 뜻을 닐우지 못ᄒ야 쓰일 곳이 업ᄂ지라. 이에 ᄒ일업셔 부인 녀
> ᄌ의 일홈을 빌고 뜻을 부쳐 필경은 쓸ᄃ 업스믈 붉히미라.[32]

　인용문을 통해 알 수 있듯 홍희복은 『경화연』이 천문지리 및 의약과
복서 등을 다양하게 다루고 있다는 점에서 '시쇽 쇼셜의 투'를 벗어난 작품
이라 긍정적으로 평하고 있는 것이다. 다시 말해, 홍희복은 경화연을 높이
고 조선 소설을 낮추고자 위의 발언을 했다. 또 홍희복이 언급한 조선의
소설 작품에는 『명행정의록』도 들어 있는 것으로 보아 홍희복은 조선 후

---

31 『제일기언』, 22~23쪽.
32 『제일기언』, 22~23쪽.

기『명행정의록』을 위시한 한글 대장편소설의 변모를 알지 못했다. 하지만 앞서 언급했듯이,『명행정의록』은 당대 한시의 전범이라 할 만한『명시종』,『산당사고』등의 시를 삽입시로 활용했으며, 선행연구가 지적했듯이『해내기관』과 중국의 연단서(鍊丹書)까지 활용했다. 따라서 홍희복이 요구하던 바와『명행정의록』작가가 추구한 바는 결이 다른 부분이 있어 보인다.『명행정의록』에는 다양하고 방대한 전고와 한시, 지식서의 내용이 수용되었음에도 그 출전을 밝히지 않았지만,『경화연』은 조목조목 출전을 명시한다는 점에서 '교양소설' 내지는 '재학소설'로서 그 결을 달리한다. 그리고 이 다른 결 때문에 홍희복은 대장편소설의 변모를 알지 못했다. 물론 조선의 소설은 재미없다는 선입견이 작용했을 가능성도 있겠지만,『명행정의록』속의 군서(群書)는 서사에 녹아들어 있어, 출전을 떠나 시를 감상할 줄 아는 능력(교양)에 초점을 맞췄지만,『경화연』은 어떤 시에 무슨 운자가 쓰였는지 어떤 전고가 몇 번 쓰였는지 등 난해한 지식(재학)을 '과시'한다는 인상이 없지 않다.[33]

그렇다면 이 점에서 다시『명행정의록』의 삽입시의 활용에 대해 짚어볼 필요가 있다.『명행정의록』의 작가는 삽입시를 작중 서사와 긴밀하게 조응하는 한편, 선행연구에서 밝힌 바와 같이 여성을 독자로 삼는 언해서처럼 한시 자체에 대한 해설도 진행해 한문 해독 능력이 없는 독자도 더 깊이 있게 한시를 체험하도록 했다.[34] 이러한 가운데 작중에서는 안자시(雁字詩)라는 독특한 양식을 제시했다는 점에서 주목할 만하다.『명행정의록』권53에서 임금은 기러기를 보고 "츄텬의 주시를 쓴 듯ᄒ니 이 아름다온 글계라"(권53, 2b)라고 하며 위연청과 그 아들 위천보, 위천강에게 시를

---

33 홍희복과 〈명행정의록〉의 작가가 추구하는 결이 다르다는 이 부분 논의 내용은 학술대회의 발표에서 토론을 맡은 홍현성 선생님께서 주신 의견이며, 이 자리를 빌려 감사드린다.

34 서정민,『명행정의록 연구』, 145쪽.

쓰라고 명한다. "안ᄌ문은 일시 명홍을 처음으로 읇흐미 아니라 글 제 극
히" 어려우나 위연청 부자는 막힘없이 안자시를 짓는다.

　　츄풍막막산호단　가을바람이 막막ᄒ여 붓텰 씃히 흣터져시니
　　만도미연두호난　헛도이 니ᄅᄃᆡ ᄂᆡ외 희미ᄒ여 물가의 머물기 어렵다 ᄒ
　　　　　　　　　　ᄂ도다
　　셰거운능여계묵　가늘게 구롭가의 가니 먹지경갓고
　　밀긔셩졈ᄉ연단　가마니 별졈의 오니 단을 년흔 듯ᄒ도다
　　근종몽필역젼과　잠간 붓슬 숨ᄮᅳ던 역마을 압흘 조차 지나고
　　우향조셔ᄃᆡ상간　쏘 글 시 짓던 집 우흘 향ᄒ여 보ᄂ도다
　　업야긔셩뇨량거　밤의 들ᄆᆡ 몃쇼ᄅᆡ가 뇨량이 가ᄂ고
　　오동지상일구한　오동가지 우희 한 갈고리가 ᄎ도다

　　　　　　　　　　　　　　　　　　　　　　　　　-『명행정의록』 권53

(秋風漠漠散毫端　謾道迷烟逗補雞　細去雲棲如界墨　密來星點似鉛丹
纔從夢筆驛前過, 又向造書臺上看　入夜幾聲嘹喨去　梧桐枝上一鉤寒 -袁宏
道, 『鴈字』 其七)

　　일항항긔포쳥텬　한 항녈이 줄줄이 니러나 프른 하늘의 펴시니
　　지젹명ᄉ원슈변　다만 묽은 모ᄅᆡ와 먼 물가의 잇도다
　　고졉ᄉ슈여ᄃᆡ묵　외로온 졉은 잠간 쓸오니 먹을 씐 듯ᄒ고
　　슈군즁단ᄉ잔젼　두어 무리ᄂ 가온ᄃᆡ 슫허지니 잔잉흔 화젼지 갓도다
　　잉황차여젼신곡　쇠쇼리 피리ᄂ 비로 시 곡조를 메우ᄂᄃᆡ 쥬고
　　봉ᄉ번위긔왕연　봉의 ᄉ긔ᄂ 번거로이 간 희를 긔록ᄒᄂ도다
　　막도셔셩무학염　글시가 일우ᄆᆡ 모진 불꼿 갓다 니ᄅ지 말나
　　강남쥬쳐유진연　강남 믈가의 진나라 ᄂᆡ가 잇ᄂ니라

[원문 주: 진시황이 시셔룰 술오미래

-『명행정의록』 권53

(一行行起布青天 只在明沙遠水邊 孤黙乍隨如帶墨 數韋中斷似殘箋
鸎簧借與塡新曲 鳳史煩爲記往年 莫道書成無虐能 江南洲诸有秦烟 -袁宏
道『鴈字』其九))

귀회년낙귀회분　몃 박회나 니이고 몃 번이나 난호엿ᄂᆞᆫ고

졍졍사ᄉᆞᄌᆞ작군　곳고 곳으며 빗기고 빗겨 스스로 무리를 일웟도다

농녀파즁졍양쳡　농녀의 물결의 무ᄉᆞᆫ 모양 셔쳡을 밧쳣ᄂᆞᆫ고

텬쇼긔샹츌회문　텬존의 뵈틀 우희 회문이 낫도다

쟝과우산평ᄉᆞ월　긴 창을 우연이 평ᄉᆞ달의 홋헛고

츈인시반ᄉᆡ잔운　봄 긔룡이ᄂᆞᆫ ᄯᆡ로 변방 쟝ᄒᆞᆫ 구름의 셔렷도다

샹곡경홍도유어　나ᄂᆞᆫ 곡과 놀난 기럭이가 한갓 말이 이시니

가계나득건여군　집 ᄃᆞᆰ이 엇지 어더 건쟝ᄒᆞ미 너 갓흐리오

-『명행정의록』 권53

(幾回聯絡幾回分 整整斜斜自作群 能女波中呈樣帖 天孫機上出廻文
長戈偶散平沙月 春蚓時盤塞北雲 翔鵠驚鴻徒有語 家難那得健如君 -袁宏
道『鴈字』其一)

　위의 시는 위연청, 위천보, 위천유가 왕의 명을 받아 지은 안자시이다.
이들이 읊은 안자시의 출전은 차례로 원굉도(袁宏道)「안자(鴈字)」其七, 其
九, 其一이다. 안자시는 서체를 비유하는 시어가 많아 일정한 수준을 갖춘
독자가 아니라면 장과(長戈), 춘인(春蚓), 가계(家鷄) 등 시어가 지시하여
나타내는 바를 알기 어렵다. 안자시를 작중에 자유자재로 수용한 작가의
문예적 취향을 은연중에 독자들에게 향유하고자 한 의도가 들어 있었던

것이다. 그리고 문면에 제시된 안자시에 관한 요약적 설명, 번역문 등을
함께 기재한 점을 고려하면, 『명행정의록』의 삽입시는 여성은 물론이고
축자역을 읽고도 시의(詩意)를 파악할 수 있는 남성 독자까지도 고려했다
고 볼 수 있다.[35] 그리고 남윤원이 『옥수기』 발문에서 『명행정의록』을 높
이 평가했던 점은 이와 같은 맥락에서 이해할 수 있다.

　『명행정의록』의 작가는 앞서 살핀 지리서 및 도학서, 역사 수용을 통해
서사적 개연성과 사실성을 강화하였으며, 정통 한시를 삽입함으로써 기존
의 상투적인 내용을 담은 한글 대장편소설 작품과는 확연히 다른 양상을
보여주었다. 이처럼 작가는 『명행정의록』의 삽입시를 통해 작가 자신의 문
예적 취향을 반영하고자 했고, 아울러 독자들마저 이러한 문예 향유에 접
근하고 공유하도록 했다. 특히 안자시를 비롯한 정통 한시를 작중에 삽입
한 것은 작가 자신의 문학적 역량을 드러내기 위한 것이기도 하다.

　그리고 앞서 『경화연』에 대한 홍희복의 호평은 결국 조선 소설 작품들
에 대한 홍희복을 위시한 당대 지식인 독자층의 요구로 이해할 수 있다.[36]
그리고 이러한 인식은 허무맹랑하게 소설을 지어내는 이전 방식에서 벗어
나 소설을 박학군서의 장으로 끌어들이고자 하는 움직임을 낳게 했다. 다
시 말해, 이 시기 소설 작품들이 전적(典籍)들을 활용하여 내용상의 보강
을 이루어냄으로써 "소설이 한 번 보고 마는 일회적인 오락물이 아닌 두고
두고 반복하여 볼 수 있는 교양 독서물로 거듭나야 한다"[37]라는 것을 강조

---

35 안자시에 관한 이 부분 내용 역시 학술대회의 발표에서 토론을 맡은 홍현성 선
　생님께서 주신 의견이며, 문면을 빌려 다시 한번 감사드린다.
36 또 다른 각도에서 보면 홍희복이 다양한 지식 정보를 담고 있어 재학소설로 일
　컬어지는 『경화연』에 대해 관심을 두고, 『경화연』을 번역하였다는 것은 당시 소
　설 속에서 지식정보를 찾으려고 시도하는 움직임이 있었을 것으로 추측할 수
　있다.
37 "흔 번 보고 두 번 닑어 그 강개상쾌흔 곳의 다드라는 서로 일커러 탄상ᄒ고
　그 담쇼회해흔 곳에 다드라는 쏘흔 일쟝환쇼ᄒ면 이 죡히 쓰인다 홀거시니"

한 것이다. 『명행정의록』의 작가 역시 이 점을 깊이 인식하였던바, '교양적 독서물로서의 전변'이라는 새로운 창작 방식을 모색했던 것이다.

4. 결론

『명행정의록』에 삽입된 한시가 작품 내에서 활용되는 양상을 살펴보면 서사 내적으로 남녀 인연을 매개하기 위해 사용되거나, 서사의 예시는 물론이고 인물의 심리를 표현하거나, 장면의 전환과 장면 서술을 확대하는 데 활용되었다. 이처럼 작중 서사 속에서 삽입시는 서사와의 결합을 통해 독자로 하여금 한시 자체의 문학적 체험을 더 깊이 있게 하도록 하는 문학적 향유의 기능을 하고 있다. 다시 말해 삽입시를 통해 작가는 자신의 문학적 역량을 내세우는 한편 소설독서를 통해 문예양식물을 향유할 수 있도록 하였다.

『명행정의록』은 당시의 향유층의 다양한 문예적 관심사를 반영하는 가운데 교양의식의 범위를 확장, 제고하고자 노력한 작품이다. 이 작품에는 다양한 기존 텍스트인 지리서, 도학서 외에도 정통 한시를 수용했는데, 작중에 수용된 내용은 매우 방대하면서도 객관적이다. 즉, 『명행정의록』은 독자들이 지식을 제고하기 위한 목적으로 읽는 데 유용했을 것이다. 작가역시 이 점을 노린 듯하다. 이 작품은 교양서적인 성격을 지양하면서도 서사의 재미를 놓치지 않고자 서사와 수용한 텍스트를 유기적으로 잘 결합하였다. 이는 이 작품이 창작된 당시의 시대적인 상황으로도 가늠할 수 있는 부분이다. 같은 시기인 19세기에 창작된 것으로 추정되는 한글 대장편소설 『삼강명행록』, 『위씨오세삼난현행록』 또한 기존 텍스트를 다량 수용

───────────

『제일기언』 24쪽.

하여 방대한 분량의 작품을 형성하였다. 이러한 양상을 통해 볼 때 한글 대장편소설은 양식적 변모를 요구받던 19세기의 당시 분위기에서 창작 방식에서 새로운 시도를 펼친바 그것은 바로 작가 자신의 문예 취향을 반영한 한시와 다양한 지식서의 수용이었다.

또 서사의 시각에서 벗어나 서정 즉 한시 연구의 각도로 보면 한글 대장편소설에 한시가 다량으로, 그리고 다양하게 활용되었다는 의미에서 한글 대장편소설의 연구에 새로운 지향점을 시사해주는 것이라 생각된다. 본고는 한글 대장편소설 『명행정의록』의 삽입 한시 활용이 지니는 서사적 기능에 중점을 두었다. 앞으로 논의를 이어가 전기소설 내지는 한문소설과는 다른 한글 대장편소설에 나타난 삽입 한시의 활용 전반을 조망할 수 있다면, 서정과 서사를 모두 아우르는 새로운 한글 대장편소설 연구의 방향을 제시할 수도 있으리라 생각한다. 장차 후속 연구의 과제로 기약하고자 한다.

참고문헌

1. 자료

『명행정의록』, 한국학중앙연구원 장서각 소장본, 70권 70책.
박재연, 정규복 校注, 『제일기언』, 국학자료원, 2001.

2. 논저

고은임, 〈한글장편소설의 동성애적 감성 형상화 장면-〈소현성록〉, 〈하진양문록〉,
　　　〈명행정의록〉을 중심으로〉, 『민족문학사연구』66, 민족문학사학회, 2018.
_____, 〈한글장편소설 남성인물의 '공감'에 대하여-〈명행정의록〉의 '위천유'를 주
　　　목하며〉, 『한국문학논총』84, 2020.
김기동, 〈보은기우록〉과 〈명행정의록〉-이조연작소설연구(1), 『도남조윤제박사 고
　　　회 기념논총』, 형설출판사, 1976.
문용식, 〈명행정의록〉의 세대별 인물기능과 갈등의 의미, 『국제어문』16, 국제어문
　　　학회, 1995.
박순임, 〈명행정의록〉에 나타난 여성의 욕망, 『한국고전여성문학연구』16, 한국고전
　　　여성문학회, 2008.
박종우, 『전기소설 삽입시가의 기능과 성격』, 『한국시가연구』 13집, 한국시가학회,
　　　2003.
서정민, 〈보은기우록〉과 〈명행정의록〉의 연작 양상, 『관악어문연구』28, 서울대 국
　　　어국문학과, 2003.
_____, 〈명행정의록〉의 여성 형상화 양상, 『한국고전여성문학연구』11, 한국고전여
　　　성문학회, 2005.
_____, 〈조선조 한글대하소설의 위상 提高방식 연구〉, 『국문학연구』13, 국문학회,
　　　2005.
_____, 〈명행정의록〉의 여성 형상화 양상, 『한국고전여성문학연구』11, 한국고전여
　　　성문학회, 2005.
_____, 〈『명행정의록』 연구〉, 서울대학교 박사학위논문, 2006.
_____, 조선후기 한글대하소설 속 여성의 시작 양상과 그 소통-〈소현성록〉, 〈유씨
　　　삼대록〉, 〈명행정의록〉을 대상으로, 『여성문학연구』24, 한국여성문학학회,

2010.

윤세순, 17세기 전기소설에 나타난 삽입시가의 존재양상과 기능-〈위생전〉, 〈위경천
전〉, 〈운영전〉, 〈상사동기〉를 중심으로, 『동방한문학』42, 2010.

이승복, 〈고전소설과 가문의식〉, 월인, 2000.

임치균, 〈조선조 대장편소설 연구〉, 태학사, 1996.

임현아, 〈삼강명행록 연구〉, 한국학중앙연구원 박사학위논문, 2019.

정병욱, 〈낙선재문고 목록 및 해제〉, 『국어국문학』44-45 합병호, 국어국문학회,
1969.

정병호, 〈금오신화에 나타난 삽입시가의 양상과 기능〉, 『퇴계학과 한국문화』 19호,
경북대 퇴계연구소, 1991.

정환국, 〈전기소설 삽입시의 미감〉, 〈초기 소설사의 형성과정과 그 저변〉, 소명출
판, 2006.

채윤미, 한글장편소설 속 선계 형상화 일고찰-〈천수석〉과 〈명행정의록〉을 중심으
로, 『고소설연구』47, 한국고소설회, 2019.

_____, 〈『명행정의록』의 구현옹 형상의 특징와 의미〉, 『동서인문학』58, 계명대학
교 인문과학연구소, 2020.

한예민, 〈『명행정의록』의 전고 활용양상 연구〉, 한국학중앙연구원 박사학위논문,
2019..

홍현성, 〈『명행정의록』의 삽입시 연구-『明詩綜』출전 시를 중심으로〉, 『한국문학과
예술』33, 2020.

최해의 『동인지문사륙』이 조선 骈文集 편찬에 미친 영향

정영(丁瑩)*

* 정영 : 호남사범대학교 한국어학과 조교수.

1. 머리말

한국에서 현존하는 최고의 변문집은 고려 시기에 편찬되었다. 바로 고려 후기 문인 최해가 편찬한 『동인지문사륙』이다. 현재 한국에 문헌으로 확인할 수 있는 변문집은 총 아홉 권이 있으며 『동인지문사륙』을 제외한 나머지는 다 조선 시기에 편찬된 것이었다. 조선 시기의 변문집은 조인규(조선 중종 시대)의 『여어편류』, 이식(1584~1647)의 『여문정선』, 강백년(1603~1681)의 『설봉소선』, 김석주(1634~1684)의 『여문초』, 남용익(1628~1692)의 『여선양체』, 유근(조선 숙종 시대)의 『여문주석』, 김진규(1658~1716)의 『여문집성』, 홍석주(1774~1842)의 『상예회수』 등 여덟 권이 있다. 그리고 전해지지 않는 『설봉소선』과 『여선양체』를 제외하면 조선시대의 변문집은 여섯 권이 남아 있다. 현존하는 한국 최초의 변문집인 『동인지문사륙』은 중요한 의미를 가지며, 조선 변문집에 편찬 목적, 문체 수록 및 배열, 선문 출처 등에 깊은 영향을 미쳤다고 할 수 있다.

2. 『동인지문사륙』의 편찬 목적과 조선 변문집에 미친 영향

『동인지문사륙』의 편찬 목적은 변려문의 실용성을 강조하는 것이다. 이는 『동인지문사륙』에는 변려문 공문서만 수록한다는 것을 통해 확인할 수 있다. 조선시대 변문집 편자들은 이 전통을 계승하여 변문집 편찬하는 데 이런 편찬 의도를 명확하게 드러냈다. 조선시대의 변문집은 변려문의 실용성을 중요시하며 각 선집의 서문에서 그것을 반복적으로 강조했다.

조인규의 『여어편류』는 조선 중종 시기에 편찬되었으며 조선 시기에

남아 있는 최초의 변문집이다. 조인규는 이 선집의 서문에서

> 사장은 한나라와 위나라 시대에 제창되었고, 강좌 서릉과 유신등 문인으
> 로부터 시작하였다. 임방은 사륙문을 창작할 때 음운의 평측 변화를 중시
> 하며 공정한 대가 정교하게 이루기를 추구한다. 고대 문인들은 이것을 이
> 른바 "雕蟲篆刻, 壯夫不爲者"라고 하였다. 당송 시기에 이르러 성행하기
> 시작하는데, 무릇 임금이나 대신들을 포함하여, 친구 사이의 교제, 관혼상
> 제의 정문 등 쓰지 않는 데가 거의 없다."1

라고 해서 비록 선비들이 변려문을 '조충전각(雕蟲篆刻)'으로 보지만, 당
송 이후 조정에서 일상생활까지 변려문은 어디든지 다 쓰여서 그 실용적
가치는 무시할 수 없다고 지적했다. 이에 관해 편자는 아래와 같이 말하였다.

> 지금 상벌호령은 반드시 조서, 고, 제, 칙 등 문체를 사용하는 것을 답습하
> 고 침착하게 상주하려면 반드시 표, 전, 장, 주 등 문체에 의탁해야 하며
> 진신이 교제하는 서계는 경조의 왕복을 통문하여, 또한 인정에 순응하여
> 글로 예절을 지키고 막부를 운모하는 데 승리나 공을 바친 자를 주청하면
> 격문이나 노포를 사용하며 연회유환을 할 때 악어를 사용하고 건설을 경
> 축하는 데 상량문이 쓰게 되고, 이것뿐만 아니라 청사, 소어의 축희구복,
> 서지, 비명의 서술공덕은 모두 일용상행에서 빠질 수 없는 것인데, 어찌
> 장구를 찾아 문장을 발췌하고 문인묵객이 희소하는 도구를 제공하는 것에
> 그치겠는가?2

---

1 조인규, 『여어편류』서 참조
　 "詞章倡於漢魏之際。而濫觴江左徐陵、庾信之徒。昉爲四六，必以浮聲切響，抽黃媲白爲工
　 簡，古之士，固已羞稱之所謂'雕蟲篆刻，壯夫不爲者'也。逮唐宋而始盛,凡君臣上下，朋友之
　 交際，冠昏喪祭之情文，莫不用焉。"

이렇게 특정한 분야 및 필요한 변려문 문체를 진술하여 변려문의 실용성을 더욱 부각시킴으로써, 변려문은 문인묵객의 문자 유희가 아니라 사회 생활면에도 중요한 역할을 하는 것을 주장하며, 변문집의 편찬 의의와 가치를 명확히 표현하려는 의도가 있다. 이는 최해 『동인지문사륙』의 편찬 의도와 일맥상통한다.

이식의 『여문정선』은 『여어편류』보다 조금 뒤에 이루어졌으며, 『정선범례』에서는 "지금 이 『여문정선』은 본래 사대문서의 모범을 보여주려고 편찬한 것이다"[3]라고 언급하였다. '정선본'은 『여문정선』을 가리키는데, 편자가 이 선집에 실린 글을 '사대문서 모범체'의 목표로 삼아 편찬하였다. 즉, 이식은 변문집의 편찬 과정에서 현실적인 목적, 즉 사대문서 작성의 모범을 제공하려는 것임을 분명히 밝혔다. 국가 외교 활동에서 조선 변려문 쓰기의 중요한 용도를 보여주며, 이는 변려문의 응용성에 대한 인정과 강조이기도 한다. 이식은 또 〈작문모범〉에서 '관각체' 사륙문의 응용 가치를 중점적으로 강조하였는데, 그는 "사륙문도 고금이 있다. 고사륙은 배우기 어려우나 쓸모가 없다"[4]라고 말했다. 여기에 나타난 '고사륙'은 '육조체', 즉 '서유체' 사륙을 가리키는데 이식은 '육조체' 사륙문을 배우기 어려우며 잘해도 소용이 없다고 생각했다. 그가 추앙하는 것은 '금사륙'이고 즉 '서유체'와 상대되는 '관각체' 사륙문이다. '쓸모없음'은 사륙문의 실용성에

---

2 조인규, 『여어편류』서 참조

今夫賞罰號令, 必因詔誥制敕; 從容敷奏, 必托表箋章奏; 縉紳交際之書啟, 通問慶吊 之往復, 亦所以順人情而節文之; 至於運籌幕府奏捷獻功者, 皆在於檄文露布; 宴飲侑歡, 樂語之所以設也; 營建慶成, 上梁之所以文也, 不特此爾; 青詞疏語之祝禧求福, 序誌碑銘 之敘述功德, 皆日用常行之不可闕者, 豈止尋章摘句, 供文墨嬉笑之具而已?

3 이식, 〈정선범례〉 참조

今玆程選本為事大文書模楷而發

4 이식, 〈작문모범〉 참조

四六之文, 亦有古有今。古四六, 學之難而無所用。

대한 강조를 보여주면서 이 점을 보면 최해와 같은 사륙문관을 보여주었다.

유근의 『여문주석』은 서울대 규장각과 한국 국립중앙도서관에 소장되어 있는데 유감스럽게도 필자는 몇 가지 판본에서 목록과 본문만 보고 편자가 지은 서문의 진용은 볼 수 없었다. 서울대 규장각 홈페이지에 실린 이 선집에 관한 소개를 보면 『여문주석』의 편찬 과정을 똑똑히 알 수 있다. 유근은 자기가 숙종 28년(1702)에 가장 먼저 『여문초』를 접했다고 언급하였고, 읽고 분석한 후에 그는 이 선집이 조금 소략하다고 느꼈다. 그 후에 그는 또 강백년의 변문집을 접할 기회가 있어서 『여문초』에 없는 작품을 모아 놓았다. 그 외에 이식 『여문정선』에 수록된 글 20편도 골랐다. 또 『여계』(편자에 관한 정보가 없음)에 실린 계문 2편도 골라 이런 식으로 변려문 165편을 수집했고, 변려문 작품 중의 복잡하고 이해하기 어려운 고사에 주석을 붙여 주었다. 동시에 그는 전사 과정에서 생긴 오류 등을 찾아내어 한 글자 한 글자 해석하고 설명하였다. 해설에 관하여 그는 중국 변문집 『사륙표준』의 원 주석을 주로 참고했다. 또한 『사륙표준』에 주석을 한 손운익의 주석, 또 오조의(吳兆宜)가 유신의 『유개부집』에 관한 주석도 참고했다고 지적했다. 이런 식으로 『여문주석』이 편찬되었다.[5] 이 선집 또한 한국에서 현재 유일하게 사륙문 작품을 수록하고 또 자기 스스로 주석을 해 주는 변문집이기도 하다. 사륙 작품을 주석하는 것은 조선 문인들에게 쉬운 일이 아니었다. 수록된 선문의 절대다수는 송나라 문인들의 작품이며 글도 대부분 조정에서 쓰인 것이다. 이렇게 선문 자체가 편자가 사륙문의 응용성에 대해 중시하였음을 나타낸다. 이러한 응용성을 위주로 하는 사륙문을 한층 더 주석해 주어 조선 문인들의 사륙문 창작에 본보기와 지도를 제공하려는 의도가 비교적 뚜렷하다.

남룡익의 『여선양체』는 이미 실전되었지만 그의 『호곡만필』 중의 〈여

---

5 서울대학교 규장각에 소장된 필사본 자서 부분의 설명.

평>은 한국 변려문 비평 이론의 중요한 문헌으로 자리하며 체계성에서 누구도 따라갈 수 없었다. 남룡익의 변려문 비평 이론에서 가장 큰 공헌은 한국 변려문의 발전 과정에 나타난 변려문 작품에 대해 유형화한 것이다. 즉 변려문 작품을 서유체와 관각체, 두 종류로 나눠서 이 두 가지의 특징 및 산성, 성행하는 시기에 관해 천명했다. 이 논단은 한국 변려문 발전사에 대한 깊은 파악을 바탕으로 한 것이고 표현법도 비교적 적절하였다. 이렇게 변려문을 유형화하고 각각 유형에 관한 서술 방식은 변려문에 대한 평가를 더욱 객관화하여 편파적인 오류를 피할 수 있다. 여기에는 주로 변려문의 심미성과 실용성에 대한 비교, 즉 변려문이 지니는 문학성과 기능성의 선택과 관련되는데 그 사고방식은 정확하다.

김진규의 『여문집성』은 한국의 현존하는 변문집 중에 비교적 영향력이 있는 선집이다. 편자는 서문에서 이렇게 말했다.

> 송나라가 흥성하고 문도가 크게 흥성하였으나 상하가 필요로 하는 것은 대부분 여문에 있었기 때문에 구양수와 소식을 문원의 종사로 삼았고, 이 문체에 관심을 두어 구양수 및 소식의 뜻을 이어받는 문인들도 변려문을 잘 짓는다. 변려문은 언사가 아름답지만 도리를 저버리지 않아서 고문이 아니어도 그것을 억제해서는 안 되고, 그 후 왕조, 진덕수, 유극장, 이류등 이어 나왔고, 모두 절묘한 경지에 이르러서 변려문의 정교가 이 지경에 이르도 여한이 없다. 본조에 이르러 송나라의 문물제도를 모방하여 이것으로 인재를 선발하는 것이 그만큼 중요한 거 또 어디 있는가?[6]

---

6 김진규, 『여문집성』서문 참조, 한국국립중앙도서관 소장고 활자본 영인판.
　"宋世之盛, 文道丕興, 而上下所需用, 多在儷文, 故以歐ㆍ蘇之為文苑宗師, 而留意斯體餘子之羽翼接武者, 亦皆治之。以辭之美而不背於理, 是不可以非古而抑之, 其後汪ㆍ真ㆍ劉ㆍ李繼出, 而鹹臻其妙, 儷文之工至此無餘恨矣。本朝文物仿於宋而又以此試士, 其為用殆有重焉？"

여기서 김진규는 두 가지 측면에서 변려문의 실용성을 천술했다. 첫째는 변려문 발전사의 시각에서 변려문이 송대에 이르러 이미 "위에서 아래까지 모두 다 필요한 것은 여문이다"라고 할 정도에 이르렀다고 지적했다. 그는 양송의 유명한 변문가를 열거함으로써 변려문의 유용성을 강조했다. 또 조선 왕조에서 변려문 작문 능력으로 인재를 선발하였다는 사실과 결합하여 변려문 작문의 중요성을 드러냈다. 이런 변려문의 유용성을 긍정하면서 변려문의 작문 능력이 인재 채용 과정에서 중요한 역할로 인식되는 것은 변려문의 실용관의 두드러진 표현이다. 이는 최해의 변려문에 대한 인식과 상통한다. 편자 김진규는 편자일 뿐만 아니라 자신도 스스로 변려문을 잘 지어서 이는 변려문의 가치를 긍정하는 가장 좋은 입증이기도 하다.

김춘택이 〈충부죽천부군자서총론〉에서 이렇게 언급하고 있다.

> 문장도 세대에 이어온 가학인데, 가끔 금식암에게 여쭤보기에 작자의 규칙을 깊이 얻었다. 비지에 가장 뛰어나서 때로는 구양자와 비슷한 자가 있다. 상소가 반복되고 곡절이 많으니, 마음속의 억측을 다 쓰고, 군더더기가 완곡하고 아름답게 써야 한다. 시는 또한 고상하고 우아하여, 그 각 문체를 갖추었는데, 근래에 관각에 그를 따라갈 수 있는 사람이 드물다. 서화가 단아하고, 공예와 전서를 겸하고 있으며, 유집은 모두 28권이다. 편찬한 『좌씨전』 약 2권, 『사한정수』 10권, 『주의문준』 4권, 『황명비지』 18권, 그 『여문집성』 23권은 세상에 전해지고 있다.[7]

'병어완려(駢語婉麗)' '각체구비(各體具備)' 등 글자를 보면 김진규가 변려문을 잘 짓고 특유한 변려문 풍격을 이룬 것으로 나타났다.

---

7 김춘택, 〈충부죽천부군자서총론〉 北軒居士集卷之二十

『상예회수』 매권의 앞머리에는 "원천자정선 항해자동교, 해거자참정"이
라는 글이 쓰여 있는데, 이로 보면 『상예회수』는 원천자 홍석주가 선정하
였으며, 항해자 홍길주와 해거자 홍현주가 같이 참여하여 완성한 것으로
보인다. 또한 이 선집의 서문은 홍길주가 변체문으로 작성했다. 서문에서
"……들으니 검은 홀(笏)·소의(疏儀)·옥에 담은 술은 겨울과 봄 제사에 올
려지고, 흔한 옥, 내친 음악, 하찮은 구슬도 다 악기를 타고 노래하는 데
사용된다 한다. 하늘이 있게 한 것을 사람이 어찌 없애리오"[8]라는 글이 쓰
여 있는데, 박우훈은 이에 관하여 아래와 같이 평가했다.

> 모든 사물은 다 각각의 역할과 쓰임이 있음을 말한 뒤, 자연의 이치를 본
> 받아 대우 등 꾸밈을 지극히 한 변려문을 조정과 종묘에서 쓰여 법을 세
> 우고 백성을 교화하는 데 도움이 된다고 하여 변려문의 가치를 적극적으
> 로 주장하고 있다. 서문을 변려체로 쓴 사실부터 변체문에 대한 편찬자의
> 호의를 엿볼 수 있게 하는데 후대로 오면서 변체문의 가치를 올바로 알지
> 못해서 격이 낮아졌다고 항해(沆瀣)는 보고 있다.[9]

홍길주는 변체로 서문을 쓰면서 변려문 작성의 중요성을 강조하는바,
변려문이 생겨난 근원에서 출발하여 변려문 작성의 가치와 의미를 인정했
다. 이는 최해의 『동인지문사륙』의 편집 의도와 매우 일치한다.
공본동의 〈論域外所存的宋代文學史料〉라는 논문에서는 조선시대의 여
러 변문집에 대해 살펴보았다.

> 송사륙이 역외, 특히 동국에 전해진 후에는 정치와 사회생활에서 광범위

---

8 홍석주, 『상예회수』 서문 참조.
　蓋聞玄圭疏儀瓚暢, 尚薦於烝礿；珠衡放鄭礫玉, 並登於弦歌。天之所存, 人豈得廢？
9 박우훈, 〈한국의 변문집 연구〉, 국어국문학 (114), 1995, 193쪽.

하게 사용되었고 다양한 송사륙 선본이 이어 나오게 되었다. 예를 들어 조선 중종 시대에는 조인규가 『여어편류』 20권을 편찬했는데, 이 책은 이르게 편찬된 대형 사륙문 선집인데 편찬 목적이 실용적이었다…인조 시기에 이식이 이 책을 기초로 『여문정선』 10권을 편찬했는데, 이 책은 역시 유형별로 편해져서 학습하는 목적으로 작품은 송사륙을 위주로 하지만 육조와 당대의 작품도 소량이 수록해 놓았다…이후에도 편찬된 송사륙 선본 중에 비교적으로 중요한 것은 김석주가 편한 『여문초』 2권, 유근이 편한 『여문주석』 10권, 김진규가 편한 『여문집성』 18권 등(이외에도 『여문집성 전편』 6권이 있는데 전문적으로 육조와 당인의 변려문만 수록했다.)이 있다. 이 중에서 『여문집성』이 가장 가치가 있는데, 그 편찬 의도와 목적은 여타의 선집과 같이 학습과 실용에 있는 것이었다.[10]

조인규의 『여어편류』, 이식의 『여문정선』, 김석주의 『여문초』, 유근의 『여문주선』, 김진규의 『여문집성』 등 조선시대의 여러 변문집은 학습과 실용을 편찬 목적으로 하였으며, 이는 공본동의 조선시대 변문집 편찬 목적에 관한 주장이 정확하다는 것을 다시 한번 확인할 수 있다. 이는 다시 조선시대의 변문집이 최해의 『동인지문사륙』와 같이 변려문의 실용성을 중시한다는 것을 입증했다.

이상에서 한국 현존하는 변문집 서문에 대해 살펴봄으로써 조선 시기

---

10 鞏本棟, 論域外所存的宋代文學史料[J]. 北京 : 清華大學學報(哲學社會科學版), 2007(1) : 38-39. "宋四六傳至域外尤其是東國以後, 也被廣泛地運用於政治和社會生活中, 各種四六文選本亦應運而生. 如朝鮮中宗時期, 趙仁奎編有 『儷文編類』 20卷, 是書為編撰年代較早的一部大型的宋四六選集, 編選目的是實用. ……仁祖時, 李植在此書的基礎上, 又編 『儷文程選』 10卷, 也是以類編排, 然或是出於學習的目的, 作品雖以宋四六為主, 但又雜有少量六朝和唐代的作品……其後, 宋四六選本中較重要的還有金錫胄編 『儷文抄』 2卷, 柳近編 『儷文注釋』 10卷、金鎮圭編 『儷文集成』 18卷(另有 『儷文集成前編』 6卷, 專收六朝和唐人駢文) 等. 其中以 『儷文集成』 最有價值, 雖然其編選宗旨和目的仍與其他選本一樣在於學習和實用……"

의 변문집 편자들은 최해의 변려문 실용성에 대한 인식이 일치한다는 것을 알 수 있다. 최해의 『동인지문사륙』에 수록된 글로 조선의 변려문이 사대(事大)적 도구 및 중요한 매체로서 부각되었다는 점을 강조하며, 창작의 초기부터 실용성의 흔적을 갖추고 있다. 한편 조선 시대에 이르러서도 변려문의 응용 기능이 사라지지 않았으며, 이에 따라 변문집 편자들은 신라 고려 이래 변려문의 실용성을 바탕으로 하여 변문집을 편찬하여 사람들이 학습하고 모방하기 쉽게 하였다. 실제로 변려문 선집을 편찬하는 자체가 변려문 작성에 대한 중요성을 보여주며 '문장화국'이라는 특별한 역할과 관련이 있다는 것도 보여주었다.

3. 『동인지문사륙』의 문체 수록 및 배열이 조선 변문집에 미치는 영향

최해의 『동인지문사륙』에 수록된 문체는 주로 국내 정치 및 외교에서 일상적으로 사용되는 것으로, 편찬 이념의 일맥상통으로 인해 조선 변려문 선집에 수록된 문체 유형은 『동인지문사륙』과 긴밀한 관련이 있다. 서로 다른 선집에서 수록된 문체 상황을 직관적으로 비교하기 위해 아래는 현재 한국에 남아 있는 7권의 변문집의 문체 수록 상황을 표 형태로 나타낸다.

표1 한국 현존하는 7권의 변문집의 문체 수록 표

선집 명칭	편찬자	수록 문체
동인지문사륙	최해	表,狀,冊文,麻制,教書,批答、 祝文,道詞,上梁文,別紙,箋 、 啟,(詞/佛)疏,致語(樂語)등 14종
여어편류	조인규	詔,敕,禦劄,制誥,冊,敕文,批答,表箋,啟,狀,檄,露布,致語,上梁文,書判,祝文,青詞,疏,序,祭文,諡議,

선집 명칭	편찬자	수록 문체
		墓誌、碑등 23종
여문정선	이식	制詔、表、啟、狀、書、詞、榜、露布、牒、檄、致語、上梁文、序、碑誌、祭文、連珠等16種밝
여문초	김석주	上冊：詔、誥、制(麻)、批答、表、狀、啟、致語
여문주석	유근	詔制、表、啟、狀、露布、檄、致語、榜、碑誌、序等등 10종
여문집성	김진규	詔、敕文、冊、制、批答、表、啟、露布、檄、牒、序、碑、連珠、判、答詔、誥、麻、致語、上梁文、勸農文、青詞、疏、祝文、祭文、諡議、墓誌등등26종
상예회수	홍석주	賦、詔、制誥、手書、批答、哀冊文、表、狀、箚子、箋、檄、露布、移文、書、啟、序、引、論、連珠、頌、銘、上梁文、雜文、碑、墓誌、科體등26종

위의 표를 분석하면, 우리는 현존하는 『동인지문사륙』을 포함한 7권의 변문집에 실린 문체 유형을 살펴볼 수 있다. 특히 『동인지문사륙』에 수록된 문체 유형을 중심으로 다른 6권 변문집에 수록된 문체 유형과 비교하면 다음과 같은 몇 가지 사실을 알 수 있다.

3.1 제고(制誥), 표(表), 계(啟)는 기본 문체이고 각 선집에 수록된 문체 유형이 약간 다르다.

7권의 선집 중에 공통으로 수록된 문체는 제고, 표, 계이며, 가장 많이 수록된 문체는 장(狀)이고 6권의 선집에 공통으로 수록되었다. 장 다음으로는 상량문(上梁文)인데 5권의 변문집에 공통으로 수록되었다. 위의 표를 통해 알 수 있듯이 『여문정선』에만 장을 수록하지 않았다. 제고, 표, 계를 기본 문체로 뽑는 것은 한국 변려문 발전사의 실상에 부합하는 셈이다. 최해는 표장(表狀)의 중요성을 강조하기 위해, 『동인지문사륙』의 표장 문체를 배열할 때, '사대표장(事大表狀)', '배신표장(陪臣表狀)' 및 '표장(일반 표장문)' 등 세 부분으로 나누었으며, 또한 '사대표장'을 모든 문체의 앞에 배치함으로써 '사대표장'의 중요한 역할을 강조했다. 그리고 이를 기준으로 하여 글을 모아 놓았다. 표문의 중요성은 최해뿐만 아니라 『어문정선』의 편자인 김진규도 강조했다. 그는 아래와 같이 언급하면서 표문의 중요성을 강조했다.

> 영죽시를 읊는 사람은 시로 표를 작성하는 것을 알고 표로 글을 작성하는 것을 안다. 고인 왈: '표라는 문체는 백문의 근본이다.' 만약 표문을 모르면, 문장을 이어나가는 법을 알 수 없을 것이다. 육조시대부터 숭상해 왔던 사륙문은 당에서 시작하여 송대에 이르러 정점에 달했다. 그런데 대등성이 훌륭하면 제도는 맞지만, 대등성이 부족하면 고문과 표문, 이런 두 가지로 나누어져 편집되었다. 후에 변려문을 연구하는 학자들은 이를 따지면서 이를 느끼게 된 경우가 없지 않다.[11]

그는 표문이 "백문의 종(宗)"이라고 생각하였는데 표문을 창작하는 데 시가와 고문을 관통할 수 있다. 따라서 이러한 관점은 표문이 독립적으로 존재하지 않고 다른 장르와 서로 관련이 있으며 상호 전환 가능한 관계에 있다는 것을 강조하는데, 이것은 변려문의 정체성을 밝히었다.

제고(制誥)는 '왕언'을 전달하는 하행식 문체 중의 하나로, 기본적인 문체 유형이고 주로 군주의 의지나 명령을 전달하기 위해 사용된다. 현존하는 일곱 권 변문집에 모두 제고가 실려 있으며, 이는 궁중에서 광범위하게 사용되는 것을 보여주며, 동시에 제고 작성 능력은 문인의 문장 쓰기 능력을 측정하는 중요한 부분이기도 하다. 계(啓)는 궁중 및 일상의 응용 문체

---

11 김진규, 『어문집성』 서 참조. 한국국립중앙도서관소장 고활자본 영인판.
　　"與可詠竹之詩者, 可知以詩成表, 以表成文. 故古人雲 : '表者, 百文之宗也.' 不知表, 則無以知綴文之法. 而六朝之文專尚四六於唐始, 盛於宋爲極. 然對偶精, 則不失表規 ; 而對偶不精, 則便成文, 表此二套也. 後日騈儷之學者以此究之, 則亦不無所覺焉."

중의 하나로, 사회생활의 여러 측면에 광범위하게 적용되었으며 특히 송 대 '무사불용계(無事不用啟)'의 창작 조류는 조선시대 문인들이 계에 대해 높은 관심을 가지게 했다. 따라서 현존하는 여섯 권 선집 중에 모두 계가 수록되어 있으며, 『동인지문사륙』과 비교했을 때 조선시대의 변문집에 수록된 계문의 수량이 더 많고 비중이 더 크다. 이는 계문 자체가 지닌 다양한 기능과 관련이 있기 때문이지만, 동시에 조선시대의 변려문이 송사륙의 영향을 꽤 많이 받았다는 사실을 간접적으로 알 수 있다.

공통으로 수록된 문체 유형을 검토하는 것뿐만 아니라, 우리는 『동인지문사륙』에 수록되지만 조선 변문집에 수록되지 않은 여러 문체에 주목해야 한다. 이러한 비교 분석은 우리가 한국의 다른 역사 발전 단계에 변려문 문체의 변이를 깊이 이해하는 데 도움이 되며, 이러한 비교는 깊은 의미가 있다고 한다. 비교를 통해 위의 조건에 부합하는 문체 유형은 '교서(敎书)'와 '별지(别纸)' 두 가지이다. '교서'는 문체 '교'에서 유래되었으며, 중국에서 기원한 것이지만 적용되는 경우가 많지 않아 문인들이 많이 쓰지 않았기에 현존 작품은 매우 드물다. 그러나 교서는 한국의 국정과 어울리며, 고려 성종 때 '대조위교(代詔爲敎)'의 반포로부터 교서라는 문체는 광범위하게 사용되었고, 점차적으로 고려 왕언을 전하는 중요한 문체로 자리잡게 되었다. 그 중요성 때문에 최해는 『동인지문사륙』에 이 문체를 실었다. 그러나 조선 변문집에 교서를 수록하지 않은 이유는 선문의 출처와 직접적인 관련이 있다. 중국 변려문을 많이 수록한 데다가 교서 작품은 중국에서의 창작이 적기 때문에 수록 작품이 적다는 것이다. 따라서 현존하는 여섯 권의 조선 시기 변문집은 교서 문체를 수록하지 않았다.

또 다른 수록되지 않은 문체는 별지(别纸)이다. 『동인지문사륙』에는 별지 문체가 한 편만 수록되어 있으며, 제13권에 있고 저자는 신라 문인 최치원이다. 실제로 최치원의 『계원필경집』에는 별지 작품이 많이 수록되어 있다. 제7권부터 제10권까지 80편이 수록되어 있고, 제19권과 제20권에는 14편이 더 수록되어 총 94편의 별지 작품이 수록되어 있다. 이 작품 중에 〈하제이부시랑(賀除吏部侍郞)〉 등 17편이 조선 초기 서거정의 『동문선』에 수록되었지만, 수록된 제목을 보면 별지라고 불리지 않았다. 이에 대해 양태제(梁太濟)는 〈"別紙" "委曲" 及其他―〈桂苑筆耕集〉 部分問題淺說〉라는 글에서 아래와 같이 지적했다.

> 〈賀除吏部侍郞〉이 다시 제45권 '계' 및 제58권 '서'류에 중복 수록된 것을 제외하면 나머지 16편은 모두 제57, 58권의 '서'류에 수록되었으며, 제목도 모두 '賀……啟', '賀……書', '上……書', '與……書', '答……書'와 같은 글자가 붙어 있었다. 이것으로 보아 편자 서거정 등은 별지를 '서'류로 간주했고, 서신, 서한류와 유사한 것으로 본다.[12]

최치원이 별지 작품을 지어서 문집에 수록하는데 조선 초기 별지 작품이 더는 '별지'라고 하지 않는 것을 보면 한국에서 별지라는 문체가 다른 역사 시기에 어떻게 변화했는가를 발견할 수 있다. 한국뿐만 아니라 중국에서도 별지 문체는 용도 및 작성 방식 등 면에 변화하고 있다. 구상은 〈"別紙"的文體與寫作研究―以晚唐五代北宋爲中心〉이라는 글에서 아래와 같이 말했다.

> 별지가 당나라에서 광범위하게 사용되었으며, 주로 관청의 접대 및 친구

---

12 梁太济. "別纸" "委曲" 及其他―〈桂苑笔耕集〉 部分问题浅说[C]. 韩国传统文化·历史卷―― 第二届韩国传统文化学术研讨会论文集. 1997:17. " 除了 『贺除吏部侍郞』(卷19) 重复载于 卷四五 '启'、卷五八 '书'类之外, 其余十六首皆载于卷五七 、五八的 '书'类, 而且标题也都加 有 '贺……启'贺……书'上……书'与……书'答……书'之类文字。可见在编者徐居正等人的心目 中, 别纸是被视作 "书", 亦与尺牍、信函类似。"

간의 소통에 사용되었다. 그러나 북송시대에 이르러 별지의 다양한 용도
에 따라 별지의 간결하고 편리한 특성을 활용하여 사회생활에서 널리 사
용되었고 지속적인 개혁과 혁신이 하게 되었다. …… 쓰기 형식에서 송대
문인들은 이제 더 이상 변려문으로만 만족하지 않고 사상적으로 더 풍부
한 산문을 쓰려고 했기 때문에 대규모의 산문 운동이 나타났다. 이러한 흐
름은 별지의 글쓰기에도 변화와 혁신을 가져왔으며 별지 작품을 창작하는
데 예전과 달리 형식적으로 높은 조화와 아름다움보다는 사상성 및 흥미
성을 더욱 강조했다.[13]

최치원의 별지 작품은 모두 사륙 변문 형식으로 쓰였지만, 송대에는 별
지의 형식이 변화되면서 변려문으로만 작성하는 것이 더는 별지의 유일한
선택이 아니게 되었다. 심지어 사상성과 재취미성을 강조하려고 문인들은
산문 형식으로 별지를 쓰는 경향을 더 보였다. 조선 변문집의 편가들은 아
마도 이상에서 살펴본 한국과 중국 두 측면의 이유를 기반으로 하여 선문
할 때 별지라는 문체를 피하는 선택을 한 것이었다.

이상에서 수록되지 않은 두 가지 문체에 대해 살펴보면 어느 문체도
고립되거나 정지된 것이 아니라, 그 발전은 시대의 변화와 창작 주체인 사
람들의 삶과 밀접하게 연결되어 있다. 이러한 문체들이 흥성하거나 소멸
된 흔적을 고찰함으로써 시대적 배경과 연결해서 그 뒤에 내포된 더 깊은
정치 상황, 역사 문화의 함의를 발굴할 수 있다. 이러한 이해를 통해 해당

---

13 渠聳, "別紙"的文體與寫作研究—以晚唐五代北宋為中心. 南京師範大學碩士論文, 2020 : 26.
   "別紙在唐朝得到廣泛的運用, 它主要用於官場的應酬及朋友私誼的溝通。 到了北宋, 人們根
   據別紙的不同用途, 利用別紙簡潔方便的特點, 在社會生活中廣泛使用並進行不斷的改革與創
   新。 ……從書寫形式上, 宋朝文人已經不滿於駢文, 而是要用突破桎梏, 更加富有思想性的散
   文, 因而出現了聲勢浩大的散文運動。 這種思潮也給別紙的書寫帶來了變化與革新, 在別紙的
   文體上, 也一改過去在形式上的高度規整與美觀, 而更加注重思想性與趣味性。"

문체에 대한 인식은 새로운 수준으로 끌어올릴 수 있다.

3.2 수록된 문체 배열이 지닌 '선군후신(先君後臣)'의 특징

최해의 『동인지문사륙』에는 실제로 표, 장(사대표장, 배신표장장 포함), 책문, 마제, 교서, 비답, 축문, 도사, (불, 사)소, 상량문, 전, 계, 별지, 치어 (악어) 등 14종의 문체가 수록되어 있다. 그 선문은 설정한 항목에 따라 수록되며, 배열 순서는 사대표장장, 책문, 마제, 교서, 비답, 축문, 도사, 불소, 악어, 상량문, 배신표장, 표, 전, 상, 별지, 계, 사소, 치어이고, 문체 배열에 나름대로 독특한 특징을 나타내며, 이런 배열 특징은 조선 변문집 편찬에도 일정한 영향을 미쳤다.

곽영덕은 〈論"文選"類總集文體排序的規則與體例〉에서 "B1, B2 이 두 가지 문체 순서의 선후 순서는 먼저 문체가 나타내는 행위 방식의 공간 순서에 따라 결정되며, 즉 선공후사(먼저 공적인 것, 그 다음에 사적인 것이다)라는 것이다. 이러한 공간 순서는 더 나아가 B1 순서에 12종류의 문체 배열 방식으로 적용되는데, 먼저 군주 그다음에 신하, 먼저 중앙 그다음에 지방이라는 것이다. 정리해서 말하자면, 맨 앞에 조, 교, 령 등과 같은 위에서 아래로 명령을 내리는 문체부터 배열하고 그다음에 표, 주, 전, 기, 서 등과 같은 아래에서 위로 상서하는 문체들을 배열하고 마지막으로 맹, 부, 격 등과 같은 지방에서 약속과 장소를 나타내는 문체로 배열한다"[14]라

---

14 郭英德. 論 "文選" 類總集文體排序的規則與體例[J]. 北京師範大學學報(社會科學版) 2005
   年 第3期(總第189期), 2005(3):63. "B1、B2 這兩個文體序列的先後次序, 首先依據的是文
   體所體現的行為方式的空間秩序, 即先公後私。這種空間秩序還進一步地運用到 B1 序列中
   12類文體的排序方式, 即先君主後臣下, 先朝廷後地方－－－大概言之,先之以詔、誥、教、令為
   上示下之文；次之以表、奏、箋、記、書為下呈上之文；而殿之以誓、符、檄為地方約信徵召之文。"
   15 (梁)任昉撰；(明)陳懋仁注. 文章緣起注[M]. 『歷代文話』第三冊. 上海：復旦大學出版社,
   2007:2523.

고 지적했다.

『동인지문사류』의 문체 배열 방식을 분석한 결과, 이 책에서도 상기한 『문선』과 유사한 특징이 있음을 발견하였다. 즉, 이 책의 문체 배열 순서도 '선군후신'의 원칙을 따른다는 것이었다. 앞서 언급했듯이 『동인지문사류』은 완전히 문체의 명칭에 따라 목록화된 것이 아니라 '사대표장', '배신표장'과 같은 표현을 사용하여 분류되었다. 일차 배열 순서는 다음과 같다: 사대표장, 책문, 마제, 교서, 비답, 축문, 도사, 불소, 악어, 상량문, 배신표장, 표, 전, 상, 계, 사소, 치어. 이런 배열 방식은 '선군후신'의 특징을 나타낸다. 『동인지문사류』은 '사대표장'으로 시작하여 그 다음에 책문, 마제, 교서, 비답 등 네 가지 문체로 이어진다. 사대표장은 소국이 대국의 황제에게 상서하는 문체이지만 책문, 마제, 교서, 비답과 같은 네 가지 문체는 왕의 명령을 전달하는 것인데 여기서 왕은 고려 국왕을 가리키며, 고려 왕은 대국 황제보다 신분이 낮기 때문에 왕명을 전달하는 여러 문체는 사대표장 뒤에 배열해 두었다. 그리고 축문부터 끝까지의 문체는 신하들이 군주에게 제출하는 다양한 기능과 형식의 주서 및 의식 문서로, 신하의 신분이 국왕보다 낮기 때문에 왕언 문체 뒤에 배치되었다. 이렇게 『동인지문사류』의 문체 배열 방식은 '선군후신'의 특징을 나타낸다고 할 수 있다.

조인규의 『어어편류』에는 조, 칙, 어찰, 제고, 책, 사면문, 비답, 표전, 계, 장, 격, 노포, 치어, 상량문, 서판, 축문, 청사, 소, 서, 제문, 시의, 묘지 등 문체를 수록하는데, 조부터 비답까지는 군주가 왕언을 전달하는 하행 공문 문체이고 표전 문체부터는 신하가 군주에게 상서하는 상행 문체 및 일상에서 사용된 의식 문체이며 이는 『동인지문사류』의 '선군후신'의 문체 배열 특징과 일치한다. 『여문정선』에 수록된 문체는 전후 순서로 제고, 표, 계, 장, 서, 사, 방, 노포, 첩, 격, 치어, 상량문, 서, 비지, 제문, 연주 등이 있는데 이 선집에는 제고는 완언을 전달하는 대표적 문체로 각 문체의 맨 앞에 배치되어 이어진 문체 표 뒤에 신하가 상주로 사용하는 상행 문체이며, 그 뒤에 나온 치어 등 문체부터 일상에 많이 쓰이는 각종의 의식문이 배열되었다. 이런 문체 배열 순서도 『동인지문사륙』의 '선군후신'의 문체 배열 특징에 부합하였다. 『여문집성』에는 수록된 문체 선후 순서로 조, 사면문, 책, 제, 비답, 표, 계, 노포, 격, 첩, 서, 비, 연주, 판, 답조, 고, 마, 치어, 상량문, 권농문, 청사, 소, 축문, 제문, 시의, 묘지 등인데 문체 배열 순서가 혼란스럽게 보여 전반부는 '선군후신'의 특징에 부합했으나 후반부에는 다시 답조, 고, 마 등 문체를 나타내기에 『여문집성』은 부분적으로 이 특징을 따랐다고 볼 것 같다. 『여문주석』에 수록된 문체 선후 순서로 조제, 표, 계, 장, 노포, 격, 치어, 방, 비지, 서인데 여기서 조제부터 표로 이어 치어까지 배열되어 있어서 『동인지문사륙』 및 이상에서 이야기한 여러 권의 변문집의 '선군후신'이라는 문체 배열 특징과 일치한다고 할 수 있다. 『상예회수』에 수록된 문체 선후로 부, 조, 제고, 수서, 비답, 애책문, 표, 장, 차자, 전, 격, 노포, 이문, 서, 계, 서, 인, 논, 연주, 송, 명, 상량문, 잡문, 비, 묘지, 과체 등인데 이 책은 시문 총집이라서 문체 부가 들어갔지만 시가에 속한다. 우리는 '조, 제고'부터 문체 배열 순서를 살펴봐야 한다. 문체 조에서 애책문까지 왕언 문체에 속하며 문체 표장부터 신하가 상주할 때 사용하는 문체이고 '상량문' 등 일상 의식문 그 뒤에 배치되어 있어서 『상예회수』도 아무 의문 없이 이상에서 논술한 '선군후신'의 특징이 있는 것을 알 수 있다.

이상 제기한 문체에 의하여 선문 방식과 달리 김석주 『여문초』에서 작가를 중심으로 선문을 한다. 상권에 소식, 왕조 등 문인의 작품을 수록했는데 작가별로 살펴보면 소식의 19편의 작품이 수록되었고 문체 배열 순서는 고, 비답, 표, 장, 기, 치어 등인데 고, 비답은 왕언 하행 문체에 속하고 표, 장, 계는 신하 상주용 상행 문체에 속하며, 치어는 일상 의식문이라

서 이런 문체 배열 방식은 『동인지문사륙』의 문체 배열 방식에 부합한다
고 볼 수 있다. 왕조의 작품도 마찬가지다. 이 선집에 왕조의 작품이 8편
이 실린바, 문체 배열 순서대로 보면 조, 제, 마, 표 등인데 역시 『동인지문
사륙』의 문체 배열 순서와 일치한다.

  이상에서 『동인지문사륙』 및 현존 여섯 권의 조선 시기 변문집의 문체
배열 방식에 관한 분석을 통해서 우리는 아래와 같은 사실을 알 수 있다.
즉 현존 여섯 권의 조선 변문집의 문체 배열 순서는 『여문집성』 이외에
나머지는 다 『동인지문사륙』이 지닌 '선군후신'의 문체 배열 특징에 부합
한다고 할 수 있다. 특히 강조해야 하는 것은, 『여문초』의 경우에 작가를
중심으로 선문을 했지만 한 작가의 작품을 배열할 때 똑같이 '선군후신'의
문체 배열 특징을 나타냈다. 이는 조선 변문집을 편찬하는 데 문체를 배열
할 때 거의 다 『동인지문사륙』의 영향을 받았다고 할 수 있다. 이는 전통
적인 계급 사회에서 나오는 '선군후신'의 사고방식을 반영한 것이었다. 왕
언을 전달하는 하행 공문에서 신하가 상서하는 상행 공문을 이어서 청사
나 치어 같은 의식문까지 배열하게 되었는데 "공적인 것에서 사적인 것까
지"의 특징도 보인다. 즉 국가 대사가 우선이고 그다음에 일반 공무이며,
이어 사적인 장소의 호응이다.

4. 선문 출처가 조선 시기 변문집에 미친 영향

  『동인지문사륙』에 실린 글은 모두 조선 문인들의 작품이다(비록 귀화
인의 작품도 있지만 이미 고려에 귀화한 사람이라 편자가 그를 고려인으
로 간주했음을 알 수 있다). 문인들이 활동한 시기는 통일신라와 고려 초
중기인데, 그러나 조선 시기 변문집은 주로 중국 역대 변문가들의 작품을

수록하였으며, 수록된 대부분 글은 주로 송대 문인의 작품이므로 조선 시기의 변려문은 송사륙의 영향을 크게 받았다고 볼 수 있다. 『어어편류』의 편자 조인규는 주로 중국의 변문가들의 작품을 뽑았는데, 예를 들어서 심약, 왕조, 왕규, 여회숙, 원강, 손수, 소식, 증포, 왕악 등 문인의 작품이 선집에 들어갔다. 작품은 위진 남북조부터 원명 시기까지 걸쳐, 그중에 송대의 작품이 제일 많은 편이었다. 김석주의 『여문초』에서는 작가 중심으로 편찬되어, 뽑아 놓은 첫 작가는 소식으로 19편의 명작이 수록되어 있다. 관련된 문체는 고, 비답, 표, 장, 계, 치어 등 다섯 종이 있다. 이 선집에는 소식 외에 왕조, 진덕수, 유극장, 구양수 등 문인들의 작품도 수록되어 있다. 『여문집성』의 편자 김진규는 중국의 육조와 당송 시대의 변려문을 뽑아 놓고 이 선집을 정성스럽게 편집했다. 육조 시기에는 유신과 육기, 당송 시기에는 낙빈왕, 유종원, 소식, 구양수, 양억, 왕규, 왕안석, 진덕수 등 문인들의 작품을 수록했는데 이는 편자가 중국의 육조와 당송 시대의 변문가들에 대한 정확한 파악을 보여주었다. 『여문주석』의 편자인 유근은 중국의 육조와 당송 시대의 변려문 165편을 선정해서 제목 주석, 작가 주석, 구절 주석 등 다양한 주석을 추가하여 독자가 글의 내용을 더 깊이 이해할 수 있도록 하였다. 이식이 편한 『여문집성』에 최치원의 작품을 수록하는 것을 보면, 최해가 『동인지문사륙』에 나타난 '동인의 작품만' 수록하는 선문 방식은 계승자가 없지 않음을 알 수 있다. 조선 시대 변문집은 거의 중국 변문가의 작품만 수록하는 가운데, 홍석주가 편찬한 『상예회수』에서 중한 양국의 명작 140편을 모아 시문 선집을 편했다. 이 선집은 총 10권으로 구성되어 있어, 중한 양국 69명 문인의 작품이 수록되었으며, 그 가운데 최치원, 정지상, 임춘, 고경명 등 10명의 한국 문인이 포함되어 있고 관련된 문체는 격문, 전, 인, 서, 상량문, 과거조 등이 있었다. 박우훈의 〈한국 변문집 연구〉에서 언급한 것처럼 "이에 비해 『상예』야말로 『동인』

의 정신을 이은 노작(勞作)으로 평가하고 싶다".15 『상예』 즉 『상예회수』인
데 박우훈이 같은 논문에서 한국 변문집 편찬의 세 가지 의도를 지적했다.
첫째는 변체문을 익히기 위한 모범적인 작품 제시, 둘째는 변체문의 이해
에 기여, 셋째는 민족 문화 역량의 자부와 작품의 보존이다.16 여기서 분명
한 것은 『상예회수』가 『동인지문사류』의 정신을 계승한 변문집으로 불리
는 근거는 상술에 나온 셋째 목적이라고 할 수 있다. 즉 중국 변문가의 작
품을 수록하는 동시에 조선 문인들의 변문 작품도 실어 놓은 것은 민족정
신을 표현한 것이고 민족 문화 자신감의 외적인 표현이라고도 할 수 있다.
최해의 『동인지문사류』 편집에 이런 '민족적인 자부심'이 담겨 있으며, 이
는 『동인지문사류』 서문에서 편자 최해가 이미 분명히 언급하였다. 『상예
회수』는 이러한 정신을 계승하며, 선문할 때 최해와 동일한 선택을 하게
되었다.

　남용익은 『호곡만필』에서 "그러므로 나는 『여선양체』 2권을 만들었다.
하나는 서유체라고 하는데 소안이 계승하고 하나는 관각체라고 하는데 택
당이 계승했다"라고 했다.17 남용익이 편한 변문집에 따르면, 임숙영 및 이
식은 각각 서유체와 관각체의 전범으로 남용익에게 추앙하고 있어서 남용
익이 편한 변문집에는 분명히 동인의 작품을 수록했을 것이며, 편자가 동
인의 변려문 작품 수준을 상당히 추앙하는 것을 알 수 있다.

　『동인지문사류』과 현재 존재하는 6권의 조선 시기 변문집 선문 출처를
살펴본 결과, 『동인지문사류』이 동인의 작품만을 수록하는 선문 방식과는
다르게, 조선 시기에 나타난 변문집은 주로 중국 변문가의 작품을 실어 놓
았는데 중국 변문집의 영향을 받은 것이 가장 큰 이유로 봐도 될 것 같다.

---

15 박우훈, 〈韓國의 騈文集 硏究〉, 국어국문학114, 1995년, 208쪽.
16 上揭論文, 203쪽.
17 남용익, 『호곡만필』 참조
　"故餘嘗作『儷選兩體』二卷, 一曰徐庾體而以疎庵繼之 ; 一曰館閣體而以澤堂繼之."

둘째로, 한국 변문집 편집의 목적은 학습 및 과거 시험 준비를 돕기 위한 것으로 직결되며, 변려문은 중국에서 기원하였으며 중국 변문가들은 변려문 쓰는 기교를 극대화하였고 변문 명편도 많아서 중국 변문가의 작품을 연습하고 모방하는 것이 효과적인 시험 준비 방법으로 인식되었기 때문이다. 실제로 『여문정선』에 최치원의 〈격황조문〉 수록부터 이어 『상예회수』에 10여 조선 문인들의 변려문 작품을 수록하고, 남용익의 조선 문인의 변려문 작품을 추앙하고 임숙영과 이익의 각각 서유체와 관각체 변문 쓰기 중의 전범적 지위를 확립했다. 이런 사실은 최해 『동인지문사륙』의 편집에 나타난 '민족적인 자부심'이 소멸되지 않았다는 것을 보여주며, 이식과 홍석주 형제, 남용익 등은 이를 새로운 방식으로 전하고 계승하고 있다는 것을 나타낸다.

5. 맺음말

본고는 최해의 『동인지문사륙』은 조선 시대 변문집의 편찬에 깊은 영향을 살펴보았다. 편찬 목적과 편찬 의도 측면에서 조선시대에 남아 있는 변문집은 기본적으로 최해가 『동인지문사륙』에서 강조한 변려문의 실용성을 계승하고 있다. 변려문의 실용성과 미적 가치에 대해, 신라·고려대 변려문을 포함하여, 한국의 변려문은 국가 권력 유지와 외교 활동의 필요성에서 출발하여 변려문의 실용성에 대한 중요성이 변려문의 미적 가치에 비해 더 높다. 이는 한국 변려문이 "실용에서 시작되어 다시 실용으로 돌아간다"라는 특별한 특성을 나타내며, 한국 변려문 발전의 독특한 점을 보여 주었다. 한국 변려문의 본질적인 실용성 특징 때문에 한국 변려문 비평은 자체적인 특징을 가지며, 『동인지문사륙』은 이러한 실용 변려문 관점의 구체적인 표현이기도 하다. 이러한 개념은 조선시대 변문집 편자들에게 깊은 영향을 미쳤으며, 한국 변려문의 발전과 특성을 연구하는 데 일정한 계시를 제공했다.

조선왕조의 중국 해양 인식 연구
-고지도를 중심으로

황보기(黃普基)*

* 황보기 : 호남사범대학교 한국어학과 교수.

　최근 학계에는 조선왕조 고지도의 해양사적 사료 가치에 주목하는 연구가 증가하고 있다.[1] 조선시대 고지도는 수량이 많고 종류도 다양하며, 지도 속에 담긴 해양 정보 또한 풍부하다. 조선시대 지도 발전사는 매우 독특하다. 특히 조선의 세계지도 제작은 외국 지도의 영향을 받아 왔는데, 조선인들은 외국에서 들여온 지도를 복사, 변형하여 지도를 완성한다. 조선왕조 전기에는 중국 지도의 영향을 받아 중국에서 들여온 지도를 바탕으로 세계지도를 제작하였고, 조선 중기 이후 중국에서 전래된 서양 한문 지도가 조선에 충격을 주면서 서양 한문 지도를 변형한 지도들이 대거 등장했으며, 조선조 말기의 지도는 기존의 전통적인 지도 제작법과 지리사상에서 완전히 벗어나 서양 지도 제작법을 전면 수용하게 된다.

　이 논문의 연구 대상은 다음과 같다. 우선, 조선조 초기 세계도 『혼일강리역대국도지도(混一疆理歷代國都之圖)』, 조선조 중후기 군용 지도 『서북피아양계지도(西北彼我兩界地圖)』, 문인사대부 교육용 지도 『중국도(中國圖)』, 서양 한문 세계도의 변형판 『천하도지도(天下都地圖)』, 민간 세계도 『중국지도(中國地圖)』 등을 비롯해 조선조 후기 서양 지도 제작법을 적용한 『해동삼국도海東三國圖』, 교과서 부도 〈사민필지(士民必知)〉 등이다. 이 지도들은 조선왕조 초기부터 말기까지 조선 지도의 변천 과정을 나타내며, 시기별 지도 제작 방식을 반영하고 있다. 이 중 중국의 지도를 바탕

1　濱下武志：海洋から見た 『混一疆理歷代國都之図』の歷史的特徵——龍谷大学蔵 『混一疆理歷代國都之図』が示す時代像 〈濱下武志：從海洋視角看 『混一疆理歷代國都之圖』的歷史特色——龍谷大學藏 〈混一疆理歷代國都之圖〉的時代風貌〉, 海洋史研究第10輯, 社會科學文獻出版社, 2017. 楊雨蕾, 鄭晨：〈多元的認識：韓國古輿圖中的琉球形象〉, 海交史研究 2018年 第2期. 徐仁範：〈朝鮮時期西海北段海域境界與島嶼問題——以海浪島與薪島為中心〉, 明淸史研究 第36輯, 2011. 裵祐晟：〈朝鮮後期對沿海‧島嶼的國家認識變化〉, 島嶼文化 第15輯, 1997. 양보경：〈朝鮮古地圖中的東海名〉, 文化歷史地理 第6卷, 2004. 배종석：〈田橫論研究〉, 民族文化 第46輯, 2015.

으로 제작된 세계지도, 서양 한문 세계도의 변형판 지도, 조선에서 제작된
서양식 지도, 국가 공정 지도와 민간 지도, 군용 지도와 교과서 부도 등은
각각 다른 제작 주체와 목적을 반영하고 있다.

본문에서는 이러한 조선시대 고지도의 중국 해양 공간 묘사 특징과 해
양 지리 정보를 정리하여 전통 중국 지도와 서양 지도의 영향 아래 발전한
조선시대 고지도의 중국 해양 묘사 특징을 분석하고 이를 바탕으로 조선
왕조의 중국 해양 인식 특징과 변화 과정을 탐구한다.

1 전통 중국 지도 영향하의 해양 묘사 특징

1.1 조선왕조 전기 세계지도: 광활한 세계 해양에서 폐쇄된 중화 해양으로

조선 건국 초기 국가 주도로 세계지도를 제작하였는데, 1402년에 제작
한 『혼일강리역대국도지도(混一疆理歷代國都之圖)』가 대표적인 성과이다
(지도1). 이 지도는 원나라 이택민(李澤民)의 『성교광피도(聲教廣被圖)』, 청
준(淸浚)의 『혼일강리도(混一疆理圖)』를 바탕으로 조선과 일본의 지도를 결
합한 것으로 원대 중국과 그 주변의 바다, 그리고 명나라 전기 조선의 상
황을 반영하고 있다.

『혼일강리역대국도지도』에서는 한반도가 과장되게 확대되고, 동시에
산동반도도 확대됨에 따라 황해가 축소되어 중국 대륙과 한반도의 간격이
매우 가깝게 묘사되어 있다. 특히 산동반도와 한반도의 황해도 사이, 장강
(長江) 하구와 한반도의 남서해안 사이의 거리는 매우 가깝다. 동중국해
해역의 일본, 류큐(琉球), 소유구(小琉球, 대만)의 위치는 오차가 심한데, 일
본은 복건성 맞은편에 놓였고 류큐의 북서쪽에 중국 대만이 위치하고 있

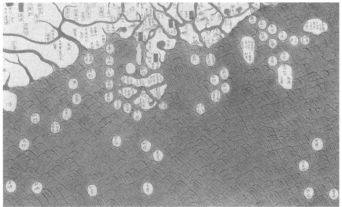

지도1 『混一疆理歷代國都之圖』(局部), 1402年, 日本京都龍穀大學藏[3]

2 首爾國立中央博物館網站數字地圖(https://kyudb.snu.ac.kr).

다. 남해(南海) 남동쪽에는 마일(麻逸, 필리핀 루손섬), 삼서(三嶼, 필리핀 바라완섬) 등의 섬이 있고, 남해 남서쪽에는 발니(渤泥, 보르네오), 삼불제 (三佛齊, 수마트라섬) 등이 있다. 또한 용아문(龍牙門, 싱가포르) 일대의 해역에 대한 묘사가 비교적 상세하며, 이 지역의 지리적 정보 출처는 원 세조 시대 동남아시아 원정에서 얻은 정보인 것으로 추측된다.[3]

『혼일강리역대국도지도』에서 중국의 섬은 주로 두 지역에 집중되어 있다. 첫째, 산동반도에서 강소성 연안까지이다. 이 해역의 섬이 집중적으로 분포하는 것은 원나라 지원 연간(至元年间)의 해상 항로와 관련이 있는데, 즉 강소와 절강에서 산동반도를 거쳐 직고(直沽, 천진)를 거쳐 수도[大都, 북경]에 이르는 해상 항로이다. 지도에 표시된 섬들은 대부분 이 항로에 있는 주변 섬들이다.[4] 둘째, 남중국해에 인접한 광동성 일대는 주로 광동성 주강구(珠江口)와 뇌주반도(雷州半島) 부근이다. 상대적으로 절강성 주산군도(舟山群島)의 묘사는 비교적 간단하다. 지도의 해안선을 보면, 중국 해안의 지리적 상황과 해안선의 윤곽은 분명하지만 중국 연안 해안선 밖의 해역에 관한 묘사는 모호하고 부정확하며, 특히 남중국해의 묘사는 매우 부정확하다. 이 지도는 중국 대륙 연해 밖의 해역을 묘사하기 위해 과거 지도의 해안선 형태만을 참조하고, 중국 국경 밖에 가장자리 선을 그은 다음, 남중국해에서 말레이해협에 이르는 일련의 지명을 해안선과 도서에 임의로 부기한다.[5]

『혼일강리역대국도지도』는 원대 지도의 조선식 변형판이지만 원지도의 중국 지리 정보를 기본적으로 활용하고 있기에 원조의 적극적인 해상

---

3 宮紀子:『朝鮮描繪的世界地圖』, 金曦泳譯, 首爾笑臥堂, 2010, p82.

4 宮紀子:〈朝鮮描繪的世界地圖〉, 金曦泳譯, 首爾笑臥堂, 2010, pp76-79.

5 姚大力:〈"混一圖"與元代域外地理知識〉, 復旦大學歷史地理研究中心主編 〈跨越空間的 文化:16-19世紀中西文化的相遇與調適〉, 東方出版中心, 2010, p462-463.

활동과 해상 영향력을 보여주는 지도이다.

16세기에 이르러 조선왕조는 중화(명나라)와 소중화(조선)의 이론 체계를 확립하고 존명사대(尊明事大) 외교를 실시했다. 당시 조선에서는 명나라 지도를 바탕으로 세계지도를 만들었는데, 명나라 지도는 명나라의 폐쇄적인 대외정책을 보여준다. 이러한 요소는 『혼일역대국도강리지도』(개인 소장)와 같은 조선의 세계지도에 반영된다. 이 지도의 원본이 대명국지도(大明國地圖(楊子器跋輿地圖))이기 때문에 유럽과 아프리카는 없고 중국과 그 주변 국가만 그려져 있다. 또 『혼일강리역대국도지도』에는 중국의 동남해 일대에 많은 나라가 그려져 있지만 『혼일역대국도강리도』에는 일본과 류큐를 빼고 거의 다 사라졌다.

전체적으로 이 지도는 중국을 중심으로 한 동아시아, 그리고 중국 주변의 조공국을 묘사하고 있다. 조선에 있어서 중화 명나라를 제외한 나머지 각국은 무의미한 이역(異域)에 속할 뿐이다. 조선인의 세계 시야가 좁아지고 있음을 보여주는 세계지도는 중국의 모든 해양 해역, 특히 광활한 남해를 반영하지 못하고 있다.

1.2 조선왕조 중후기의 군용 지도: 비교적 정확한 발해(渤海) 묘사

1636년 후금이 조선을 공격하자 조선 국왕은 항복한다. 개국 이래 최대의 치욕과 패전의 비분, 그리고 존명사대의 대의명분으로 인해 조선은 오랫동안 청나라를 인정하지 않는 태도를 보인다. 조선조 중기 이후의 지도에는 명청 교체의 정치 상황과 조선인들의 정치 태도가 많이 반영되어 있다.

18세기 초 제작된 『요계관방지도(遼薊關防地圖)』(서울대 규장각 소장)는 청나라 초기 요녕성 하북성 동부 지역의 군진 배치를 묘사하고 있다.

이 지도는 『주승필람지서(籌勝必覽之書)』, 『산동해방지도(山東海防地圖)』, 『성경지 오라지방도(盛京志·烏喇地方圖)』 등 여러 지도를 기초로 조선의 『항해공로도(航海貢路圖)』, 『서북강해변계(西北江海邊界)』와 결합하여 『요계관방지도(遼薊關防地圖)』를 완성하였다. 1706년에 제작된 이 지도는 요녕성과 하북성 동부 지역의 군대, 성곽, 군진 배치 묘사가 매우 상세한 군사 정보용 지도로 17세기 명청 교체의 상황과 당시의 지역 지리 정보를 반영한다. 지도에는 조선 사절단이 명나라로 가는 해상 사행로와 그 주변 해역의 섬도 그려져 있다. 명청 교체기에 후금이 요동을 차지했기 때문에 조선의 사신들은 해로를 통해 명나라와 조선 양국을 왕래했다. 조선인의 해상 사행로는 크게 두 가지가 있는데, 하나는 조선 평안도 선사포에서 가도, 차우도, 녹도, 석성도, 장산도, 광록도, 여순구, 묘도를 거쳐 등주(登州)에 상륙하는 길이다. 둘째는 조선 평안도 선사포에서 가도, 차우도, 녹도, 석성도, 장산도, 광록도, 여순구, 쌍도, 각화도를 거쳐 저원위(宁远卫)에 상륙하는 노선이다. 전체적으로 이 지도는 17세기 해로와 18세기 연해 방어 배치를 결합했는데, 명대와 청대 정보의 결합은 명청 교체기 발해와 황해 북부 해역의 긴장을 부각시킨다.

『서북피아양계지도(西北彼我兩界地圖)』(지도2)도 군용지도인데, 청나라와 조선을 각각 '피아'라고 지칭했다. 이 지도는 조선의 해안 방위를 목적으로 제작되었으며, 요녕 지역의 역참과 연안도서를 중점적으로 묘사하였다. 청나라 입관 전 조선 사신들의 사행 항로 중의 하나인 명나라와 연결된 해상 항로와 청대 조선 사신들의 육로 노선도 함께 그렸다. 이 지도는 18세기 중반에 제작되었지만 이미 폐지된 구 항로를 묘사하고 있다.

군용지도 『해방도(海防圖)』(18세기 후반·국립중앙박물관 소장)는 동해의 민간 상업 항로를 묘사한 것으로, 조선 서남해안을 출발해 조선의 최서

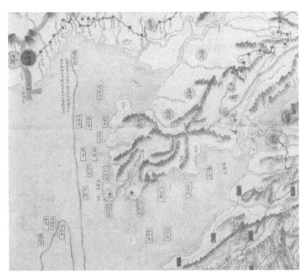

지도2 『西北彼我兩界地圖』
(『海東地圖』第4冊) 局部, 1750年代 初, 首爾大學奎章閣藏

단 섬인 홍도·흑산도 등을 거쳐 주산군도의 정해(定海)를 거쳐 영파(寧波)
에 이른다.

오랫동안 영파, 정해와 한반도 사이의 민간 교류는 해상 무역 및 어업
활동을 포함하여 매우 활발하였다.[6] 이 때문에 이 해역에서는 해난 사고와
표류민 사건이 빈번하게 발생하였고, 조선인 표류민은 중국 연해 정보의
주요 전달자가 된다. 조선인 표류민은 주산군도의 보타산(普陀山)은 '사찰
이 번화하고 꽃이 만발한' 선경이라고 묘사하고, 영파 등 도시는 상업과
문화가 매우 성하다고 서술한다. 그들이 목도한 절동 해안 지역은 '옷과
음식, 풍습이 풍부하고 경치가 아름다운 천하 낙원'인 것이다.[7]

조선왕조 중후반 군용 지도는 발해, 황해, 동해 해역을 묘사한 것으로,

6　魚叔權：『稗官雜記』 第2卷, 稗官雜記二.
7　樸思浩：『心田稿』二, 留館雜錄, 耽羅漂海錄.

발해와 황해 북부 해역은 해상 방어가 삼엄한 군사 공간이자 조선 사절들
이 청나라로 출사하여 해상 항로를 지나는 정치외교 공간, 그리고 명나라
의 멸망을 그리워하는 공간 등 복잡한 중국의 해양 이미지를 잘 반영하였
다. 이에 비해 황해 남부, 동해 해역은 해상무역 등 민간 교류의 공간으로
현실의 청나라가 반영된 공간이다.

1.3 조선 중후기 민간지도: 청대의 '대명(大明)' 해양

『중국도(中國圖)』(지도3)는 청나라 시기 조선에서 제작된 지도이지만,
행정구역은 1644년 멸망한 명나라의 판도가 그려져 있다. 조선은 멸망한
명나라를 그리워하며 청나라를 인정하지 않았음을 알 수 있다. 이것은 조
선중화주의의 발로이며, 이 시기 조선 지도의 일반적인 현상이다.[8]

지도3 『中國圖』(『東國輿地圖』) 局部, 朝鮮後期, 首爾大學奎章閣古地圖帖

---

8 오상학 : 〈朝鮮時期世界地圖與中華的世界認識〉, 韓國古地圖硏究 第10卷 第1號, 2009,
   p14

지도 3에는 우공구주(禹貢九州), 춘추전국시대 국명과 주요 명산 고적
도 그려져 있다. 지도 스타일로 볼 때 조선의 문인사대부들에게 중국 역사
를 교육하려고 제작한 역사지도집으로 보인다.[9] 지도에는 산동반도 인근
의 전횡도(田橫島), 남중국해의 애산(崖山), 경주(瓊州(海南島)) 등 3개의 중
국 섬이 그려져 있다. 조선의 문인사대부들에게 이 세 섬은 모두 중요한
역사적 교육적 의미를 지니고 있다.

전횡도. 진나라 말, 전횡(田橫) 세 형제가 진나라에 항거하며 제나라 땅
을 차지했다. 유방이 황제를 칭하자 전횡은 복종하지 않고 병사 500명을
이끌고 섬으로 들어가 항거한다. 유방이 사절을 보내 투항하게 하자 전횡
은 스스로 목숨을 끊었고, 섬의 병사 500명도 이를 듣고 스스로 목숨을 끊
었다. 일찍이 한반도의 문인사대부는 유학 대의명분에 입각하여 전횡과
500장병의 충절을 높이 샀다. 그런데 조선왕조는 역성혁명을 통해 건국되
었고, 이 때문에 조선에서 오랫동안 전횡에 관한 언급은 거의 없었다. 그
러나 명나라가 멸망한 이후 조선인들은 점차 전횡을 그리워하며 명나라에
대한 충의를 표현했고, 조선시대 문헌에도 전횡에 관한 기록이 풍부해진
다. 풍부한 기록으로 인해 조선시대 내내 전횡도의 위치는 논란이 되었으
며, 관련 고지도에서는 전횡도의 위치를 산동반도 남쪽 해상 혹은 북쪽 해
상에, 산동반도와 한반도의 중간, 조선 서부 해상에 각각 다르게 표기하고
있다.[10]

애산. 남송 행궁의 마지막 장소인 애산은 역사적으로 유명한 애산해전
이 있었다. 1279년 남송군과 몽골군이 애산에서 대규모 해전을 벌였고 패
전한 남송은 결국 멸망했다. 조선인들은 애산에서 왕조가 멸망하는 비극
이 일어나자 애산을 반면교사로 삼았다. 조선의 문인사대부는 국정의 위

---

9 『中國圖』(奎章閣古地圖, 『東國輿地圖』(古4709-96)), 解題.
10 배종석 : 〈田橫論研究〉, 民族文化 第46輯, 2015, p116-119.

태를 '송지애산(宋之崖山)'[11], '애해지위(崖海之危)'[12]에 비유하며 시시각각 위정자에게 상기시켰다. 그러나 조선 사람들의 마음속에는 애산이 매우 신성한 곳으로 여겨졌고, 애산 해전 때 '군사와 백성 수만 명 중, 한 사람도 흩어지지 않고 같은 날 죽은' 송나라의 정신을 존경했다.[13] 조선 사람들은 이를 국가 경영과 대명 의리와 연결하여 매우 중시했는데, 육수부(陸秀夫)가 송 황제를 업고 피란한 점을 높이 평가하였다. 또한 육수부가 직접 〈대학장구(大學章句)〉를 써서 송 황제에게 강연한 것을 유학적 학문 추구의 최고 경지로 여겼다.[14] 충의와 유학은 조선의 문인사대부의 신앙이자 인생의 추구였기 때문이다.

경주. 경주는 곧 해남도이다. 조선 초기의 세계지도에 해남도가 계속 등장했지만 조선인들은 이역만리 외딴섬에 별다른 관심을 보이지 않았다. 조선인에게 해남도는 '중국 대륙의 뜨거운 하늘과 바다 너머'[15]에 있는 섬으로, 섬사람들은 오랑우탄과 같은 열대 동물과 서로 어울려 살고 있다고 생각했다.[16] 한편, 명청 교체 이후 해남도는 남명과 청나라의 주요 전쟁터 중 하나로 인식된다.[17] 그런데 소동파(蘇東坡)와 구준(丘濬)이 이 섬에 대한 조선인들의 인상을 바꾸게 된다. 송나라 소성(紹聖) 4년(1097)에 62세의 소동파는 변방의 황량한 땅인 해남도로 귀양 보내졌다. 그는 이곳에서 학교를 세우고 중화 학풍을 일으켜 지역인들이 육지에 가지 않고 이 섬에서

---

11 『正祖實錄』第7卷, 正祖 3年 3月 8日.

12 『中宗實錄』第31卷, 中宗 12年, 潤12月 21日.

13 『承政院日記』第624冊, 英祖 2年 10月 5日.

14 『中宗實錄』第31卷, 中宗 12年, 潤12月 21日.

15 宋時烈, 『宋子大全』卷一百四十一 "記", 〈甲山府客舍重建記〉, 收入韓國文集叢刊第113冊, p046.

16 宋時烈, 『宋子大全』, 卷一百四十三 "記", 〈鹹興府知樂亭記〉, 收入韓國文集叢刊 第113冊, p081.

17 『朝鮮王朝實錄』『顯宗實錄』第14卷, 顯宗八年十月二十日. 成海應: 〈研經齋全集外集〉卷二十九, 尊攘類, 三皇紀, 收入韓國文集叢刊 第276冊, 394p.

소식의 학문을 배우게 했다. 수백 년 후 해남도에 '대 현자' 구준이 등장한다. 남만인(南蠻人)[18]의 지역에 구준과 같은 대 유학자가 나타났다는 것은 '황량하고 바다로 단절된 미개의 땅' 해남도가 예의문명의 지역으로 변했다[19]는 것을 의미한다. 유학, 예의문명이 바로 조선 문인사대부가 추구하는 이상적인 나라인 것이다.

지도5에는 위의 세 섬 외에 일본, 류큐라는 두 개의 섬나라가 그려져 있는데, 이것이 당시 조선 사람들의 중국 해양 지리 정보의 전부이다. 이 지도의 제목은『중국도』인데, 중화 세계관에 젖어 있던 조선인에게『중국도』는 사실상 '세계도'와 같았다. 이것이 바로 서구 세계관에 충격을 받기 전 조선인들의 보편적인 이데올로기였다.

2. 서양 한문 세계지도의 조선왕조 해양 지식에 대한 충격

조선조 중기 이후 마테오리치의『곤여만국전도(坤輿萬國全圖)』, 알레니[애유략(艾儒略)]의『만국전도(萬國全圖)』등 서양의 한문 세계지도가 조선에 전해진다. 이에 따라 조선인들의 세계지리 지식이 증대되어 중화 이외의 세계를 인식하게 되었고, 결국 조선인들의 세계관과 해양 지식을 뒤흔들게 되었다.

2.1 중국 한문 세계지도의 변형: 중국 해양의 전모를 다시 그리다

『천하도지도(天下都地圖)』(지도4)는 1770년에 제작된 세계지도로 애유

---

18 丁若鏞 :『與猶堂全書』文集 卷九 "議", 〈通塞議〉.
19 金聲久 :『八吾軒先生文集』 卷之二 "詩", 〈贈別三童子(並小序)〉, 1873, 入韓國文集叢刊 續集 第043冊, p454.

략의 『만국전도(萬國全圖)』(1623)를 바탕으로 한반도 등 일부 지역을 변형한 것이다. 『천하도지도』에서 동북지방에는 '여진(女眞)', 중원지방에는 '대명일통(大明一統)'이라는 글자가 등장하고, 한반도는 의도적으로 확대된 것으로 보아 조선인들은 아직도 소중화라는 종래의 세계관에서 벗어나지 못하고 있음을 알 수 있다. 그러나 지형의 묘사에 새로운 변화가 생긴다. 과거의 지도는 일본이 규모가 크지 않은 섬, 심지어 작은 원형으로 그려졌는데, 이 지도는 일본이 원형에 가깝다. 또한, 일본이 북쪽으로 치우쳐 있기 때문에 동해의 전체적인 모양에 영향을 미쳤다. 『천하도지도』의 중국 해역은 장강 하구의 숭명도(崇明島)를 제외하고는 섬이 거의 보이지 않는 반면, 필리핀제도 등 동남아시아 섬들이 지도에 등장한다. 이 시기 조선인들이 전횡도, 애산 등 중화적 세계관을 보여주는 섬들에 집착하지 않는다는 것을 알 수 있다.

과거 조선의 세계지도에서는 남해의 최남단이 해남도였지만, 천하도지도에서는 동남아의 여러 나라가 그려져 있어 남중국해의 넓은 공간을 인식하고 있었음을 알 수 있다. 이 지도의 해역명 표시는 마테오 리치의 『곤여만국전도』와 다르다. 곤여만국전도는 동해를 '대명해(大明海)', 천하도는 동해를 '소서해(小西海)', 태평양 오키나와 열도 인근 해역을 '대명해(大明海)'로 표기했다.

19세기 전기 『여지전도(輿地全圖)』(숭실대학교 박물관 소장)는 1800년 『지구도(地球圖)』에 나오는 중국의 지리 정보를 그대로 옮겨왔고, 한반도가 확대되어 기존의 지도 제작 관성에서 벗어나지 못하고 있다. 그럼에도 불구하고 『여지전도』는 이전의 지도보다 많이 발전했는데, 원 지도의 정보를 최대한 흡수하여 중국 해양의 좀 더 완전한 윤곽을 그린다. 『여지전도』는 요동반도에 대한 묘사가 상당히 정확하며, 발해의 모양은 거의 실제

지도4 『天下都地圖』(局部), 1770年, 首爾大學奎章閣藏

에 가깝다. 한반도와 산동반도가 확대되었지만, 중국과 한반도 사이의 거리는 비교적 정확하고, 황해의 모양도 그다지 큰 차이가 나지는 않는다. 중국 동남해안과 대만의 지형과 위치는 비교적 정확하게 묘사되어 있으며 동해의 모양은 기본적으로 실제에 가깝다. 남중국해의 경우, 중남반도, 인도네시아제도, 필리핀 등을 묘사하고 있는데, 이들은 모두 남중국해의 윤곽에 없어서는 안 될 중요한 부분이다. 『여지전도』는 요동반도 남부 연해일대의 바다를 '발해(渤海)', 인도네시아 북부 바다를 '소남양(小南洋)', 인도네시아 남부 바다를 '대남양(大南洋)'이라고 표기했는데, 모두 서양의 한문세계지도가 조선에 전해지면서 추가된 해양 지리 지식이다.

2.2 민간 지도 : 해양 지리 정보의 혼용

지도5 『中國地圖』, 作者未詳, 朝鮮 後期, 國立中央博物館藏[21]

조선 중기 이후에는 민간의 지도 제작도 활발했다. 상대적으로 민간
지도는 지도 제작 기술 수준이 낮고 지리 정보 묘사도 간략하다. 그러나
형식과 내용에 제약이 없기에 민간이 그린 세계지도는 창의적이다.

『중국 지도(中國地圖)』(지도 5)는 '영규리(英圭黎)', '하란국(荷蘭國)', '대
서양(大西洋)', '소서양(小西洋)' 등의 지명이 기재되어 있는데 서양 한문 지
도의 영향을 받은 것으로 보인다. 지도에는 명나라 13개 성이 그려져 있으
며 동시에 '대만부(臺灣府)'와 '영고탑(寧古塔)'이 그려져 있다. 대만부는 청
강희 23년(1684)에 설치되었으며, 영고탑도 청 시기의 지명이다. 따라서 이
지도는 청나라 때 만들어진 것으로 추정할 수 있다. 하지만 '여진국(女眞
國)'이라는 글자가 표시되어 있어 청나라를 인정하지 않는 조선인들의 심

---

20 재인용 오상학:『古地圖』, 首爾國立中央博物館, 2005.

정을 반영하고 있다.

중국 지도는 한반도가 확대되었을 뿐만 아니라 길이가 항주만 일대로 확장되면서 황해와 동해의 모양과 규모에 영향을 미쳤다. 일본과 류큐(琉球)의 지리적 위치와 규모는 현실과 차이가 크다. 남해에는『산해경(山海經)』의 허구 국명인 '소인국(小人國)', '대인국(大人國)', '천흉국(穿胸國)' 등이 있다. 남해 남서쪽에는 '섬라국(暹羅國)', '점성(占城)'이 있는데 이들 지명은 이전의 조선왕조 세계지도가 잊고 있던 지명이다.

중국 지도에는 '해남도', '애산', '전횡도', '대만부', '서복(徐福)'섬 등 5개의 섬이 있다. 해남도, 애산, 전횡도는 이미 서술한 바 있다. 대만부는 명청 교체기에 정성공 등 남명 세력이 청나라에 대항하는 무대이며, 지도 속의 대만은 해남도, 류큐보다 작은 섬이지만 지리적 위치는 비교적 정확하다. '서복'섬은 사실 허구이다. 전설의 동해 삼선산(三仙山)은 신선 도가의 사상을 구현한 무대인데, 진시황 때 서복은 3천 명의 남녀를 거느리고 산동 연안에서 동도(東道)했다는 전설이 전해진다.『중국지도』는 서복섬을 동해의 산동반도 남쪽에 묘사하고 있다.

대체적으로 중국 지도의 지리 정보는 혼란스러운데, 특히 명청 시기 지리 정보가 혼재되어 있으며, 실제 지명은 가공의 지명과 혼재되어 있다. 이 지도는 일부 잊힌 지리 지식을 복원하려고 의도적으로 현재의 실정을 외면하여 중국 해양은 현실적이지 않다. 이 지도는 명청 교체기 이후 조선인의 복잡한 심정을 반영한다.

3. 서양 지도의 영향과 조선의 해양 인식의 진보

서양 한문 세계지도가 조선에 전래하여 서양식 지도에 관한 관심과 모

방을 자극하였고, 서양 지도의 제작법과 그 제작 이념을 전면 수용한 지도
도 등장한다. 일부 지도는 서양 한문 세계지도를 밑그림으로 하여 원 지도
를 부분 수정하는 등 각종 조선식 세계지도가 제작되었다.

3.1 19세기 『해동삼국도(海東三國圖)』: 정밀한 중국 해양 지도

조선 후기에 이르러 조선인들은 서양인이 만든 지도를 직접 열람하고
입수하기 시작했다. 1889년 박정양 주미조선전권대신이 고종을 만나 『전
구전도(全球全圖)』를 근거로 미국과 러시아 등 중국 정도의 대국이 세계에
존재한다고 설파했다.[21] 문인 김정희는 서방 세계지도를 열람한 뒤 서양
지도의 제작 수준에 감탄했는데, 조선·중국·일본의 국경이 남회인(南懷仁)
이 그린 『곤여전도(坤輿全圖)』와 중국 『황여전도(皇輿全圖)』보다 훨씬 정확
하다고 주장했다.[22] 서양 세계지도의 높은 기술 수준은 중국 중심의 화이
세계관을 뒤흔들었을 뿐만 아니라 조선왕조의 서양식 세계지도 제작을 촉
진하여 비교적 정확한 서양식 세계지도가 다수 등장했다.

『해동삼국도(海東三國圖)』(지도6)는 19세기에 제작된 서양 지도법으로
당시 조선에서 가장 수준이 높았던 지도이다. 조선에서 제작한 지도를 중
국·일본에서 들여온 지도와 결합한 것으로, 지도에는 일본, 절강성(浙江
省), 류큐(琉球), 대만(臺灣), 안남(安南), 여송국(呂宋國)까지의 거리를 표시
한 흔적이 일부 남아 있다.[23]

해동삼국도의 제작 이념은 과거와 달리 한반도를 의도적으로 확대하거
나, 일부 지역의 모양을 의도적으로 왜곡하거나, 혹은 중국을 화면 중앙에
배치하는 관행을 완전히 버리고, 실제 지형을 과학적으로 정밀하게 묘사

---

21 『承政院日記』, 高宗 26年 7月 24日.
22 鄭恩主 : 〈從中國流入地圖的朝鮮式變容〉, 明淸史研究 2014年 第4期, p276.
23 오상학 : 〈韓中日古地圖中的離於島海域認識〉, 〈國土地理學會志〉 第45卷 1號, 2011, p78.

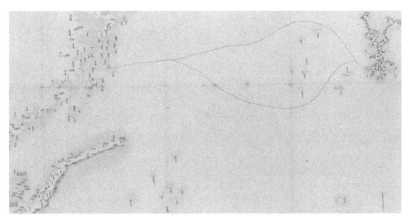

지도6 『海東三國圖』 局部, 19世紀, 首爾大學奎章閣韓國學研究院藏

하였다. 지도에서 발해, 황해, 동해 및 기타 해역의 모양과 면적, 수많은
섬 사이의 거리는 전례 없는 정확도를 보인다.

『해동삼국도』는 많은 섬을 묘사하였는데, 대만, 일본, 류큐의 묘사가
주목된다. 조선과 류큐의 외교관계와 무역관계 때문에 과거 조선 지도에
서 류큐의 지위는 줄곧 대만보다 높았고, 류큐의 면적은 대만보다 크게 그
려졌으며, 심지어 많은 지도가 종종 대만과 소유구(小琉球)를 혼동하고, 그
위치도 정확하지 않았다. 하지만『해동삼국도』는 소유구와 대만을 구별하
였고 지도에서 류큐는 더 이상 확대 과장되지 않았다.

조선왕조와 대만은 거리가 멀고 직접적인 교류가 없었기에 조선인은
대만을 '해도(海島)'라고 칭하며 관심을 두지 않았다. 명청 교체기 정성공
이 대만을 청나라에 대항하는 무대로 삼았을 때 비로소 조선은 이 섬을
주목했다. 그러나 정보의 한계 때문에 당시 조선인들의 대만에 대한 인식
은 대부분 불완전하거나 심지어 부정적이었다. 1682년 숙종에게 보고된
대만은 땅이 척박하고 물산이 부족하며 주민이 적은 작은 외딴섬이었다.[24]

조선 조정은 심지어 대만이 어디에 있는지조차 파악하지 못했다. 강희 14
년(1675) 시기의 조선왕조 기록을 보면, 일부 조선인은 대만을 조선 서해
바다에 있는 것으로 오인하기도 했다.[25] 건륭제 48년(1783)에 한 조선 대신
이 "대만은 광동성 남쪽 바다 가운데 있다"라고 보고했다.[26] 건륭 52년
(1787)에 이르러서야 조선인들은 대만의 정확한 지리를 이해했다.[27] 가경
2년(1797)에 한 조선인이 대만 서부 연안에 갔다가 귀국하여 보고하기를,
"음식은 우리나라와 다르지 않다. 문물과 풍습이 발달하여 복건과 소주에
는 미치지 못한다"라고 말했다.[28]

  이 지도는 대만 서부의 해안 지역을 묘사한 것으로 매우 상세하며, 대
만과 해외 간의 빈번한 교류를 반영하고 조선인이 대만의 지리에 대해 비
교적 정확하게 알고 있음을 보여준다. 지도는 또한 대만과 동아시아의 여
러 지역과 해상 항로 및 거리를 표시하여 해양 중심의 동아시아 경제 시스
템의 발전과 동아시아 경제 시스템에서 대만의 위치를 반영한다.

  『해동삼국도』에는 중국 해양 지리 정보가 풍부하다. 과거에 눈에 띄지
않았던 섬들이 새로이 주목받았다. 팽호(澎湖) 열도는 『혼일강리역대국도
지도(混一疆理歷代國都之圖)』에 등장했지만 작은 점으로 등장했고 위치도
정확하지 않았다. 이후 조선 세계지도에는 팽호 열도가 거의 보이지 않는
다. 『여지전도(輿地全圖)』에는 팽호섬이 일정한 모양을 하고 있지만 위치
가 정확하지 않고 타이완섬 남쪽에 있다고 기록되어 있다. 사실 조선 후기
에 이미 팽호섬의 정확한 위치를 알고 있는 저명한 학자 박지원(朴源源)은
팽호섬이 "천주(泉州)와 금문(金門)을 마주하고 있다"라고 기록했다. 또한

---

24 『肅宗實錄』 13卷, 肅宗 8年 3月 2日.
25 『肅宗實錄』 4卷, 肅宗 1年 6月 3日.
26 『正祖實錄』 第15卷, 正祖 7年 3月 24日.
27 『正祖實錄』 第24卷, 正祖11年 11月 23日.
28 『日省錄』, 正祖21年(1797) 閏6月 22日.

과거에는 '논이 없고 채집하여 먹고 사는' 가난한 섬이었으나 지금은 '무역이 번성한 낙토(樂土)'[29]가 되었다고 기록했다. 『해동삼국도』의 팽호 열도는 모양과 위치, 규모가 매우 정확하여 거의 현대 지도 수준에 가깝다.

『해동삼국도』는 서양의 지도 제작 기술과 이념을 전면 수용하여 기존의 중국 중심의 화이 세계관과 조선의 '소중화' 사상을 벗어났다. 조선인들은 이 지도를 통해 마침내 객관적인 중국 해양의 모습을 볼 수 있었다.

3.2 19세기 말 『사민필지(士民必知)』: 완전한 중국 해양 묘사

조선왕조 말기에 이르러 일반인들도 세계지리 교과서 『사민필지(士民必知)』(지도 7) 등 상당히 정확한 세계지도를 접할 수 있었다.

『사민필지』는 미국인 선교사 헐버트(H. B. Hulbert)가 제작한 세계지도다. 당시 서방 세계지도의 내용을 그대로 옮겨 놓은 것으로 지명이 한글일 뿐이다. 이 지도는 현대 지도 수준에 거의 근접한 중국 해양을 묘사한다. 해양 명칭을 보면, 동해를 '東海', 황해를 '黃海'라고 부르며, 이는 현재 해역의 명칭과 일치한다. 동해와 황해는 각각 과거 조선인이 즐겨 사용했던 '남해(南海)'와 '서해(西海)'를 대체한다. 그러나 남중국해의 이름은 지금과 달리 '청국해(淸國海)'라고 기재한다. 지도 제작자들이 이웃 나라 중국과 일본의 해양 명명법을 참고해 지도를 만든 결과이다.[30]

조선왕조 말기의 지도는 기존의 전통적인 지도 제작법과 지리 사상에서 완전히 벗어나 서양의 한문 지도에 대한 모방과 변형에 만족하지 않고, 서양의 지리에 관한 지식과 지도 제작법을 전면 수용하여 정확하고 완전

---

29 樸趾源 : 『燕岩集』卷之六 '別集・書事', 〈書李邦翼事 沔川郡守臣樸趾源奉敎撰進〉, 入韓國文集叢刊第252冊, p102.

30 오상학 : 〈韓中日古地圖中的離於島海域認識〉, 國土地理學會志第45卷1號, 2011, p78-80.

지도7 『士民必知』, Hulbert, H.B., 1889年, 国立韩语博物馆藏[32]

한 중국 해양을 묘사했다.

조선왕조 지도의 중국 해양에 대한 명칭과 그 변화는 또 다른 측면에서 조선인들의 중국 해양 인식의 진화를 반영한다. 조선왕조 초기 지도에는 해양명은 많이 기록되어 있지 않고, 일부 지도에는 '해(海)', '대해(大海)'라는 글자만 표기되어 있다.[31] 조선 중기 이후 지도에 중국의 해양명이 점차 등장한다. 조선인은 한반도 주변 바다의 이름을 네 방위로 짓기 때문에 서해 동해 남해 등 여러 이름으로 불리는데, 이들 바다 이름은 시대에 따라 달라지는 경우가 많다.

황해. 조선인은 한반도의 서쪽 바다를 '서해'라고 부른다.[32] 그래서 많

---

31 〈新增東國輿地勝覽〉 1531年, 收入 『八道總圖』.

32 『萬機要覽』 軍政編四, 海防, 西海之南 ; 〈東國文獻備考〉 卷19 〈輿地考〉 項目中有 "西海", 卷20 為 "西海之南", 卷21 為 "西海之北".

은 조선인은 조선 반도의 서해를 중국의 동해라고 생각한다.[33] 그러나 한반도의 서해는 동해가 아니라 황해이다. 조선왕조시대 지도에서는 기본적으로 서해를 황해[34]로 불렀고, 일부 지도에서는 '서대해(西大海)'라고 불렀다.[35]

동해. 조선 사람들은 일반적으로 반도 남쪽 바다를 '남해'라고 불렀기 때문에 중국 주산군도(舟山群島)가 남해에 있다고 생각했다.[36] 조선 중기 이후 해역의 범위에 대한 개념이 명확해졌고, 일부 사람들은 반도 남서부의 섬을 경계로 북쪽을 서해, 남쪽을 남해라고 불렀다.[37] 조선왕조 지도에서 동해 해역의 명칭은 기본적으로 '남해'[38] 또는 '남대해(南大海)'[39]로 되어 있다. 일부 서양 한문 지도에서는 동해를 '소서해(小西海)'[40]라고 부르기도 하지만 이는 매우 드문 경우다.

남해. 남중국해는 한반도에서 멀리 떨어져 있기 때문에 조선 지도에는 이 해역의 명칭이 거의 기록되어 있지 않다. 서양의 한문 세계지도가 전해지고 조선식 모방 지도가 나타나기 전까지는 『여지전도(輿地全圖)』와 같이 남해 남단 해역에 '소남해(小南洋)'이라고 표기되어 있다.[41]

발해(渤海). 조선 사람들은 일찍이 발해의 지명 출처를 알고 있었다.[42] 그러나 조선왕조 전기 지도에는 이 해역의 이름이 거의 등장하지 않다가 중기 이후에는 발해가 등장한다. 많은 지도에 기록되어 있는 발해의 범위

33 李民成：『敬亭先生續集』卷之一, 『朝天錄』上, 六月十三日壬申.
34 『輿地圖』中的『我國總圖』, 首爾大學奎章閣藏.
35 『海東地圖』18世紀 中期.
36 樸思浩：『心田稿』二, 留館雜錄, 耽羅漂海錄.
37 『薊山紀程』卷之三, 甲子正月初五日.
38 『輿地圖』中的『我國總圖』, 首爾大學奎章閣藏.
39 『海東地圖』18世紀 中期.
40 『輿地圖』『天下都地圖』, 1770年 摹寫, 首爾大學奎章閣藏.
41 『輿地全圖』, 19世紀 前期, 崇實大學博物館藏.
42 李民成：『敬亭先生續集』卷之一, 『朝天錄』上, 六月十三日壬申.

개념은 현대와 다르며, 어떤 지도는 요동반도 남부 해안 일대의 해역을 발해라고 부르고[43], 어떤 지도는 산동반도와 한반도 사이의 해역을 발해라고 표시한다.[44]

이 밖에 중국 해양에 대한 조선인들의 호칭으로는 북양(北洋), 동양(東洋), 동대양(東大洋) 등이 있다. 조선인은 북양은 요동과 산해관 일대의 바다를, 동양은 산동과 조선 사이의 바다를 의미한다고 생각했다.[45] 여기서 북양은 사실상 발해, 동양은 황해, 동대양은 조선 서부 바다, 즉 황해와 일부 동해 해역을 말한다.[46] 그러나 이러한 바다 이름은 조선왕조 지도에는 거의 반영되지 않는다.

조선왕조 말기 조선의 중국 해양명은 지금의 해양명에 가까웠다. 1889년 『사민필지』에서는 동해를 '東海', 황해를 '黃海'라고 명명했다. 특히 이 지도는 남해를 '청국해'라고 명한다. 『사민필지』는 서양 지도의 한역판으로 중국 지도의 영향권에서 완전히 벗어나 있지만 지명에는 여전히 중국의 영향이 남아 있다.

4. 결론

조선왕조 지도 발전사는 외국 지도의 영향을 많이 받았는데, 전기 지도는 중국 지도의 영향을 많이 받았고, 중후반에는 서양 한문 지도의 영향을 많이 받았고, 말기에는 서양 지도 제작법을 그대로 받아들였다. 이 지도 발전 과정에서 중국 해양에 대한 조선 지도의 묘사는 큰 변화를 겪었다.

---

43 『輿地圖』, 18世紀 末期, 首爾大學奎章閣藏.
44 『輿地全圖』, 韓國首爾歷史博物館藏.
45 金昌業 : 『老稼齋燕行日記』, 正月二十七日.
46 李(土+甲) : 『燕行記事』, 聞見雜記, 上, 雜記·聞見雜記.

　　조선왕조 초기 세계지도인 『혼일강리역대국도지도』는 한반도가 의도
적으로 확대되어 황해 등 해역이 왜곡되었는데, 기본적으로 조선인들은
원나라의 지리 지식과 세계관을 받아들였다. 16세기에 이르러 조선왕조의
존명사대 외교정책, 문인사대부의 화이 세계관, 그리고 명나라의 폐쇄적
대외정책의 세계지도는 조선인들의 지리 사상과 세계관에 큰 영향을 미쳤
다. 이 시기 조선 세계지도의 묘사는 중국을 중심으로 한 동아시아에 국한
되어 있었고, 중국 주변은 조공국이었으며, 중국의 해양에 대한 묘사는 이
러한 영향을 반영하고 있다. 명청 교체기 조선이 청나라의 침략을 받은 이
시기의 많은 군용 지도는 이 시기의 국제 정세 변화와 조선의 정치적 입장
을 반영하고 있다. 민간 지도인 중국도는 중국 해양에서 특별히 전횡도,
애산, 해남도 등 세 섬을 선별하여 표기하고 있어 조선의 문인사대부에게
충의와 유학을 대표하는 중요한 역사적 교육적 의의가 있다. 조선 중기 이
후 서양의 세계지도는 조선에 충격을 주고 조선인의 세계 지리에 관한 지
식을 증가시켰으며, 조선인들은 중화 이외의 세계를 인식하게 되어 결국
그들의 세계관을 뒤흔들게 된다. 조선왕조 말기 조선 지도는 기존의 전통
적인 지도 제작법과 지리 사상에서 완전히 벗어나 서양의 제작법을 전면
수용하여 조선의 세계지도를 그렸다. 또한 조선왕조 초기부터 중기까지
중국의 해양 지리에 관한 조선 지도의 묘사는 전반적으로 조잡한 편이었
고, 조선왕조 후기에는 유럽 지도의 영향을 받아 중국 해양 지도가 정교하
게 그려졌다.

후난성 창사시와 한국 독립운동

조광범(赵光范)*

* 조광범:호남사범대학교 한국어학과 조교.

대한민국 임시정부와 항일 독립투사들은 나라를 잃고 먼 타국에서 활동했지만 고립무원에 놓이진 않았다. 어디에 가든지 그들 곁에는 물심양면으로 독립을 지지해 준 이들이 있었고, 이 중 상당수는 바로 중국인들이었다. 창사시에 아직 남아 있는 역사의 흔적들은 바로 한국 임시정부의 고난의 대장정 시기 중국과 한국의 열혈 지사들의 끈끈한 국제적 우의를 증명해 줄 귀한 징표가 되고 있다.

창사시 초우쭝거리를 지나 역사문화구역에 들어서면 중화민국 시기의 공관 건물을 볼 수 있는데 바로 남목청 6호 건물이다. 20세기 30년대 공관식 건물인 이곳은 비록 1938년의 '문석화재'[1]로 손상을 크게 입었지만 그 틀만은 여전히 유지하고 있다. 2009년에 보수공사를 하여 현재의 구조를 갖추게 되었는데, 서쪽에 위치한 2층짜리 작은 건물을 허물고 동쪽 주체 건물의 사면에 벽을 새로 세우고 가운데의 천장을 보전한 모습이다. 전체 면적은 472제곱미터로 목조 계단과 바닥으로 되었으며 청기와와 흰색 벽칠로 장식되어 있다. 건물 곳곳에 임시정부 주석 김구의 창사에서의 독립운동과 생활에 관련된 자료들을 전시해 두고 있다. 이로 보아 이 건물은 그 당시 조선혁명당 당사였을 뿐만 아니라 김구를 비롯한 한국 애국자들의 안식처였음에 틀림없다.

남목청 이 공관은 원래 조선혁명당 본부와 한국광복전선 3당 합일의 회의 장소 및 주둔지로 사용되었다. 1937년 11월, 김구는 대한민국 임시정

---

1 '문석화재'란 1938년 11월 13일 새벽에 창사에서 발생한 특대 화재를 말한다. 일제의 침입에 대응하여 당시의 중국 국민당 정부는 적들에게 물자를 남겨주지 않으려고 도시의 모든 물자를 태워버릴 것을 시도했다. 그 계획을 실시하기 직전에 발생한 여러 가지의 우발적 요소로 인해 이 화재는 통제 불가능한 사태로 넘어갔고, 이로 인해 시민 3만여 명이 생명을 잃고 전체 도시의 90% 이상의 가옥이 불탔으며, 10억 위안의 손실을 입어 창사시는 국제적으로 제2차 세계대전 중 훼손을 가장 크게 입은 도시 중 하나가 되었다.

부 요원과 가족 100여 명을 거느리고 상하이, 항저우, 자싱, 전장, 난징을 거쳐서 당시 아직 후방에 속한 창사에 도착했다. 한국 임시정부는 서원북리 2호 즉 조항척[2] 장군의 공관에 주둔했고 김구와 일가은 남목청에 입주했다.

사실 근대의 창사시에서 중한 양국 인민의 우의의 기반을 다져 준 것은 이번 임정의 전이가 아니라 그 전에 있은 '창사 중한호조사'의 설립이었다. 창사 중한호조사는 호조사 중에서도 마오쩌둥(毛澤東)이 참여해 발족한 곳으로, 호조사 중 가장 일찍 설립되어 다른 호조사의 모범이 되었다. 1921년 3월 17일[3](실제로는 3월 14일)에 설립되었으며, 설립대회에서 명칭·취지·입사 조건·조직 구도·경비 출처 등의 내용을 포함한 '호조사 약칙'을 통과시켰다. '한중 양국 국민 간의 감정을 깊이 하고 양국 국민의 사업을 발전'한다는 취지 아래 '한중 양국 국민으로서 남녀·종교를 막론하고 본사의 취지에 동의하며, 2명 이상 회원의 소개가 있으면 바로 가입할 수 있다'라고 규정하였다. 창사 한중호조사의 활동은 양국 국민의 상호이해를 증진하고 서로 단결하여 제국주의, 특히 일본제국주의에 대해 투쟁하는 업무를 전개하는 데 있어 일정한 사회적 토대와 사상적 토대를 닦았다. 당시 한국 측 목적은 후난성(湖南省)에서 망국의 아픔을 강연하고 반일주의를 선전하며 반일 선전 내용을 게재한 신문이나 잡지를 배포하는 것이었다. 종합적으로 볼 때 한국 독립운동에 대한 중국인들의 지지와 지원을 얻어 일본에 함께 대항하기 위함이었다. 그러나 당시 중국 측 인사들은 사상운동에 더욱 비중을 두고 있었다. 이들은 새로운 사상의 전파를 통해 민중을 일으키는 것을 중시하였다. 한국 독립운동의 정신을 배우는 동시에 한국 지사들의 항일투쟁에 동정과 지지를 표했던 것이다. 이렇듯 양국 지도자

---

2 조항척은 후난성 전임 성장이었다.
3 설립 일자는 14일이고 17일은 경찰관서에 등기한 시간으로 고증된다.

들의 행동과 사상에는 일정한 차이가 있었기 때문에 한중호조사는 계획대로 목표를 달성하지는 못했지만, 그럼에도 불구하고 교류를 지속하고 우호관계를 유지하면서 양국의 입장은 점차 적극적인 항일로 일치하게 되었다. 이로써 중국 국민정부에서 한국 독립운동을 인적·물적으로 지원하는 발판을 마련할 수 있었다.

앞에서 말했듯이 마우쩌둥은 창사 중한호조사 설립 초기에 주요 발기인의 한 사람으로서 통신부주임을 맡고 있었는데 그의 한국 독립운동에 대한 성원은 사실상 호조사 설립 전부터 이미 이루어졌다고 보아야 할 것이다. 1919년 3·1운동이 일어난 후 중국의 많은 혁명가가 적극적으로 성원에 나섰는데 마우쩌둥이 편집장 및 기고인으로 활동하던 『상강평론』이 바로 그중의 주요한 간행물이었다.

마우쩌둥 등이 한국의 독립운동을 위해 했던 활동 및 역할은 다음과 같은 몇 가지로 나눌 수 있다. 첫째는 호남의 『대공보』 및 다른 성의 신문, 간행물을 통해 한국의 독립운동에 대한 선전을 진행했다. 1921년 3월의 『대공보』를 중심으로 살펴보면, 여러 회에 나누어 『한국임시정부의 새로운 내각』, 『한국교포, 독립운동 기념대회 개최』, 『한국당 최근의 독립운동』, 『한국독립당의 큰 활동』, 『한(韓)족회의 큰 활동』 등 글을 실었다. 둘째는 문화서사에서 박은식의 『한국독립운동지혈사』를 선전, 판매한 것이다. 셋째는 한국인의 창사 등지에서의 반일주의의 선전을 암암리에 보호하고 조직해 준 것이다.

중국공산당은 처음에는 한국 임시정부에 대해 비판적인 태도를 보였다. 1930년 중국공산당의 기관지였던 『홍기』에 실린 글에서는 한국 임시정부가 하층 인민들을 탈리했다고 비판한 바가 있다. 하지만 '홍커우공원 폭파사건' 이후로 중국공산당의 여론적인 지지를 얻게 되었다. 같은 해 5월 중화소비에트중앙인민정부 기관지인 『홍색중화』에서는 긍정적인 태도

를 취하면서 '고려당인'들의 장거를 높이 치하했다. 항전 시기에 중국공산
당이 국민당 통치구역에서 발행한 『신화일보』에 실은 한국 독립운동에 관
한 기사는 392편으로 국민당 중앙기관지인 『중앙일보』에 실은 같은 부류
의 기사보다 170편 정도나 더 많았다.

1937년 난징과 전장(鎭江)을 오가면서 독립운동을 전개하던 임시정부는
후난성(湖南省) 창사로 그 청사를 옮기게 되었다. 김구는 『백범일지』에서
임시정부가 창사로 옮기게 된 이유와 당시 생활을 다음과 같이 설명했다.

> 100여 명의 남녀노유와 청년을 이끌고 사람과 땅이 생소한 후난성 창사에
> 간 이유는, 단지 다수 식구를 가진 처지에 이곳이 곡식이 극히 싼 곳인
> 데다, 장래 홍콩을 통하여 해외와 통신을 계속할 계획 때문이었다. 창사에
> 선발대를 보내놓고 안심하지 못하였으나 뒤미처 창사에 도착하자 천우신
> 조로 이전부터 친한 장즈중(張治中) 장군이 후난성 주석으로 취임하여, 만
> 사가 순탄하였고 신변도 잘 보호받았다. 우리의 선전 등 공작도 유력하게
> 진전되었고, 경제 방면으로는 이미 난징에서부터 중국 중앙에서 주는 매
> 월 다소의 보조와 그 외 미국 한인교포의 원조도 있었다. 또한 물가가 싼
> 탓으로 다수 식구의 생활이 고등난민의 자격을 보유케 되었다. 내가 본국
> 을 떠나 상하이에 도착한 후 우리 사람을 만나 초면에 인사할 때 외에는
> 본성명을 내놓고 인사를 못하고 매번 변성명 생활을 계속하였으나, 창사
> 에 도착한 후로는 기탄없이 김구로 행세하였다.

창사에 임시정부가 체류한 기간은 대략 1937년 12월부터 다음 해 7월까
지로 보고 있다. 김구는 자신의 본명을 밝힐 정도로 대외적인 활동을 활발
하게 전개해 나갔다. 그런데 정정화의 『장강일기』에는 그의 가족이 창사
에 합류한 시점을 1938년 2월로 기록하고 있는데, 이는 임시정부 관계자들

이 전장에서 창사로 한 번에 이동한 것이 아니라 선발대·본진·후발대로 나누어 이동했기 때문이다.

김구의 도래에 대한 중국 후난성 주석 장쯔중의 환영은 극진했다. 직접 김구 일가를 전임 성장 조항척 장군의 저택으로 안내하는가 하면[4] 창사시 라디오방송국에 한국어 방송 채널을 증설하고 창사시 우편국에 한국 임시정부를 위한 전문 우편함을 설치해 임시정부의 정보 교류에 편리함을 가져다 주기도 했다. 한편 중국공산당 고층 지도자인 저우언라이와 둥비우 등도 직접 창사시에 와서 김구와 회담하기도 했다. 1938년 1월에는 당시 중국공산당의 선전을 주관하는 문화 인사 궈모뤄도 창사에서 김구와 회담을 가졌다.

후난성 정부에서는 임시정부 요원들에게 주숙지와 사무 장소를 안내하고 그들의 자녀들로 하여금 명문 학교 '야리중학교'에 다닐 수 있도록 배려해 주었다. 앞에서 인용한 『백범일지』의 한 문단은 김구가 창사에 머무르는 동안 다른 곳에서 망명할 때 가져보지 못한 가슴속 깊이에서 느낀 잠깐의 아늑함을 보여주고 있다.

창사시에서의 이런 외부 환경은 한국 임시정부로 하여금 각 당파들이 충분한 교류를 진행할 소중한 기회를 마련해 주었다. 김구는 남목청 6호에서 후난성에 있는 3개 당파를 모아 해외의 아홉 개 혁명단체와 연락을 취하고 그들로 하여금 공동으로 창사방송국과 후난『국민일보』, 창사『대공보』 등 영향력 있는 십여 개의 매체에 일본은 필히 망할 것이라는 선언을 발표함으로써 3·1운동 이후 또 하나의 독립운동의 고조를 맞이했다.

김구는 창사에 체류하는 기간 후난성 인민들과 협력하여 항일전쟁에 참여하기도 했다. 그는 일련의 활동들을 조직했는데 예를 들면 3·1운동 19

---

4 여기에 관해서는 여러 가지 설이 있는데 김구 일가의 숙소를 남목청이라고 하는 사료도 있고 서원북리 조항척의 저택이라고 하는 사료도 있다.

주년 기념, 이봉창 의거 6주년, 7·7 항전 1주년, 홍커우 폭파사건 기념활동 등을 전개하고 생활 지출을 줄임으로써 후난성의 항일전쟁에 경제적인 후원금도 마련해 주었다.

하지만 애국인사들이 구국 독립운동에 한창 매진하고 있을 때 예상치 못한 사건이 발생했으니 그것이 바로 '남목청사건'이다. 1938년 5월 7일 김구 등은 3당 통일 문제를 협의하려고 창사에 있던 조선혁명당 당사인 남목청에 모였다. 이어 연회가 열릴 때 조선혁명당원 이운환이 돌입하여 권총을 난사했다. 제1발에 김구가 맞고 중상, 제2발에 현익철이 중상, 제3발에 유동이 중상, 제4발에 지청천이 경상을 입었다. 현익철은 병원에 도착하자마자 절명했다. 김구와 유동열은 입원 치료한 뒤 함께 퇴원했다. 범인 이운환은 중국 정부에 의해 긴급 체포되었고 혐의범으로 박창세, 강창제 등도 구금되었으나 당시 일본군에 쫓기던 중국의 사정 때문에 제대로 조사하지 못하고 모두 풀려났다.

중상을 입은 김구는 즉시 상아병원으로 후송되었다. 의사는 김구에 대해 소생할 가망이 없다고 판단하고 응급처치도 하지 않은 채 문간방에 방치해 두었다. 이때 후난성 주석 장쯔중이 자기가 재정을 빼서 줄 것이니 비용을 걱정하지 말고 치료에 임하라고 하며 모든 방법을 강구해서 꼭 구해내라고 한다. 장제스도 관심을 가지고 사람을 파견하여 당시 돈으로 3천 원을 보내왔다.

살아날 가망이 없다고 생각한 의사는 장남 김인과 안중근 동생 안공근에게 사망 통지를 하였고, 그들은 김구의 장례를 치르려고 창사로 급히 달려왔다. 그런데 김구가 기적적으로 소생했고 응급치료는 계속되었다. 그때 아주 귀한 페니실린을 사용했는데 며칠이 지나서 깨어난 김구는 자기한테 무슨 일이 일어났는지를 기억하지 못하였고, 의사는 진짜 이유를 말하면 상처받을까 봐 술을 너무 많이 마시고 넘어져서 상한 것이라고 한다.

김구는 회복 초기에 진짜인 줄 알고 며칠이면 낫겠지 하고 낙관적인 태도를 보이다가 정신이 점차 돌아온 후에 기억을 되찾게 된다.

　김구가 퇴원한 후 후난성 정부는 그를 안전하고 요양하기에 좋은 악록산으로 이동시키는데 그곳이 바로 녹산사 북쪽에 위치한 국민당 장군 장후이짠의 묘소(张辉瓚墓庐[5])이다. 이강훈의 회고록에 따르면 이곳을 요양지로 삼은 이유는 바로 풍경이 수려하고 도심과 떨어져 있으며 조용하고 안전할 뿐만 아니라 아래로 상강이 보이고 아침저녁으로 옆에 있는 녹산사의 북소리와 종소리가 들려오니 그야말로 몸과 마음을 추스릴 최적의 환경이었기 때문이라고 한다. 김구는 이곳에서 몇 달동안 요양을 하다가 후에 창사시의 소련 영사관으로 옮겨 갔다.

　1938년, 중일 '우한회전'이 백열화되자 한국 임시정부는 위험성을 느끼고 광둥으로 옮겨 가기로 했다. 역시 장쯔중 후난성 주석은 열차 하나를 빼 주어 임시정부 요원들에게 사용하게끔 한다. 그리고 광둥성 주석 우테청에게 편지를 썼다. 7월 17일 한국 임시정부 요원 및 가족들은 남목청 6호를 떠나 새로운 장정에 오른다. 1940년 9월 한국 임시정부 주석의 신분으로 광저우에서 충칭으로 가게 되는 김구는 특별히 창사시를 거쳐 갈 때 차에서 자기의 전우 현익철의 무덤 방향을 멀리에서 바라보면서 오랫동안 사색에 잠긴다. 이로써 창사시 및 남목청 6호는 영원히 김구의 마음속에 남게 되었다.

　창사시의 남목청 6호를 비롯한 대한민국 임시정부 활동 구지는 지난 시기 중한 양국의 깊은 우의를 목격한 '증인'으로서 그때 그 사람들의 들끓는 독립의 꿈을 고스란히 간직하고 있다. 김구의 차남 김신 전 공군총장

5　墓庐란 말 그대로 무덤 옆에 지은 집이라는 뜻이다. 장제스의 애장이었던 장후아짠이 전사하자 장제스는 그의 시신을 창사로 옮겨와 직접 자금을 대어 묘소와 주변의 건물들을 지었다.

은 중국을 수십 회 방문하면서 중한 교류의 촉진을 위해 힘썼다. 또한 창사시 정부는 2007년에 남목청을 시급 문화재로 지정하고 2009년에는 대한민국 임시정부를 비롯한 한국 독립운동의 역사를 복원해 기념관으로 조성하기도 했다. 그 후에도 전시 내용에 일부 오류가 있었으며 또한 전시물이 노후하여 전면적인 교체가 필요하게 되자 교체 전시 및 보수공사를 진행하면서 보호 작업에 노력을 아끼지 않았다. 주우한 대한민국 총영사관에서도 임정 수립 100주년을 맞아 남목청에서 기념식을 거행하기도 했다.

참고문헌

김승학, 『한국독립사(韓國獨立史)』, 독립문화사, 1965.

金正明 編, 『朝鮮獨立運動』 Ⅱ, 原書房, 1967.

이현희, 『대한민국임시정부사(韓國獨立運動史資料)』, 집문당, 1982.

『한국독립운동사자료(韓國獨立運動史資料)』 3, 국사편찬위원회, 1973.

독립운동사, 독립운동사편찬위원회, 1972.

『독립신문(獨立新聞)』 상해판.

『동아일보(東亞日報)』 1922. 10. 30.

구조주의 문법과 변형 생성 문법 관점에서 본 남북한 문장 성분화의 차이

염초(閆超)*

* 염초 : 호남사범대학교 한국어학과 부교수.

1. 서론

문장의 성분화는 한국어 통사론의 중요한 구성 부분이다. 문장 성분을 어떻게 구획해야 하는가에 대해서 남쪽과 북쪽은 상당한 차이를 나타내고 있다. 본고는 고영근·구본관(2008)의『우리말 문법론』과 김백련(2005)의『조선어 문장론』을 비교의 대상으로 다루고, 구조주의 문법과 변형생성문법의 이론적인 차이에서 남북 문장 성분화의 차이를 분석할 것이다. 본고는 구조주의 문법과 생성문법이 통사론에서의 주요 차이를 살펴본 다음에『우리말 문법론』과『조선어 문장론』이 문장 성분화에서 제각기 중요시하는 문제들을 정리하고, 그것을 바탕으로 하여『조선어 문장론』에서 나타난 구조주의 문법의 특징과『우리말 문법론』에서 나타난 생성문법의 특징을 구체적으로 고찰할 것이다.

2. 통사론에 있어서 구조주의 문법과
변형생성문법의 주요 차이

구조주의 언어학에서 가장 큰 발전을 한 분야는 음소론이며 이 분야에서는 음운분석의 원칙(phonemic principle)을 마련했다는 것이 가장 큰 수확이라고 할 수 있다. 하지만, 통사론에서는 별로 눈에 뜨일 만한 발전을 보여주지 못했다. 통사론에서 업적을 남긴 구조주의 언어학파는 미국의 기술 구조주의 언어학이다.

구조주의 통사론의 첫 번째 주요 특징은 직접 성분 분석(immediate constituent analysis)방식이라고 할 수가 있다. 통사론에서 중요시된 직접 성분 분석은 구조주의 언어학의 가장 강력한 무기로 여겨 왔다. 직접 성분이란 구성 성분 중에 첫 번째로 결합하는 관계에 있는 성분이다. 문장은 이런 직접 성분들의 계층 구조로 형성된다. 구체적으로 말하면 먼저 상관된 형태소나 단어들이 결합되고 다음 그 결합체가 다른 형태소나 단어 또는 결합체와 결합하며 그다음 또 이미 결합된 것이 다른 형태소나 단어 또는 결합된 전체와 결합되게 된다. 그리하여 직접 성분들이 단계적으로 결합해서 문장이라는 구조를 이루게 된다는 것이다. 맨 아래의 단어나 형태소 계층에서부터 차차 높은 계층, 곧 구나 절을 형성하면서 문장 구조를 이루는 것이다. 그리고 문장의 계층 구조 관계를 분석할 때 두 가지 면으로 고찰할 수 있다. 아래 성분부터 차차 큰 성분을 이루어 가는 상승 방식으로 따질 수도 있고, 그 반대로 맨 위 성분부터 차차 나누어 내려가는 하강 방식으로 분석할 수도 있다.[1]

구조주의 통사론의 두 번째 주요 특징은 문장의 구조적 관계를 중요시하지만 의미적 관계를 도외시하는 것이다. 직접 성분 분석으로 문장을 분석할 때 표면적이고 다양한 구조적 관계를 뚜렷이 밝힐 수 있지만 각 성분 간의 의미적 관계를 무시한다. 사실 구조주의 언어학은 의미론이 문법 기술의 한 분야가 아니라고 여겨 왔다.[2] 따라서 동형 이의 구조와 같은 구조적 모호성을 가진 구조를 직접 성분 분석을 할 때 문제가 생길 것이다. 다시 말하면 겉에 나타난 구조로 보면 동일하지만 의미로는 몇 가지 해석이 다 가능한 경우에는 직접 성분으로 해결할 수가 없게 된다. 예를 들면, "나

---

1 상승이나 하강의 방식으로 한국어 문장을 직접 성분 분석을 하는 것은 서정수(2006: 197)와 허동진(2007: 28)을 참고할 수 있다. 여기서 이론만 논의하고 구체적인 문장을 분석하지 않을 것이다.
2 구조주의 언어학에서는 주어진 자료를 분석, 분류하여 문법을 발견하는 것이 목적이므로 이 목적을 달성하기 위하여 '음소론→형태론→통사론→화용론'의 순서로 문법적 기술이 이루어져야 한다고 생각했다. 바꿔 말하면 주조주의 언어학에서는 의미론은 문법 기술에 참여할 수 있는 분야가 되지 못했다.

는 사랑하는 여자의 언니를 만났다"라는 문장은 "나는 [사랑하는 여자의] [언니를 만났다"로 분석해도 되고 "나는 [사랑하는] [여자의 언니를 만났다"로 분석해도 된다. 이런 경우에 문제가 되는 것은 의미를 알아야 정확한 분석이 가능하게 된다는 점이다. 하지만, 직접 성분 분석을 하는 목적은 구조를 밝혀서 문장의 의미를 파악하자는 것인데, 의미를 알아야 구조를 결정할 수 있다는 것은 앞뒤가 모순된다.

구조주의와 달리 변형생성문법은 처음부터 바로 통사론을 언어 연구의 주요 분야로 간주해 왔다. 생성문법에서는 자연언어의 최대 특성은 그 창조성이라고 생각했다. 그리하여 언어 연구의 목적은 언어의 창조성에 있다. 다시 말하면 유한한 기저 구조(심층구조)가 변형 규칙을 거쳐서 무한한 문장(표면구조)을 만들 수 있는 언어 능력을 연구해야 한다. 이러한 연구를 통해서 모든 언어에 다 적응할 수 있는 보편문법을 만드는 것이다. 생성문법은 그동안 급격한 발전을 거듭했지만 여러 면에서 학자에 따라서 상당한 이견이 노출되고 있다. 그러나 대부분의 학자가 일반적으로 받아들이는 기본 개념 또는 입장이 있다.

구조주의 문법과 달리 생성문법의 첫 번째 주요 특징은 심층구조를 가정하는 것이다. 심층구조를 가정하면 구조주의 직접 성분 분석으로 설명하기 어려운 부분을 해결할 수 있다. 우선, 표면구조로는 동일하지만 의미로는 몇 가지 해석이 가능한 문장을 설명할 수 있게 된다. 위의 "나는 사랑하는 여자의 언니를 만났다"의 구조적 중의성을 설명하려면 "나는 [사랑하는 여자의] [언니를 만났다", "나는 [사랑하는] [여자의 언니를 만났다"와 같은 각기 다른 심층구조를 가정해야 한다. 곧 각기 다른 심층구조가 변형을 거쳐서 동일한 표면구조로 나타났다고 설명하는 것이다. 다음, 표면구조로는 서로 다른 문장들이 그 의미 면에서는 동일한 경우도 설명할 수 있게 된다. 예를 들면, "나는 집으로 빨리 달려갔다", "나는 빨리 집으로 달려갔다", "집으로 나는 빨리 달려갔다" 이 세 가지 문장에서는 의미가 동일하지만 표면적 구조는 다르다. 이는 같은 심층구조가 이동 변형을 통해서 다른 표면구조로 나타나기 때문이다.

구조주의 문법과 달리 생성문법의 두 번째 주요 특징은 구 구조(phrase structure)이다. 구는 형태소나 단어들이 제1차로 결합한 구문론적인 구성체이다. 주목할 만한 것은 여기에서 말하는 구는 전통적 의미의 구와 좀 다른 바가 있다. 때로는 단어를 가리키는 수도 있고 때로는 절까지도 그 한 성분으로 포함하는 수가 있다. 구는 결합되는 성분과 그 중심 단어(머리)에 따라 명사구, 동사구, 부사구 등 여러 범주로 나뉜다. 구 구조란 그 성분을 구 관계로 분석하고 각 구 범주를 체계적으로 밝혀서 나타내는 문장 구조를 가리킨다. 바꿔 말하면, 변형생성문법은 구조주의 문법과 달리 문장 구조를 주어, 서술어, 부사어와 같이 기능적으로 성분화하는 것이 아니라 명사구, 동사구, 부사구와 같이 구 범주로 체계화하는 것이다. 생성문법의 연구 목적 중의 하나는 바로 구 구조의 규칙을 밝히는 것이다. 예를 들면, '문장→명사구-동사구-보조소', '동사구→부사구-동사', '명사구→관형사-명사' 등 규칙이 있다.

3. 문장의 성분화에서 남과 북이 각 중요시하는 문제

남쪽의 『우리말 문법론』과 북쪽의 『조선어 문장론』은 문장의 성분화에서 적지 않은 차이가 보인다. 우선, 그들의 서술체계와 장, 절의 배치부터 차이가 크다. 다음, 동일 문제에 대해서 서로 다른 견해가 있을 뿐만 아니라 동일 분야에서도 제 각기가 중요시하는 문제도 차이가 많다.[3] 여기서는

---

3 두 문법서가 문장의 성분화에 관한 서술체계 및 각 장과 절의 주요 내용은 부

『우리말 문법론』과 『조선어 문장론』이 문장 성분화 중의 동일 분야에서 각 중요시하는 문제들을 다음과 같이 정리했다.

표1 문장 성분화에서 남과 북이 각 중요시하는 문제[4]

공통 화제	각 중요시되는 문제	
	남(『우리말 문법론』)	북(『조선어 문장론』)
문장성분의 분류 기준	기본문형, 의미역	형태적 기준, 문장의 단계적 구조
문장성분의 단위	어절, 구, 구절, 절(성분절)	구조적 단위로서의 단어
문장성분의 유형	본성분과 바깥성분, 필수적 성분과 수의적 성분, 주성분과 부속성분, 논항과 부가어	근간성분, 곁가지성분, 독립성분
주어	주어의 표현 형태와 문법적 단위, 주어의 통사론적인 변별기준과 의미론적인 특징	주어의 정의와 표현 형태, 문법적 주체로서의 주어의 통사론적인 특성
서술어 (술어)	서술어의 표현 형태와 문법적 단위, 동사의 논항구조와 선택 제약	술어의 정의와 표현 형태
목적어 (직접보어)	목적어와 보어의 구별, 목적어의 표현 형태와 문법적 단위, 목적어의 통사론적인 특성과 의미론적인 특성, 의사목적어	직접보어의 정의와 표현 형태, 직접객체가 아닌 직접보어, 자동사술어와 결합하는 직접보어, 형용사술어와 결합하는 직접보어, 성구론적 결합체 중의 직접보어, 2차적인 직접보어
관형어 (규정어)	필수적인 관형어, 관형어의 표현 형태와 문법적 단위, 관형격조사의 생략, 관계절의 정의와 형성과정, 보문절과 연계절의 통사·의미적인 특성 및 관계절과의 구별	규정어의 정의와 표현 형태, 규정어의 곁가지성분으로서의 특성, 대상적 규정어와 서술적 규정어
부사어	필수적인 부사어, 부사어의 표현 형태와 문법적 단위	상황어의 정의와 표현 형태

록의 표2와 표3을 참고할 수 있다.

4 이상의 공통 화제 이외에 『우리말 문법론』은 '보어'란 주성분을 설정하고 『조선어 문장론』은 '련립어'란 곁가지성분과 '직접보어', '이음말'이란 근간성분을 설정하였다.

공통 화제	각 중요시되는 문제	
	남(『우리말 문법론』)	북(『조선어 문장론』)
(상황어)		
독립성분	감동어, 호격어, 접속어, 제시어	느낌말, 부름말, 보임말, 끼움말

4. 남북 문장 성분화의 차이에서 나타난 변형생성문법과 구조주의 문법의 특징

앞에서는 『우리말 문법론』과 『조선어 문장론』이 문장의 성분화에서 각 중요시하는 문제들을 정리하고 여기서는 그것을 바탕으로 하여 그런 차이에서 나타난 구조주의 문법이나 변형생성문법의 특징을 밝히고자 한다. 전반적으로 보면 남쪽의 『우리말 문법론』은 변형생성문법의 특징이 더 많고 북쪽의 『조선어 문장론』은 구조주의 문법의 특징이 더 많다고 말할 수가 있다. 바꿔 말하면, 남북 문장 성분화의 일부 차이는 구조주의 문법과 생성문법의 이론적인 차이에서 이해될 수가 있다. 다음에는 『조선어 문장론』의 구조주의 문법 특징과 『우리말 문법론』의 생성문법 특징을 구체적으로 분석할 것이다.

4.1 『조선어 문장론』에서의 선명한 구조주의 문법 특징

『조선어 문장론』은 직접 성분 분석 방식으로 문장을 분석하고 특히 상승 방식의 분석을 주장한다. 이러한 구조주의적 사상은 문장의 단계적 성격을 설명할 때 아주 뚜렷이 나타난다. "우리 말 문장구조의 단계적 성격은 하나의 문장 속에서 문장 성분으로 출현한 단어들이 평면상에 일직선으로 배렬되는 것이 아니라 서로 모여 부나 구와 같은 곁가지구조를 이루어 립체적인 굴곡선으로 배렬됨을 의미하는 것이지 결코 문장의 최소단위인 문장성분 안에 이처럼 각이한 단계의 구조적 단위들이 무리하게 들어가서 과포화상태를 이룸을 의미하는 것이 아니다(P16)". 이뿐 아니라 문장의 단계적 구조 및 그와 문장 성분의 관계를 아주 강조하는 것을 『조선어 문장론』의 서술체계에서도 알 수 있다. 그러나 『조선어 문장론』과 달리 남쪽의 『우리말 문법론』에서는 계층적 구조는 문장 조직의 한 원칙으로 지키지만 특별히 전개하여 논의하지 않았다.

『조선어 문장론』은 성분 간의 구조적 관계를 아주 강조하지만 그 의미적 관계를 도외시한다. 이는 구조주의 문법의 특징 중의 하나이다. 구체적인 표현은 다음과 같다.

첫째, 『조선어 문장론』이 문장 성분을 근간성분과 곁가지성분으로 나누는 것은 문장을 의미적 관계보다 구조적 관계에서 분류하는 것이다. "(문장성분의 분류는) 우선 고려해야 할 것은 문장의 단계적 구조이다. 그리하여 술어와의 런계가 직접적인 성분으로서 주어, 보어 등을 갈라내고 다음에 규정어처럼 술어이외의 성분들과 연결되어 그를 통해서만 간접적으로 술어와 관련되는 성분을 가려볼 수 있는데 전자는 술어와 함께 근간성분으로 되고 후자는 곁가지성분으로 된다(P19)". 위의 서술에서 볼 수 있는 바와 같이 근간성분과 곁가지성분의 분류는 문장의 구조적 관계에서 나온 것인데 바꿔 말하면 근간성분은 제1차의 직접성분이고 곁가지성분은 제2차의 직접성분이다. 이와 달리 『우리말 문법론』에서는 문장을 '필수적 성분과 수의적 성분', '주성분과 부속성분' 또는 '논항과 부가어'로 나누는 것은 구조적 관계에서 나온 것이 아니라 의미·기능적 차원에서 나온 것이다.5 그리하여, 〈표1〉에서 보이는 바와 같이 문장 성분의 분류 기준에 있

---

5 이 문제에 대하여 강은국(2008: 190)의 심도 있는 논술이 있다: "이것을 단순히 용어상의 차이로만 보아서는 안 된다. ……주성분과 부속성분의 분류기준을 문

어서 『우리말 문법론』이 중요시하는 문제는 '기본문형과 의미역'이지만 『조선어 문장론』이 중요시하는 문제는 '형태적 기준[6]과 단계적 구조'이다. 그뿐만 아니라 문장 성분의 단위에서 『우리말 문법론』이 중요시하는 문제 는 기능적 단위로서의 '어절, 구, 구절, 절'이지만 『조선어 문장론』이 중요 시하는 문제는 '구조적 단위로서의 단어'이다.

둘째, 주어에 있어서 『조선어 문장론』은 문법적 주체로서의 구조적 공 통성을 강조하지만 그 의미적인 차이성을 무시한다. "주동문에서나 피동 문에서나 주어는 술어동사의 주체, 더 정확히 말해서 술어동사로 출현한 주동적 행동과 피동적 행동의 주체로 된다. 이런 점을 고려해서 우리는 주 어에 대해서 문법적 주체라고 부르는 것이다.(P45)" 위의 논술에서 볼 수 있는 바와 같이 『조선어 문장론』이 강조하는 것은 주어의 문법적 주체로 서의 구조적 관계이다. 다시 말하면, 의미적 관계에서 보면 능동문에서의 주어와 서술어의 관계는 피동문에서의 주어와 서술어의 관계와 서로 다르 지만 구조적 관계의 차원에서 보면 서술어와 직결되는 성분으로서 이 두 가지 주어는 같은 구조적 위치를 차지하고 있다. 따라서 그들은 모두 다 행동의 문법적 주체라고 부른다. 그런데 『조선어 문장론』과 달리 『우리말 문법론』에서는 주어의 의미적인 차이성은 상당히 중요시된다: "의미론적 으로 보아도 주어는 그 나름의 의미역을 지니고 있다(P284)". 이어서 『우리 말 문법론』은 주어의 부동한 의미역들을 예문을 통해서 설명했다.[7]

장 성립에서의 역할에 두고 문장 성립에서 필수적인 성분을 주성분으로 보고 그에 딸린 기타 성분들을 부속성분으로 보고 있는 데 반하여 『조선어 문장론』 에서는 구조적 연결방식에 두고 술어와 직접 연결될 수 있는 성분을 근간성분 으로 보고 술어와 직접 연결되지 못하고 근간성분을 통해서 간접적으로 연계 를 맺는 성분을 곁가지성분으로 보고 있다."

6 근본적으로 말하자면 형태적 기준은 성분 간의 구조적 관계를 나타내는 것이다.
7 『우리말 문법론』이 기술하는 주어의 부동한 의미역은 다음과 같다. (P284)
　　가. 달이 밝다.

셋째, 목적어(직접보어)에 있어서 『조선어 문장론』은 완전히 형태적 기준을 준수하고 그 의미적 차이성을 도외시한다. 『조선어 문장론』은 목적어가 사유의 논리적 범주가 아니라 순수한 문법적 범주(문법적 객체)인 것을 주장하고 목적격조사를 가지는 모든 성분이 다 목적어로 보이고 있다.[8] "자동사술어와 결합하는 대격 형태를 타동사술어가 거느리는 대격 형태와 구별해서 어떤 다른 성분이라고 하기에는 그 구별 표식이 너무나도 막연하다. 그러므로 조선어에서 직접보어의 문법적 표식은 인디아-유럽언어들에서처럼 타동사의 직접적 지배 대상이라고 단정할 수 없으며 대격 형태 그 자체를 구별 표식으로 보지 않을 수 없다.(P48)". 형태적 기준을 강조하는 것은 바로 성분 간의 구조적 관계를 강조하는 것이다. 『조선어 문장론』과 달리 『우리말 문법론』은 목적어의 의미적 차이를 아주 중시하고 특히 그 의미 자질에 따른 지배의 정도(즉, 타동성의 정도)상의 차이를 명백히 지적한 바가 있다.[9] 이뿐만 아니라 '의사목적어'란 절에서 타동성과 목적어

나. 학생이 글을 읽는다.

다. 아이들은 호랑이를 무서워한다.

(가)의 주어 명사구 '달'에는 대상역이 배당되고 (나)의 주어 명사구 '학생'에 동작주역이 배당된다. (다)의 주어 명사구 '아이'에는 경험주역이 배당된다. '무서워하다'는 심리적인 느낌을 표시하는 동사인데 이러한 동사에서는 주어 명사구가 경험주 역할을 한다. 경험주란 느낌의 주체를 뜻한다. (다)는 통사적으로는 '주어-목적어-서술어'의 구조를 가졌으나 의미론적으로는 '경험주-대상-동작'으로 해석할 수 있다. '호랑이'를 피동작주라고 하지 않는 것은 '호랑이'를 단순히 무서움의 대상으로 생각하기 때문이다.

8 이 문제에 관한 논술은 『조선어 문장론』의 47쪽을 참고할 수 있다.

9 『우리말 문법론』에서 이 문제에 관한 논술은 다음과 같다.(P296)

가. 영수는 철수를 때렸다.

나. 영수는 책을 읽었다.

다. 구름이 하늘을 덮었다.

이상의 예문은 모두 타동사의 지배를 받는 목적어의 예이다. 그러나 주어 명사구와 목적어 명사구의 의미 자질에 따라 지배의 정도가 다르다. (가, 나)의 주어 명사구는 유정명사이되 피동작주의 성격이 다르다. (가)는 유정명사, (나)는

성의 한계도 논의했다.[10]

4.2 『우리말 문법론』에서의 선명한 생성문법 특징

『우리말 문법론』이 가진 생성문법의 특징 중의 하나는 심층구조의 사상이다. 『우리말 문법론』에서는 '심층구조', '기저구조' 또는 '표면구조'란 용어를 명확하게 지적한 바가 없지만 그 기본사상은 이미 가지고 있다. 예를 들면, 문장 성분의 단위에 있어서 "주어 명사구, 목적어 명사구, 용언구가 결합되면 최소한의 조건을 갖춘 독립된 문장이 형성된다. 이를 문장 표시의 기호 S(sentence)로 표시하면 다음과 같다. 'S'를 소괄호 오른쪽에 배치한다. 가. ([동근 달]NP이 [매우 밝다] VP)S, 나. ([저 학생]NP이 [글]NP을 [열심히 읽는다]VP)S (P274)". 그뿐만 아니라 관형어에 있어서 그 관계절이 형성되는 과정을 설명할 때 심층구조가 변형 규칙을 거쳐서 표면구조가 된다는 이러한 변형 생성의 사상은 아주 뚜렷이 나타나고 있다.[11] 그런데

　　무정명사이다. 피동작주가 유정명사이면 능동적으로 반응을 불러일으키며 때로는 두 의미역 사이에 격투도 일어날 수 있다. 타동성의 정도가 매우 높은 목적어라고 할 수 있다. 이런 경우에 한하여 피동작주란 말을 쓸 수 있다. 그러나 (나)의 피동작주는 수동적이다. 이럴 때는 오히려 대상역을 받는다고 보는 것이 좋다. 책을 덜 읽었다고 하여 목적어 명사구 '책'이 반응을 일으키는 일이 없다. (다)는 두 명사구 모두 무정명사이니 대상역을 받는다. 자연현상의 움직임, 곧 작용을 기술한 데 지나지 않는다. 이런 경우는 타동성의 정도가 가장 낮다고 하겠다.

10　이 문제에 대한 구체적인 논의는 『우리말 문법론』의 296-298쪽을 참고하면 된다. 여기서 일일이 진개하여 인용하지 않을 것이다.

11　『우리말 문법론』은 관계절의 형성 과정을 다음과 같이 설명했다. (P307)
　　가. 광희가 지은 동시는 많은 사람들의 심금을 울렸다.
　　(가)의 관형사절을 S1인 서술어 구문으로 전개하고 S2와 결합하여 관형구문으로 통합하면 다음과 같다.
　　나. ([광희가 동시를 지었다]S1+[(그) 동시는 많은 사람들의 심금을 울렸다]S2)→ (광희가 Ø 지은 동시는 많은 사람들의 심금을 울렸다)S0

앞 절에서 논술한 바와 같이 『우리말 문법론』과 달리 『조선어 문장론』이 중요시하는 것은 문장의 생성 과정이 아니라 직접 성분 분석으로 나타난 문장의 구조적 기술이다.

『우리말 문법론』이 가진 제일 선명한 생성문법의 특징은 생성문법의 '구'와 '구 구조' 개념을 도입하는 것이라고 말할 수가 있다. 제2절에서 이미 언급한 바와 같이 생성문법의 '구'', '구 구조'는 전통의미의 '구', '문장 성분'과 상당한 차이가 있기 때문에 이는 직접적으로 문장 성분화에서 많은 남북 차이를 유발하였다. 『우리말 문법론』에서 이러한 특징의 구체적인 표현은 다음과 같다.

첫째, 문장 성분의 단위에 있어서 『우리말 문법론』은 명확하게 생성문법의 '구' 개념을 도입했다. "명사나 동사로 이루어진 어절을 명사구, 동사구라 부르기로 한다. 단순히 '명사, 동사'라고 하면 부속성분이 배제된 주성분만을 가리키나 '명사구, 동사구, 형용사구'라 하면 주성분은 물론 부속성분을 포함한 복수적인 성분도 가리킬 수 있다. 따라서 주어로 쓰인 명사구는 주어 명사구, 목적어와 보어로 쓰인 명사구는 목적어 명사구와 보어 명사구이고 서술어로 쓰인 명사구는 서술 명사구이다. 동사, 형용사도 단순히 동사, 형용사라고 부르기보다 동사구, 형용사구라 부를 수 있으며 총괄하여 용언구라 부를 수 있다. …… 성분은 어절로 성립될 수도 있고 구로도 성립될 수 있다.(P273-274)" 위의 논술에서 볼 수 있는 바와 같이 『우리말 문법론』에서의 '구'는 문장 성분의 단위로서 전통 의미상의 '구' 개념

전개된 두 문장을 관형구문으로 응축하면 서술어 구문의 시제는 그에 대응하는 관형사형으로 바뀌고 공통된 논항 중 S1의 논항은 소거되고 피관형어만 남는다. 전개된 문장에서 '그'라는 대용관형사를 괄호 안에 넣은 것은 바로 그 자리에 관형구성이 온다는 뜻이다. 서술어 구문으로 전개하는 과정에서 공통된 논항이 공유되는 현상을 관계관형사절 또는 관계절이라고 하고 관계절의 수식을 받는 피관형어를 관계명사라고 한다.

과 달리 아주 융통성이 있는 구문론적인 구성체이다. 그러나 『우리말 문법론』과 달리 『조선어 문장론』은 구에 대해서 완전히 다른 견해를 보이고 있다.[12]

둘째, 학술 용어의 구별에 있어서 『우리말 문법론』은 일정한 불명확한 상태를 보이고 있다. 그 두드러진 문제는 '어절, 구, 구절' 간의 애매모호한 관계이다. 우선, 어절과 구의 한계가 모호하다. "체언이 조사의 도움을 받아 문장의 형성에 참여하는 단위를 어절이라고 한다(P272)", "명사나 동사로 이루어진 어절을 명사구, 동사구라 부르기로 한다(P273)". 『우리말 문법론』 그 자체가 인정한 바와 같이 "명사구란 말이 명사를 포함한 복수적인 구를 포함한다는 점에 유추하면 사실 어절이란 말은 쓸 필요가 없다(P274)". 다음, 사실 어절과 구의 관계뿐만 아니라 구와 구절에 대해서 그 한계도 모호한 것이다. "성분의 단위가 되려면 조사가 붙지 않으면 안 된다. 단어에 조사가 붙은 말을 어절이라고 한다면 구에 조사가 붙은 말은 구절이라 부를 수 있다(P274)". 앞 단락에서 인용한 바와 같이 『우리말 문법론』은 명사구, 동사구 등의 성격을 설명할 때 그 '부속성분'이 도대체 무엇인지에 관해서 명시하지 않았다. 명사로 이루어진 어절이 명사구이라고 인정한 이상 왜 그 조사가 구의 한 부속성분인 것을 인정하지 않는가? 이는 앞뒤가 모순이 된다. 구가 있기 때문에 구절이란 개념도 필요하지 않을 것이다. 그리하여 『우리말 문법론』이 생성문법의 구 개념과 전통 의미의 성분 단위의 개념을 병행시키려고 하기 때문에 용어 사용상의 이러한 혼란한 국면을 초래했다. 그런데 『우리말 문법론』과 달리 『조선어 문장론』

---

12 『조선어 문장론』는 구에 관해서 아주 엄격한 정의가 있다. (P169)
　　문장에서 서술적 성분을 중심으로 집결된 곁가지구조의 단위를 구라 한다. 구의 종류도 그 중심 성분이 구 밖의 문장 성분에 대해서 어떤 성분으로 되는가에 따라 규정어구, 어음말구, 상황어구, 술어구, 주어구, 보어구 등으로 나뉘는데 그중 전형적인 구는 규정어구이다.

은 구조주의 문법의 제 원칙을 완전히 준수하고 구조적 단위로서의 단어 (즉, 『우리말 문법론』에서의 '어절')만 문장 성분의 단위로 보고 있으므로 용어 사용의 혼란을 일으키지 않을 것이다.

셋째, 구 구조와 문장 성분을 연관시킬 때 일련의 문제가 생겼다. 제2 절에서 이미 언급한 바와 같이 생성문법은 문장을 기술할 때 전통적인 문 장 성분으로 분석하는 것이 아니라 구 구조의 방식으로 분석하는 것이다. 그러므로 『우리말 문법론』은 생성문법의 구와 구 구조의 개념을 도입해서 문장의 성분화를 논술할 때 구 구조와 전통적인 문장 성분을 연관시켜야 하는 문제에 직면할 것이다. 그러나 그중에 무엇보다도 문제가 되는 것은 명사구가 여러 가지 기능을 보이는 점이다. 상술한 바와 같이 『우리말 문 법론』에 의하면 "주어로 쓰인 명사구는 주어 명사구, 목적어와 보어로 쓰 인 명사구는 목적어 명사구와 보어 명사구이고 서술어로 쓰인 명사구는 서술 명사구이다". 이렇게 명사구는 여기저기에 끼어들고 있는 데다가 문 장 성분의 단위로서 그 자체의 한계가 상당한 모호성을 보이고 있기 때문 에 문장 성분화의 설명에 불리하다고 생각한다. 예를 들면, 『우리말 문법 론』에서는 "저 학생이 글을 열심히 읽는다(P274)" 중의 '저 학생'은 명사구 로 이해되고 문장 성분에 있어서 주어로 보인다. 그렇다면 한국어에서 관 형어란 문장 성분을 설정하지 않아도 된다. 관형어 '저'는 명사구의 일부로 서 주어 안에 포함되고 있기 때문이다.[13] 『우리말 문법론』과 달리 『조선어 문장론』은 구, 부, 절을 아예 문장 성분으로 간주하지 않기 때문에 이상의 문제가 발생하지 않을 것이다.

---

13 강은국(2008: 198-199)은 명사구가 주어의 구성 단위로 보인다는 견해의 문제점 을 지적한 바가 있다.

5. 결론

문장 성분화에 관한 모든 남북 차이는 다 구조주의 문법과 변형생성문법의 차이와 관련된다고 말할 수는 없지만 앞에서 이미 고찰한 바와 같이 문장 성분의 분류 기준, 문장 성분의 단위 등 성분화의 기본 이론 문제에서 주어, 서술어, 목적어, 관형어 등 구체적인 문장 성분에 이르기까지 그 두 가지 문법의 독특한 이론적 특성은 계속 나타나고 있다. 그러므로 필자는 남북 문장 성분화의 주요 차이가 구조주의 문법과 생성문법의 이론적인 특징에서 이해돼야 된다고 주장한다. 바꿔 말하면, 문장 성분화에 있어서 남과 북의 주요 차이가 생기는 까닭은 구조주의 문법과 생성문법의 이론적인 특징에서 찾을 수 있다고 말할 수가 있다.

참고문헌

강은국, 『남북한의 문법 연구』, 도서출판, 2008.

고영근·구본관, 『우리말 문법론』, 집문당, 2008.

김백련, 『조선어 문장론』, 사회과학출판사, 2005.

김윤한, 〈언어학의 이론정립과 연구방법에 관한 비판적 고찰〉, 인문논총(43): 69-105,
　　　2000.

김용석, 『최소주의 언어학의 이해』, 한성대학교출판부, 2006.

문양수, 「미국의 언어학이론 변천」, 弘大論叢Vol. 14 No. 1: 31-57, 1982.

서정수, 『국어문법』, 흑룡강조선민족출판사, 2006.

허동진, 『중국에서의 조선어연구』, 한국학술정보, 2007.

陳平, 〈句法分析:從美國結構主義學派到轉換生成語法學派〉, 外語教學與硏究(2):2-13, 1988.

[美] 霍凱特 저, 索振羽 葉蜚聲 역(2002), 現代語言學教程, 北京大學出版社, 2002.

[瑞士]皮亞傑 저, 倪連生 王琳 역(2007), 結構主義, 商務印書館.

부록:

표2 문장 성분화에 관한 『우리말 문법론』의 서술 체계 및 각 장의 주요 내용

장	절			주요 내용
기본문형과 문장의 성분	기본문형의 설정			기본문형
	문장 형성의 단위			어절
	어절과 문장성분			필수적 성분, 논항, 결합가, 의미역, 부속성분, 수의적 성분, 명사구, 동사구, 용언구, 구절, 최소한 조건을 갖춘 독립된 문장, 절(성분절), 독립성분, 본성분, 바깥성분
주성분	주어	주어의 성립		주어의 표현 형태, 주어를 이루는 문법적 단위
		주어의 특징		주어의 통사론적인 변별 기준, 주어의 의미론적인 특징
	서술어	서술어의 성립		서술어의 표현 형태, 서술어를 이루는 문법적 단위
		서술어와 자릿수, 선택 제약		동사의 논항구조(격틀), 서술어의 선택 제약
	목적어와 보어	목적어	목적어의 성립	목적어의 표현 형태, 목적어를 이루는 문법적 단위, 목적어의 통사론적인 특성, 목적어의 의미론적인 특성
			의사목적어	타동성과 목적어성의 한계
		보어		"되다, 아니다" 앞의 논항을 보어로 간주하는 까닭
부속성분	관형어	관형어의 성립		관형어의 표현 형태, 관형어를 이루는 문법적 단위
		관형어와 관형격조사		관형격조사의 생략
		관형어와 관계절		관계절의 형성 과정
		관형어와 보문절, 연계절		관계절, 보문절, 연계절의 구별
	부사어	부사어의 성립		부사어의 표현 형태, 부사어를 이루는 문법적 단위
독립성분	감동어			감동어의 성립
	호격어			호격어의 성립
	접속어			접속어의 성립
	제시어			제시어의 성립

표3 문장 성분화에 관한 『조선어 문장론』의 서술 체계 및 각 장의 주요 내용

장	절		주요 내용
문장성분의 단위와 분류 원칙	문장성분의 구조적 단위	단어 및 단어 결합과 문장 성분	단어와 문장 성분, 단어 결합과 문장 성분, 문장 구조의 단계적 특성과 문장의 성분화
		단순 성분과 합성 성분	합성 성분의 정의, 합성 성분의 표현 형태
	문장 성분의 분류원칙	문장 성분의 유형과 분류 기준	문장 성분의 유형, 문장 성분의 분류 기준
		대상적 성분과 서술적 성분	대상적 상분의 부류, 서술적 성분의 부류
	문법적 형태와 문장 성분		격형태와 문장 성분
			도움토와 문장 성분
	단계적 구조와 문장 성분		문장 구조의 단계성
			형태 구조의 단계성
문장 성분의 부류	문장의 근간성분	술어	술어의 정의, 술어의 표현 형태
		주어	주어의 정의, 주어의 표현 형태
		직접보어	직접보어의 정의, 직접보어의 표현 형태
		간접보어	간접보어의 정의, 간접보어의 표현 형태
		상황어	상황어의 정의, 상황어의 표현 형태
		이음말	이음말의 정의, 이음말의 표현 형태
	문장의 곁가지성분	규정어	규정어의 정의, 규정어의 곁가지 성분으로서의 특성, 대상적 규정어와 서술적 규정어, 규정어의 표현 형태
		련립어	련립어의 정의, 련립어가 문장 성분이 되는 까닭, 련립어의 표현 형태
	문장의 독립성분	느낌말	느낌말의 정의, 느낌말의 표현 형태
		부름말	부름말의 정의, 부름말의 표현 형태
		보임말	보임말의 정의, 보임말의 표현 형태
		끼움말	끼움말의 정의, 끼움말의 표현 형태

한국어 외래어의 현지화와 語素化
—영어 외래어를 중심으로

염초(閆超)

1. 서론

외래어는 문화 접촉과 언어 접촉의 산물이다. 현지화는 외래어의 고유한 속성이다. 한국어는 받아들이는 능력이 아주 강한 언어로서 외래어가 그 어휘체계에서 상당히 중요한 위치를 차지하고 있다. 역사상 한국어는 한어에서 체계적으로 많은 한자를 빌려온 적도 있는데 지금 한국어 어휘에서 상당한 비중을 차지하고 있는 한자어를 구성했다. 근대와 현대에 와서 한국어는 다시 영어, 프랑스어, 독일어, 이탈리아어, 그리스어, 포르투갈어, 러시아어 등 여러 가지 언어에서 외래어를 받아들였다. 그 유럽 외래어 중에 영어 외래어는 의심할 여지 없이 비중도 제일 크고 수량도 제일 많다. 본 논문은 한국어 중의 영어 외래어를 연구 대상으로 하여 『동아 새국어사전(제4판)』에 의해서 외래어가 현지화되는 방식을 토론할 뿐만 아니라 영어 외래어가 어소화(語素化)란 방식으로 현성 현지화를 하는 과정에서 나타내는 특성에도 중점을 두고 고찰할 것이다.

2. 현지화와 외래어의 현지화

현지화와 대조가 되는 것은 세계화이다. 현대에 들어와서 세계화는 이미 피할 수 없는 필연적인 추세가 되었다. 각종 문화가 서로 부딪치고 서로 참고하면서 무역, 금융, 기업 관리, 법률, 정치 제도 등 각 분야에서 문화 접촉으로 인한 새로운 사물들이 끊임없이 생겨나고 있다. 이런 외국에서 온 새로운 사물들을 어떻게 잘 이용하는가와 그들을 자국의 국정에 어떻게 맞게 하는가 하는 문제는 중요한 과제가 되었다. 따라서 세계화의 배경에서의 현지화에 관한 연구는 매우 중요한 과제이다.

외래어도 문화 접촉과 언어 접촉의 산물이다. 언어와 사유는 서로 떠날 수 없는 관계에 있다. 각 분야에서 사용되고 있는 외국에서 도입한 새로운 사물들이 알맞은 말로 표현되어야 한다. 외래어의 현지화는 언어 체계의 규범화에 도움이 될 뿐만 아니라 그것이 외래어로 표현하고 있는 사물 그 자체의 이해와 사용도 촉진할 수 있다. 그렇기 때문에 외래어 현지화에 관한 연구는 다른 분야의 현지화 연구의 돌파구가 될 수 있다고 하겠다.

3. 현지화는 외래어의 필연적인 속성

외래어의 정의는 학자에 따라 다를 수도 있다. 임홍빈(2008)은 한국 학계에서 외래어의 정의와 속성에 대한 관점을 소개한 적이 있는데 그것들을 뽑아 적으면 다음과 같다:

> 가. 이희승(1949, 1959, 339-40)에서는 외래어의 속성을 "본래는 외국어로서, 어떤 민족의 언어 사회에 들어가서, 상당히 보급될 일, 그 발음이 외국어 발음대로 생소하지 않고, 받아들인 언어 사회의 음운 법칙에 의하여 동화될 일, 따라서 외국어를 모르는 일반 민중이라도 능히 발음도 하고 그 뜻을 이해도 하여, 외국어라는 인식이 조금도 없이 자유자재하게 사용할 일"과 같이 특징짓고 있다.
>
> 나. 김민수(1973: 103-104)에서는 다음과 같은 조건을 제시하고 있다.
>
> ㄱ. 외국에서 들어와야 한다.
>
> ㄴ. 수입되어야 한다.
>
> ㄷ. 제 국어 속에 들어와야 한다.

ㄹ. 사용되어야 한다.

ㅁ. 단어라야 한다.

다. 강신항(1983: 116)에서의 외래어: 언어 체계가 다른 언어끼리의 접촉 과정에서, 어떤 한 언어가 다른 언어의 단위를 빌려다가 자기 언어 체계 안의 단위로 삼아서 사용하는 것을 차용(borrowing)이라 하고, 이렇게 해서 생긴 새로운 언어 단위는 거의가 단어 단위이기 때문에 차용어(borrowed word, loan word), 또는 외래어라고 한다.

라. 김세중(1998)에서는 외래어는 국어 어휘 중에서 외국어에 기원을 둔 말이라 할 수 있다. 이 정의 속에는 외래어의 두 가지 특징이 포함되어 있다. 하나는 외래어는 국어에 본래부터 있던 어휘가 아니고 외국어에서 들어온 말이라는 특징이고, 다른 하나는 이제는 외국어가 아니고 국어에 속한다는 특징이다.

이상의 학자들은 외래어의 정의에 관해서 의견이 좀 다르지만 한 가지의 공통점이 있다. 즉, 그들은 다 현지화가 외래어의 필수적인 조건 중의 하나인 것을 인정한다. 예를 들면, (가)에서 말하는 "상당히 보급될 일, 그 발음이 외국어 발음대로 생소하지 않고, 받아들인 언어 사회의 음운 법칙에 의하여 동화될 일", (나)에서의 "수입되어야 한다. 제 국어 속에 들어와야 한다. 사용되어야 한다." (다)에서 말하는 "자기 언어 체계 안의 단위로 삼아서 사용하는 것". (라)에서 말하는 "외국어가 아니고 국어에 속한다". 이상 학자들의 진술에 의하면 현지화는 외국어를 외래어로 변하게 하는 필수적인 조건이고 외래어의 필연적인 속성이다. 그리고 외래어 현지화의 정도는 바로 사람들이 외래어에 대해서 인정하는 정도이고 익숙한 정도이며 외래어가 국어에 귀순하는 정도이다.

4. 외래어가 현지화하는 방식

외래어를 현지화하는 방식은 두 가지가 있다. 하나는 잠성 현지화이고 다른 하나는 현성 현지화이다.

잠성 현지화(隱性本土化)란 사용상의 보편화를 통해서 외래어를 현지화하는 것을 가리킨다. 즉, 외래어가 보편적으로 쓰임에 따라 사람들이 그 말에 대한 외래어 의식이 없어지거나 약화된다. 사용의 보편성은 한 가지의 잠성적인 방식이다. 그것이 사람들의 일상생활과 밀접한 관계가 있고 외래어를 받아들이는 정도를 반영할 수 있다. 일상생활과의 관련이 밀접하면 그 외래어에 대한 사용이 더 보편적이며 그를 받아들이는 정도가 더 높고 현지화의 정도가 더욱 높다. 반대로 일상생활과의 관련이 밀접하지 않으면 그 외래어에 대한 사용이 비보편적이며 그를 받아들이는 정도가 더 낮고 현지화의 정도가 더 낮다. 이렇게 보면 사용의 보편성은 외래어가 현지화하는 잠성적인 방식일 뿐만 아니라 그 외래어의 현지화 정도를 판별하는 데 기준이 될 수 있다. 예를 들어서, '소파(sofa)'란 물건이 사람들의 일상생활과 밀접한 관계를 가지고 있으면서 '소파'란 외래어가 이미 보편적으로 사용되고 받아들이게 되었다. 그렇기 때문에 그의 현지화 정도는 높은 편이다. 또 '알루미늄(aluminium)'이란 물건이 일상생활과의 관련이 밀접하지 않고 '알루미늄'이란 외래어가 전문적인 분야에만 국한되고 있으면서 사회 전체에서 보편적으로 사용되지 못한다. 그러므로 '소파'보다 '알루미늄'의 현지화 정도는 덜 높다.

현성 현지화(顯性本土化)란 외래어가 현지화하는 과정에서 '사용의 보편성'이란 잠성적인 방식을 제외하고 다른 '볼 수 있고 만질 수 있는' 일련의 개조를 가리킨다. 그는 다음과 같이 네 가지 수단으로 구체화될 수 있다.

(1) 음운 현지화. 그것은 외래어의 발음을 받아들인 언어의 음운 규칙

에 의해서 동화하는 방식이다. 외래어의 발음이 외국어대로 발음되지 않고 받아들인 언어의 음운체계의 요구를 만족해야 한다. 예를 들면, 한국어에는 자음체계에서 순치음이 없기 때문에 'f, v'와 같은 자음들을 본래의 음가대로 받아들일 수 없다. 그 결과는 'f, v'는 한국어에 들어올 때 음운 현지화의 방식을 통해서 'p, b'와 같은 입술소리로 현지화되었다. 'virus'와 'bus'에서의 자음 'v'와 'b'는 한국어에서 대응하는 자음이 다 'b'이다. 즉, '바이러스'와 '버스'.

(2) 외래어의 어소화(語素化). 본 논문에서의 어소화란 외래어가 어휘소로서 혼종어 창조에 참여하는 일을 가리킨다. 어휘소는 어휘를 형성하고 있는 하나하나의 요소들이고 어휘층의 최소의 유의미적 단위이다[1]. 혼종어는 기원이 다른 어종의 요소들이 어울려 이루어진 단어이다[2]. 외래어의 보편적인 쓰임에 따라 그들이 사람들의 두뇌에서 고정되고 다른 어휘소와 혼합해서 혼종어를 창조하기 시작한다. 이런 새말을 창조하는 일은 외래어의 현지화 과정을 촉진할 수 있다. 예를 들어서, 영어외래어 '가스(gas)'는 어휘소로서 '가스관, 가스발동기, 가스정' 등 혼종어들을 이룰 수 있는데, 『동아 새국어사전(제4판)』에 '가스'로 만든 혼종어는 46개가 있다.

(3) 의미 현지화. 언어 사회와 언어 환경이 다르기 때문에 외국어는 수용 언어에 들어갈 때 의미적 변화가 생기는 법이다. 이것도 외래어가 현성적인 방식으로 현지화하는 수단 중의 하나이다. 예를 들면, 영어의 'date'는 '날짜'의 뜻도 있고 '이성과의 약속'의 뜻도 있으며 '데이트의 대상'의 뜻도 있다. 하지만 한국어의 '데이트'는 '이성과의 약속'의 뜻만으로 의미가 축소되었다. 그리고 영어의 'chicken'은 '닭'의 뜻도 있고 '닭고기'의 뜻도 있으며 '겁쟁이'의 뜻도 있다. 그렇지만 한국어의 '치킨'은 '프라이드치킨'의 준말이

---

1 김광해, 『국어 어휘론 개설』, 집문당, 2004: 43-44.
2 장흥권, 『우리 말의 혼종어에 대하여』, 중국 조선 어문, 2005.1.

고 '닭튀김'의 뜻이다.

(4) 품사 현지화. 외국어가 수용 언어에 들어가서 외래어로 변하게 되는 과정에서 그 품사는 변할 수도 있다. 이것도 외래어가 현성적인 방식으로 현지화하는 수단 중의 하나이다. 예를 들면 'team'은 영어에서 명사로서 '조'의 뜻도 있고 동사로서 '협력하다'의 뜻도 있으며 형용사로서 '같은 그룹임을 복장으로 나타낸'의 뜻도 있다. 하지만 한국어의 '팀'은 명사로서만 사용되고 있다. 그리고 앞에서 얘기한 'chicken'은 영어에서 명사로서 사용될 수 있을 뿐만 아니라 '겁많은'이라는 뜻의 형용사로서도 사용될 수 있다. 한국어의 '치킨'은 명사로서만 사용되고 있다.

5. 영어 외래어의 어소화

앞에서 이미 논술한 바와 같이 어소화는 외래어가 현지화하는 현성적 방식 중의 하나이다. 다시 말하면 외래어가 어휘소로서 혼종어 구성에 참여하는 것은 그가 현지화될 때 한 가지의 현성적 방식이다. 여기서 우리는 『동아 새국어사전(제4판)』에 의해서 영어 외래어가 어소화하는 과정에서 혼종어를 이룰 때의 구성 방식과 양적 특성을 고찰하고자 한다.

5.1 영어 외래어가 혼종어를 이룰 때의 구성 방식

영어 외래어는 혼종어를 구성할 때 주로 아래와 같은 5가지의 방식이 있다. 그중에 매개의 방식은 또 다시 여러 가지 유형으로 구체화할 수 있다.

(1) 영어 외래어는 한자어를 결합해서 혼종어를 구성함

① 한자어 + 영어 외래어

예: 가동—댐(可动—dam), 냉—커피(冷—coffee)

　　위—카타르(胃—catarrh), 혼성—팀(混成—team)

② 영어 외래어 + 한자어

예: 가스—액(gas—液), 쇼크—사(shock—死)

　　골—문(goal—门), 게임—기(game—机)

③ 한자어 + 영어 외래어 + 한자어

예: 간장—디스토마—병(肝脏—distoma—病)

　　독—가스—탄(毒—gas—弹)

④ 영어 외래어 + 한자어 + 영어 외래어

예: 킬로—전자—볼트(kilo—电子—volt)

　　아세트—산—칼슘(acetic—酸—calcium)

(2) 영어 외래어는 고유어를 결합해서 혼종어를 구성함

① 영어 외래어 + 고유어

예: 가터—뜨기(garter-), 라이터—돌(lighter-)

　　롤—빵(roll-), 커프스—단추(cuffs-)

② 고유어 + 영어 외래어

예: 깃—펜(-pen), 막대—그래프(-graph)

　　빨—펌프(-pump), 코—카타르(-catarrh)

(3) 영어 외래어는 한자어와 고유어를 결합해서 혼종어를 구성함

① 한자어 + 고유어 + 영어 외래어

예: 나사—못—게이지(-螺丝-gauge), 쌍—가지—소켓(双-socket)

② 영어 외래어 + 고유어 + 한자어

예: 암페어—의—법칙(ampere-法则), 판도라—의—상자(Pandora-箱子)

③ 한자어 + 영어 외래어 + 고유어

예: 산소—아세틸렌—불꽃(酸素—acetylene-), 인도—고무—나무(印度—gomme-)

④ 영어 외래어 + 한자어 + 고유어

예: 마그네시아—벽—돌(magnesia—壁-), 아세트—산—구리(acetic—酸-)

(4) 영어외래어는 다른 어종의 외래어를 결합해서 혼종어를 구성함

예: 몽타주—레코드 (프랑스어 외래어 + 영어 외래어)

　　나트륨—램프 (독일어 외래어 + 영어 외래어)

(5) 영어 외래어는 다른 어종의 외래어와 한자어를 결합해서 혼종어를
　　구성함

예: 브롬—화—칼륨 (독일어 외래어 + 한자어 + 영어외 래어)

『동아 새국어사전(제4판)』에 영어 외래어로 이루어진 혼종어는 도합
1,288개가 있다. 이상 5가지의 구성 방식에 의해서 구성된 외래어의 수량
과 백분율이 다음 도표와 같다.

구성 방식		구성 수량	백분율
영어 외래어/한자어	한자어+영어 외래어	388	
	영어 외래어+한자어	747	
	한자어+영어 외래어+한자어	39	1182	91.8%
	영어 외래어+한자어+영어 외래어	8	
영어 외래어/고유어	영어 외래어+고유어	66	82	6.4%
	고유어+영어 외래어	16	
영어 외래어/한자어/고유어	한자어+고유어+영어 외래어	3	12	0.9%
	영어 외래어+고유어+한자어	2	
	한자어+영어 외래어+고유어	3	
	영어 외래어+한자어+고유어	4	
영어 외래어/다른 어종의 외래어		9	0.7%
영어 외래어/다른 어종의 외래어/한자어		3	0.2%
도합		1288	100%

도표에서 보이는 바와 같이 영어외래어가 어소화의 방식으로 된 현지

화의 과정에서 다음과 같은 특성을 나타낸다. 첫째, 영어 외래어는 한자어를 결합해서 혼종어를 이루는 것이 어소화의 방식으로 현지화할 때의 주요 수단이다. 이런 영·한 혼합의 방식은 총량의 91.8%를 차지하는데 특히 '한자어+영어 외래어'와 '영어 외래어+한자어'의 유형으로 이룬 혼종어가 제일 많다. 바꿔서 말하면 '한자어+영어 외래어'와 '영어 외래어+한자어'는 영어 외래어가 어소화의 방식으로 현지화할 때의 주요 유형이다. 둘째, 양도 많지 않고 백분율도 크지 않아도 영어 외래어는 다른 어종의 외래어(특히 유럽 외래어)를 결합해서 혼종어를 구성할 수 있다. 이것은 한국어의 영어 외래어가 어소화의 방식으로 된 현지화의 과정에서 나타나는 한 특이한 현상이다.

5.2 영어 외래어 연쇄

외래어는 어소화한 후에 생산성을 가지게 되고 같은 외래어는 다른 혼종어의 구성에 참여할 수 있다. 외래어의 이러한 다른 혼종어를 이룰 수 있는 능력을 본 논문에서 '외래어 연쇄(外来词连锁)'라고 한다. 한 외래어가 이룰 수 있는 혼종어의 수량은 '연쇄치(连锁值)'라고 한다. 5.1에서의 구성 방식은 영어 외래어에 대한 수평적인 고찰이라고 할 수 있으면 여기에서 연쇄 즉, 생산성은 영어 외래어에 관한 상하 방향의 고찰이라고 할 수 있다.

『동아 새국어사전(제4판)』에 영어 외래어는 모두 4,269개가 있고 영어 외래어로 이룬 혼종어는 모두 1,288개가 있으며 이런 혼종어들을 구성하는 영어 외래어는 모두 303개가 있다. 바꿔서 말하면 4,269개의 영어 외래어 중에 303개의 영어 외래어는 연쇄 능력이 있고 그것들은 1,288개의 혼종어를 이룬다. 이 303개의 영어 외래어의 연쇄치와 해당 연쇄치를 가진 영어 외래어의 수량은 다음과 같다.

연쇄치	이 연쇄치를 가지는 외래어의 수량	백분율
1~4	267	88.1%
5~9	25	8.3%
10~14	7	2.3%
15이상	4	1.3%
도합	303	100%

이상의 도표에서 보이는 바와 같이 어소화의 방식으로 된 현지화 과정에서 어소화의 능력을 가지는 영어 외래어의 대부분은 1개에서 4개까지의 혼종어를 이룰 수 있다. 하지만 소수의 영어 외래어만 10개(10개를 포함함) 이상의 혼종어를 이룰 수 있다. 10개(10개 포함) 이상의 혼종어를 연쇄할 수 있는 영어 외래어는 11개만 있는데 그들이 어소화 능력이 있는 영어 외래어에서 3.6%를 차지하고 영어 외래어 총량의 0.3%를 차지한다. 다음 11개의 영어 외래어의 연쇄 상황과 혼종어를 이룰 때의 구성 방식을 살펴보기로 한다.

영어 외래어	연쇄치	혼종어를 이룰 때의 구성 방식				
		영/한	영/고유	영/한/고유	영/다른 어종의 외래어	영/다른 어종의 외래어/한
가스(gas)	46	●	●		●	
에너지(energy)	17	●		●		
소다(soda)	17	●	●			
렌즈(lens)	17	●	●			
칼슘(calcium)	13	●	●			●
호르몬(hormone)	12	●				
펌프(pump)	11	●	●			
스펙트럼(spectrum)	11	●				
알칼리(alkali)	10	●				
알코올(alcohol)	10	●				
림프(lymph)	10	●	●	●		

우선, 대체로 말하면 이런 연쇄 능력이 강한 영어 외래어는 혼종어를 이룰 때 다양한 구성 방식을 가진다. 이상의 도표에서 보이는 바와 같이 구성 방식에서 '영어 외래어와 한자어의 결합'이란 기본적인 방식을 제외하고 다른 구성 방식에도 관련되고 있다.

다음, 현지화의 정도에 있어서 4,269개의 영어 외래어 중에 어소화 능력이 있는 303개의 단어는 비교적 높은 정도를 가지고 있다고 할 수 있는가? 더 나아가서 이 303개의 영어 외래어 중에 10개 이상의 혼종어를 연쇄할 수 있는 이 11개의 단어는 훨씬 더 높은 정도를 가지고 있다고 할 수 있는가? 이상 도표에서 보이는 바와 같이 연쇄치의 크고 작음이 현지화 정도의 높고 낮음을 엄격히 반영한다고 하기는 어렵다. 예를 들면, 연쇄치의 크고 작음에 의해서 '에너지'보다 '가스'는 더 높은 현지화 정도를 가진다고 할 수가 없다. 마찬가지로 '칼슘'의 연쇄치는 '알코올'보다 더 크지만 '칼슘'의 현지화 정도는 '알코올'보다 더 높아 보이지 않는다.

어소화는 외래어를 현지화하는 방식 중 하나이지만 현지화 장도의 높고 낮음을 판별할 수 있는 기준이 아니다. 본질적으로 말하면 외래어의 현지화 정도를 판별하는 기준은 이 외래어에 대한 사용의 보편성이다. 그렇지만 사용의 보편성은 잠성적인 조건이고 볼 수가 없다. 하지만 외래어의 연쇄 능력과 그것이 혼성어를 이룰 때의 구성 방식에 관한 고찰은 사용의 보편 여부를 한 측면에서 일정 부분 반영할 수 있고 일정한 참고 가치가 있다. 따라서 현지화 정도를 판별할 때 외래어가 현지화하는 연쇄 능력과 구성 방식을 참고할 수 있지만 사용의 보편 여부와 일상생활과의 관계의 긴밀 여부는 언제나 가장 본질적인 기준이다.

6. 결론

외래어의 현지화에 관한 연구는 모든 현지화 연구에서의 중요한 부분이다. 외래어는 문화 접촉과 언어 접촉의 산물이다. 현지화는 외래어의 고유한 속성이다. 외래어를 현지화하는 방식은 잠성 현지화와 현성 현지화로 나눌 수 있다. 잠성 현지화는 사용상의 보편화를 통해서 외래어를 현지화하는 방식이고 현성 현지화는 음운 현지화, 외래어 어소화, 의미 현지화, 품사 현지화와 같은 네 가지 유형으로 나눌 수 있다.

어소화는 외래어가 현지화할 때 현성적 방식 중 하나이다. 한국어에 있는 영어 외래어는 어소화의 방식으로 된 현지화의 과정에서 자기의 특성이 있다. 혼종어를 구성하는 방식에서 보면 이 다섯 가지 구성 방식 중에 영어 외래어와 한자어의 결합은 어소화의 방식으로 된 현지화의 주요 수단이다. 더 나아가서 '한자어+영어 외래어'와 '영어 외래어+한자어'의 유형으로 이룬 혼종어가 제일 많다. 또한, 영어 외래어는 다른 어종의 외래어(특히 유럽 외래어)를 결합해서 혼종어를 구성할 수 있다. 이것은 한국어의 영어 외래어가 어소화의 방식으로 된 현지화의 과정에서 나타나는 한 특별한 현상이다. 혼종어를 이룰 수 있는 외래어의 연쇄 능력에서 보면 어소화의 방식으로 된 현지화의 과정에서 어소화 능력이 있는 영어 외래어의 대부분은 1개에서 4개까지의 혼종어를 이룰 수 있다. 하지만 소수의 영어 외래어만 10개(10개를 포함함) 이상의 혼종어를 이룰 수 있다.

현지화의 정도에 대해서는 어소화는 외래어를 현지화하는 방식 중 하나지만 현지화 정도의 높고 낮음을 판별할 수 있는 기준이 아니다. 외래어의 현지화 정도를 판별할 수 있는 기준은 이 외래어에 대한 사용의 보편성이다. 그렇지만 외래어의 연쇄 능력과 혼성어를 이룰 때의 구성 방식에 관한 고찰은 사용의 보편 여부를 한 측면에서 일정 부분 반영할 수 있고 일

정한 참고 가치가 있다. 따라서 현지화 정도를 판별할 때 외래어가 현지화
하는 연쇄 능력과 구성 방식을 참고할 수 있지만 사용의 보편 여부와 일상
생활과의 관계의 긴밀 여부는 언제나 가장 본질적인 기준이다.

참고문헌

薩丕爾(美)著, 陳卓元譯, 『語言論』, 商務印書館, 2002.
楊錫彭, 〈漢語外來詞研究〉, 上海人民出版社, 2007.
遊汝傑等, 〈社會語言學教程〉, 復旦大學出版社, 2004.

이기문, 『동아 새국어사전(제4판)』, 두산동아, 2004.
이익섭, 〈한국의 언어〉, 신구문화사, 1997.
임홍빈, 〈외래어의 개념과 범위 문제, 새국어생활〉, 2008년 제18권 제4호·겨울.
최태경, 『동아 프라임 (英韩词典)』, 두산동아, 2002.

접미사 '-님'의 문법화 현상에 관한 고찰

좌진(左晉)*

* 좌진: 호남사범대학교 한국어학과 조교수.

1. 서론

접미사 '-님'과 자립명사 '님' 사이의 여러 가지 유사성이 있다. 본고는 이러한 유사성은 접미사 '-님'이 자립명사 '님'에서 나온 것임을 규명하고자 한다. '자립명사→접미사'로의 변화가 가능한 것은 범언어적 문법화의 작용에 의한 결과로 볼 수 있다. 어떠한 문법적 요소나 문법화 과정을 경험한 결과임을 증명하려면 통시적인 자료에서 이에 해당하는 실제 사례를 찾아내는 것이 일반적인 방법이다. 그러나 접미사의 문법화를 고찰하는 데에는 접미사의 명확한 어원을 확인하기가 어렵다는 문제가 있다. 여러 학자가 그동안 접미사의 어원이 명사에 있다고 주장했는데 그 대표적인 연구자가 바로 강은국(1993)이다. 그는 "접미사란 어떤 구체적이며 자립적인 언어적 요소로부터 장기간의 추상화의 과정을 거쳐 발달되어 온 단어 조성의 요소1"라고 생각한다. 그의 논의에서 확실한 자료, 즉 어느 특정한 시기에 접미사 '-님'이 없고 단지 자립명사 '님'만 있다는 자료를 제시하지 못한다. 안주호(1996), 정재영(1997)은 명사의 문법화를 논의하면서 일제히 접미사 '-님'을 언급하였지만, 이러한 주장을 뒷받침해주는 자료가 부족하기에 간단한 언급으로만 그쳤을 뿐 체계적인 논의를 전개하지 못하였다. 그러므로 필자는 본고에서 접미사 '-님'의 문법화 과정을 논의하는 데 있어서 어원을 찾는 방법이 아니라 문법화의 일반론에 의거해서 자립명사 '님'이 접미사 '-님'으로 변해간 이론적 근거가 무엇이며, 문법화 과정을 수반하는 여러 가지 특징이 자립명사 '님'에서 접미사 '-님'으로의 변화하는 과정에 반영되었는지, 반영되었다면 구체적으로 어떠한 특징들이 반영되었는지를 살펴보고자 한다.

---

1 강은국(1993), 〈조선어 접미사의 통시적 연구〉, 서광학술자료사.

2. 접미사 '-님'의 문법화 경로

2.1 문법화의 일반적 특성

자립명사 '님'에서 접미사 '-님'으로의 변화가 문법화의 관점에서 과연 가능한 현상인지를 알아보기 위해서 문법화의 일반론을 통해서 이를 살펴 보고자 한다.

가. 언어의 변화는 언어 사용자에 의해 이루어진다.

문법화의 관점에서 보면, 언어 변화의 주체는 언어 자체가 아니라 언어 사용자에 있다. 이러한 관점에 의하면 언어 사용자는 능동적인 역할을 하게 되며 언어는 도구로서 수동적인 위치가 된다. 인간의 모든 행위에는 동기가 있듯이, 언어의 변화도 언어 사용자에 의해서 이루어진 것이므로 속에서는 언어 사용자의 의도가 있다. 그러나 언어 변화를 주도하는 과정에서 수반되는 동기는 인간이 의도적으로 수행한 것이 아니라는 것이 가장 큰 특징이다. 예를 들어, 인간은 담화라는 형식으로 언어를 사용하지만 그과정에서 의도적으로 언어의 형태를 조정, 변화시키려고 하지는 않는다. 다만 언어 사용자가 순간순간 언어 책략에 의해 언어 변화를 유발한 것이므로 변화 자체는 의도적인 것이 아니다. 그렇다면 인간이 비의도적으로 사용하는 책략에 어떠한 것이 있는지 살펴보자.

우선 비의도적인 변화를 유발하는 언어 책략으로 가장 대표적인 것이 바로 은유(Metaphor)이다. 은유가 무엇인가의 문제에 관해서 여러 학자가 나름대로 정의를 내렸지만 대체로 "어떤 대상을 다른 종류의 대상으로 경험하는 것, 구체적인 것으로부터 추상적인 것으로의 전이"로 정리할 수 있겠다. 은유에 관한 정의에도 포함되어 있으며 언어의 변화 속에서 자주 볼

수 있는 것은 은유에 대해 실질적인 대상에서 추상적인 대상으로의 변화
라고 이해해야 하는 경우가 상당히 많다고 생각한다.[2] 한국어에서도 이러
한 변화가 상당히 많다. 명사 '터'가 바로 그 대표적인 예의 하나로 볼 수
있다.

> 예문1
> 가. 집을 짓기 전에 터를 먼저 잘 닦아야 한다.
> 나. 이 집은 터가 좋아서 자손들이 잘될 거야.
> 다. 월급도 제대로 못 받는 터에 이자를 생각할 수 있겠어?
> 라. 올해 적금을 타서 이사를 갈 터이다.
> 마. 이를테면 '신나는 새해가 되기를', '즐거운 새해 아침'등으로 말이다.

위의 예문 (가)(나) 의 '터'는 실질적인 대상, '집이나 건물을 지었거나
지을 자리'를 의미하며 (다)는 '처지, 형편'을 의미하고, '-ㄹ테'의 형식으로
사용되는 (마)는 화자의 의지를 나타내는 문법적 기능을 담당한다. '자립명
사→의존명사→문법적 요소'라는 '터'의 변화는 문법화를 경험한 결과라고
보고 있다. 이러한 변화가 일어나게 하는 비의도적 언어 책략은 바로 은유
라고 볼 수 있기 때문이다. 왜냐하면 이러한 변화 속에서 '실체를 가진 대
상 → 실체성이 없는 추상적 대상'이라는 모습을 볼 수 있을 뿐만 아니라
그 추상적 대상과 실체를 가진 대상과 내부적으로 연관성이 있는 것으로
본다.

자립명사 '님'은 실질적인 대상을 함의한 내용임을 문헌 자료나 현대 한
국어에서 확인할 수 있다. 그러나 접미사 '-님'은 실체를 가리키지 않고 결

---

2 이성하(2006) 참조, Lakoff &Johnson(1980), Claudi & Heine(1986) 등 다수의 학
  자가 이와 같이 은유의 개념을 정리하였다.

합하는 선행 어근에 자신이 가지는 [+친근성]과 [+높임]이라는 의미자질을 부여해주는 기능을 담당하고 있다. 여기서 접미사 '-님'이 가지는 [+친근성]과 [+높임]이라는 의미자질은 자립명사 '님'이 가리키는 실질적인 대상 '사모하는 사람'과 '임금'이라는 내용에서 충분히 추출할 수 있는 의미자질로 본다. 그러므로 자립명사 '님'에서 접미사 '-님'으로의 변화는 언어 변화에 사용되는 은유라는 언어 책략에 의해서 충분히 일어날 수 있는 변화라고 본다.

나. 한 형태소가 꼭 하나의 기능만을 가지는 것이 아니다.

자연문법 (natural grammar)은 일형태-일기능의 원칙을 주장한다. 즉, 한 형태는 하나의 의미 기능을 가지며, 하나의 의미 기능은 하나의 형태에 의해서만 표시된다고 주장한다. 그러나 이러한 주장은 현실 언어를 분석하는 데 여러 가지 한계가 드러나 결국 임의적으로 대상을 분석하는 결과를 가져올 수밖에 없다. 이 주장과 반대되는 입장인 문법화는 하나의 형태가 하나의 기능 혹은 의미만을 가지는 것이 아니라고 보는 것이다. 문법화의 관점에서는 같은 형태를 가진 내용들은 독립된 상태로 존재하는 것이 아니고 늘 다른 의미 기능과 중복되고 관련되어 있다고 본다. 한국어에서 그 사례를 쓰이는 환경에 따라 드러나는 의미 기능이 달라지는 것은 확인할 수 있다.

> a. 나는 학원에서 외국어를 배운다.
> b. 나는 학교에서 곧장 집으로 간다.
> c. 식당에 들어가서 식사하고 가자.
> d. 반드시 돈을 벌어서 고향에 가겠다.
> e. 밥을 못 먹어서 배가 고프다.

위의 예문에서 a는 장소, b는 출발점, c는 순서, d는 일종의 조건, 그리고 마지막 e는 원인을 나타내고 있다. 여기서 예시한 '서'가 서로 다른 의미를 가진다고 해서 다른 형태소로 처리해서는 안 된다는 것이 문법화 이론의 관점이다. 문법화 이론에 따르면 이와 같이 형태는 같지만 서로 다른 의미·기능을 담당하는 형태소가 생기는 이유를 언어 변화의 과정에서 분화(Divergence)가 발생하기 때문이라고 설명한다. 좁은 의미에서의 분화는 한 단어가 문법소가 되면서 그 원래 단어는 그냥 내용어(어휘어)로 남아 있고 거기서 갈라져 나온 문법소가 새로운 의미를 얻으며 변해 가는 현상을 가리킨다. 이러한 분화 현상은 한국어에서 자주 등장하는데 다음은 바로 그러한 예의 하나이다.

　　가. 이 의자에는 한 사람만 앉을 수 있다.
　　나. 거기까지 가는 데 한 열흘 걸릴 것이다.
　　다. 우리는 한 고향 출신이다.
　　라. 옛날에 한 가난한 농부가 살았는데….

여기서 보인 (가)는 '하나'를 뜻하는 수사관형사이며, (나)는 '대략'의 뜻을 가진 내용이며, (다)는 '같은'의 뜻을 가진 관형사이며, (라)의 '한'은 '어떤, 어느'의 뜻을 가진 관형사이다. 이처럼 유사하면서도 서로 다른 용법들은 모두 한 어원인 수사 'ᄒᆞ나/ᄒᆞ낳'에서 분화된 결과이다. 한글학회에서 펴낸 『우리말 큰사전』(1991)과 국립국어원에서 펴낸 『표준국어대사전』(1999)에서도 '한'은 네 가지 용법을 가진 다의어로 취급하고 있다.

접미사 '-님'의 경우도 문법화 언어관의 관점에서 자립명사 '님'을 별개의 형태소로 취급하는 것이 아니라 자립명사 '님'이 분화 과정을 거쳐 기능이 다른 접미사 '-님'이 생성한 것이라 생각한다.

2.2. 형태소 '님'의 문법화 과정

자립명사 '님'에서 접미사 '-님'으로의 변화가 성립한다면, 이러한 변화 과정에서 문법적 의미와 어휘적 의미가 하나의 형태소 내부에 같은 비중으로 존재해야 한다. 이와 같은 '어휘적 의미=문법적 의미'의 현상에 대해서는 Hopper &Traugott(1993)가 언급한 바 있었다. Hopper & Traugott는 'full'이라는 형용사가 파생접사로 기능이 전환하는 과정 중에 문법화 의미와 어휘 의미가 대등하게 반영된 사례를 제시하였다.

> a. a basket full (of eggs)
> b. a cupfull (of water)
> c. hopefull

(Hopper & Traugott 1993:7)

(a)에서 'full'은 형용사의 쓰임에서 b와 같은 합성어의 단계를 거쳐 최종적으로 'hopefull'과 같은 파생접사로 변화하는 모습을 볼 수 있다. (b)의 'cupfull'라는 합성어에서 형용사 'full'이 명사 'cup'과 결합함으로써 'full'이 가지는 '차다'라는 구체적인 어휘적 의미가 드러나면서 'cupfull'의 양태적인 의미도 같이 드러나고 있음을 볼 수 있다. 자립명사 '님'에서 접미사 '-님'으로의 변화가 성립된다면 어휘적 의미와 문법적 의미가 같이 드러나는 용례가 있어야 한다. 우리는 이러한 용례는 다음과 같이 제시해보도록 하겠다.

> a'. 님의 높으신 은과 덕과는 하늘같이 높으샷다.〈감군은〉
> b'. 나랏님

    c'. 임금님

    자립명사 '님'은 '화자가 사모하는 사람'과 '나라의 최고통치자'를 의미한
다. (a')시구 중의 '님'은 바로 임금을 함의하며 여기서 어휘적 의미만이 포
함되어 있다. (c')의 '임금님'이라는 구성에서 '님'은 접미사로서 문법적 의
미가 더 많이 드러나고 있다. (b')의 '나랏님'은 합성어를 구성하면서 문법
적 의미와 어휘적 의미가 같이 드러나고 있음을 알 수 있다.
    자립명사 '님'은 '임금'의 의미 외에 '사모하는 사람'이라는 의미로 사용
하기도 하므로 형태소 '님'은 이와 같은 어휘적 의미와 문법적 의미가 동시
에 들어가는 용례도 있다.

    a". 셜온 님 보내아노니 나는 가시는 듯 도셔오쇼셔. 〈가시리〉
    b". <u>서방님, 낭군님</u>
    c". <u>부모님</u>

    시구 a"의 '님'은 '사모하는 사람'을 뜻하는 자립명사로 어휘적 의미만
드러나고 있다. b"의 '서방님'과 '낭군님'은 '사모하는 사람'이라는 뜻을 반영
하면서도 다른 한편 비자립형태소로 그 문법적 기능을 수행하고 있다. (c")
'부모님'에 쓰이는 '님'은 '부모'와 결합함으로써 주로 [+친근성]이라는 의미
자질을 드러내며 그 문법적 기능을 수행하고 있다.

나. '사람〉질'의 변화 과정
    앞의 내용에서 언어 변화를 일으키는 것은 인간의 비의도적 언어 책략
으로 은유에 관해 언급한 바가 있었다. 이러한 언어 변화는 항상 일정한
방향으로 진행되는 것이 일반적인 견해이다. Heine et al. (1991b:157)에서는

은유에 의한 방향성에 관해서 다음과 같이 제시한 바 있다.

　　사람 ＞ 물체 ＞ 행위 ＞ 공간 ＞ 시간 ＞ 질

　　그는 언어의 방향성을 제시하려고 영어의 'behind'나 'back'을 예로 들었다. 'behind'의 경우는 원래 신체 부위 명칭에서 나왔지만 공간을 표시하는 명사로 쓰이기도 하였다. 그러므로 [물체＞공간]이라는 전이 방향을 보여주게 되며, 'I'm behind ti preparing the report'처럼 쓰일 때는 'be going to'와 같이 미래 표지처럼 쓰이는데 이렇게 해서 [공간＞시간]이라는 전이를 확인할 수 있다.

　　Heine가 제시한 문법화 방향은 한국어에서도 확인할 수 있는데 형태소에 따라 전이되는 내용은 다르겠지만 대체로 이 방향을 따르는 것으로 보인다. '뒤'라는 형태소를 예로 들어 살펴보면 '인체 ＞ 공간 ＞ 시간 ＞ 질'이라는 전이 방향을 보여주고 있다.

　　　　가. 그 사람 뒤에 흙이 묻었다.　　　인체
　　　　나. 그 건물 뒤에 주차장이 넓다.　　공간
　　　　다. 한 시간 뒤에 만나자.　　　　　시간
　　　　라. 나는 수학에서 많이 뒤진다.　　질

　　(가)의 '뒤'는 실질적인 인체 부위를 가리키는데 유추의 작용으로 점차 (나)와 같이 공간을 의미하는 내용, (다)와 같이 시간을 의미하는 내용, (라)에 접두사로서 '몹시, 마구, 온통'이라는 '성질'을 나타내는 내용으로 전이하는 모습을 보여준다. 집미사 '-님'의 문법화 과정을 이러한 방향성에 따라 살펴보면 '사람 ＞ 길'이 되었다고 할 수 있을 것이다.

　　　　가. 내 님을 두읍고 년괴를 거로니... <覆霜歌>

　　나. 유덕호신 님여 히오와지이다. 〈정석가〉
　　다. 사랑하는 우리 **님**과 한 백년 살고 싶어 - 님과 함께
　　마. 장관**님**, 의원**님**, 대신**님**, 경찰서장**님**, 경장**님**, 예보관**님**
　　바. 아버**님**, 어머**님**, 장모**님**, 고모**님**, 이모**님**, 형**님**

　'님'은 (가), (나), (다)에서 구체적 대상을 가리키며, (마)와 (바)에서 '님'은 접미사로 쓰이고 있다. (마)과 (바)에서 쓰인 접미사 '-님'은 자립명사 '님'이 지니는 [+친근성], [+높임]이라는 의미자질은 그대로 가지지만 자립명사 '님'처럼 구체적인 대상을 가리키지 않으며 단지 자립명사 '님'이 지니는 성질을 반영하고 있는 것으로 보인다.

3. 현대 한국어에서의 접미사 '-님'

　현대 한국어에서 접미사 '-님'은 활발히 사용되고 있으며 그 사용역은 점차 확대되고 있다. 이 장에서 접미사 '-님'이 어떻게 사용되고 있으며, 사용역이 확대되는 원인이 무엇인지를 밝히는 데 주안점을 두고자 한다.

3.1 현대 한국어에서 접미사 '-님'의 사용 양상

　드라마 대본은 일상생활에서 쓰이는 실질적인 대화로 구성되는 자료로서 여러 사회 계층 및 각종 발화 환경에서 접미사 '-님'의 사용 양상을 잘 반영할 수 있다. 물론 몇 개의 드라마 대본으로 현대 한국어에서 접미사 '-님' 사용의 전모를 파악하기에는 미흡한 점이 있겠지만 여기서는 접미사 '-님'과 결합하는 내용의 전모를 파악하는 것보다 현대 한국어에서 접미사

'-님'의 전체적인 사용 경향을 살피려는 데 목적이 있으므로 드라마 대본을 선택한 것이다. 이것은 본 연구의 목적에도 부합된다고 생각된다.

여기서 고찰하려는 대상은 드라마는 2002~2005년 사이에 방영된 총 21편의 드라마이다. 조사 결과를 정리하자면 드라마 대본에서 접미사 '-님'은 현대 한국어에서도 활발하게 쓰이고 있으며 주로 가족관계어, 직위, 직업 및 일반명사와 결합한다는 사실을 알 수 있다. 구체적인 사용 양상을 살펴보기로 하자.

> * 드라마 대본에서 '님'과 결합한 가족관계어
> 할머님, 할아버님, 아버님, 어머님, 부모님, 시아버님, 장모님,
> 고모님, 숙모님, 숙부님, 아주버님, 오라버님, 이모님
> 형님, 형수님, 누님
> 영감님, 낭군님, 서방님, 올케님
> 아우님, 따님, 아드님

접미사 '-님'이 가족관계어와 결합한 양상은 한글 문헌 자료가 처음 나타난 15세부터이고, 시간의 추이에 따라 부모를 호칭하는 어휘와의 결합에서 점차 다른 호칭어로 확대된 모습을 볼 수 있다. 가족관계어와 접미사 '-님'이 결합된 경우가 점차 많아지는 원인은 두 가지로 들 수 있다. 우선, 유교사상이 사회의 통념으로 자리를 잡으면서 '장유유서(長幼有序)'가 일반적 생활 원리 규범이 되었다. 따라서 이것은 원래 친숙하고 가까운 관계인 가족에도 적용하기 시작하였다. 둘째, 부모와 접미사 '-님'이 결합하게 된 계기는 [+친근성]이지만 [+높임]이라는 의미자질을 지닌 접미사 '-님'이 '장유유서'를 언어에 표출하는 요구를 충족할 수 있기 때문에 가족관계어와 접미사 '-님'의 결합이 점차 확대되었다. 이와 동시에 접미사 '-님'은 [+높임]

이라는 의미자질이 갈수록 강하게 인식하게 되었다. 가족관계어 중에 하위의 존재, 예를 들어, '아우, 딸, 아들'을 제외한 나머지 어휘 모두 이에 해당된다.

> * 드라마 대본에서 '아우님'의 사용 양상
> 김차석: 이러지 말고, 우리 의형제 하자. 내 아우님 해라. 아우님은 말이야 그 나이에 정말 세상을 잘 알아.
> 태산: 비행기 너무 태우지 마시우.
>
> 〈영웅시대 제26회〉

연장자는 연소자를 '아우님'으로 부르지만 그 대상을 높이고자 하는 의도가 없는 것이다. 왜냐하면 드라마 대본이 보여줬듯이 '아우님'은 항상 예사높임이나 두루낮춤이라는 대우 등급에서 사용되고 있기 때문이다. 그러므로 '아우님'은 내용에서 [+친근성]이라는 의미자질을 집중적으로 드러내며, 높임의 정도가 낮아 예우 정도로만 볼 수 있다.

> * 드라마 대본에서 '따님'과 '아드님'의 사용 양상
> 부장: 아니 사장님 따님께서 저희 부서까진 어쩐 일로…
> 은수: 아직 연락 못 받으셨나요?
>
> 〈위풍당당 그녀〉 2003년

> 재섭모: 죄송합니다. 계장님, 자식을 도둑놈으로 만든 제가 죄인입니다.
> 홍계장: 너무 그러실 필요 없구요. 어쨌든 아드님은 그래도 좋은 분 만나서 운이 좋은 겁니다.
>
> 〈죽도록 사랑해〉 2003년

'따님', '아드님'은 손아랫사람을 가리키는 말이지만 [+친근성]과 [+높임]이라는 의미자질이 함께 구현된다. 구체적인 발화 상황에서 화자가 자신의 '딸'이나 '아들'을 얘기할 때 '따님', '아드님'이라고 부르는 것보다 더 보편적인 쓰임은 상대방의 '딸'이나 '아들'을 대우해줌으로써 청자 혹은 대우하고자 하는 대상을 높이기 위해서이다. '따님', '아드님'은 [+높임]이라는 의미자질은 일정하게 가지고 있지만 문법형태소 '-시-'와 호응관계를 반드시 가지지 않는 점을 주목해야 한다. 하위자와 접미사 '-님'이 첨가할 때 [+높임]의 수위가 예우에 해당된다.

> * 드라마 대본에서 '올케님'과 관련된 내용
> 나여사: '도로주행' 하시다가 '접촉사고' 내셨단다. 느이 잘난 올케님께서.
> 수현: 뭐어? 접촉사고? 세상에! 이럴 줄 알았어, 내가!

'올케'는 올케언니와 올케동생 두 가지 함축적인 의미를 동시에 포함하고 있기 때문에 접미사 '-님'의 호칭어적 분포, 즉 구체성을 요구하는 특성으로 인해 결합이 제한되어야 한다. 그러나 드라마 대본에서 이것이 가능한 이유는, 여기서 쓰인 '올케'는 개념적인 관계를 나타내는 내용이 아닌 담화 과정에서 실질 인물을 상정하면서 사용한 것이다. 여기서 다시 접미사 '-님'의 호칭어적인 분포가 확인된다. 구체적인 맥락에서 보면 이는 상대를 대우하거나 친밀감을 표현하고자 하는 의도에서 쓰이는 것이 아니라 상대방을 비웃으려는 의도에서 쓰이고 있음을 알 수 있다. 이것은 일종의 반어적인 용법이다.

> * 드라마 대본에서 '님'과 결합한 관직명
> 장관님, 의원님, 대신님, 경찰서장님, 경장님, 예보관님,

사령관님, 병장님, 병사님, 상위님, 중위님, 소위님,

회장님, 사장님, 대표님, 이사님, 상무님, 부장님, 차장님, 과장님, 실장님,

팀장님, 대리님, 점장님, 지점장님, 지배인님, 전무님,

총장님, 총재님, 학과장님,

훈장님, 촌장님, 조합장님, 이장님, 계장님,

은행장님, 공장장님, 국장님, 편집장님, 주방장님,

주임님, 단장님, 반장님, 소장님, 원장님,

관직을 나타내는 명사 뒤에 접미사 '-님'을 사용하는 경우는 드라마 대본에서 많이 확인되었다. 앞에서 언급한 것처럼 이러한 사례는 접미사 '-님'은 [+높임]이라는 의미자질을 드러내고 있음을 알 수 있다. 또한 이것은 구체적이고 실질적인 인물을 면전(面前)에 호칭할 때 사용하거나 지칭할 때도 쓰이기도 한다. 비록 접미사 '-님'의 근본적인 본포는 호칭어적인 것이지만 지칭어로도 쓰일 수 있다.

이것은 '접미사'의 [+높임]이라는 의미자질이 점차 강력히 인식됨에 따라 가능해진 것이 못 인식하게 하는 요소이기도 한다.

* 드라마 대본에서 접미사 '-님'과 결합한 직업

교수님, 선생님, 의사선생님,

검사님, 재판장님, 변호사님,

감독님, PD님, 기자님,

선교사님, 목사님, 집사님, 도사님, 스님, 신부님(神父),

사범님, 어부님, 비서님, 기사님, 매니저님, 코치님, 기획자님

직업을 나타내는 명사 뒤에 접미사 '-님'을 첨가하는 경우 역시 드라마

대본에서 많이 확인할 수 있다. 대부분은 한자어와 결합하지만 외래어와 결합한 경우도 있다. 'PD님', '코치님', '매니저님' 등이 바로 그러한 예이다. 직업을 나타내는 명사와 접미사 '-님'의 결합이 많아지는 것은 사회 인식의 변화와 밀접한 관계가 있겠지만 더 중요한 것은 이러한 경우는 직업을 지칭할 때 쓰는 것보다는 어떤 직업을 가진 구체적인 인물 대상을 상정하여 쓰이는 경우가 더 많다. 즉, 단순히 어떤 직업을 높이기보다는 직업을 가진 구체적인 대상을 대우해주는 경우가 더 많다. 이는 접미사 '-님'의 호칭어적인 분포에서 비롯된 것이라 생각한다. 그중에 '기사님'이나 '비서님'은 다음의 예시에서 볼 수 있듯이 지칭어보다는 청자인 '기사' 혹은 '비서'를 호칭할 때 사용된다. 접미사 '-님'이 직업과 결합할 때 [+높임]과 [+친근성]은 그중의 어느 하나만 드러내는 것이 아니라 두루 포함되어 있는 것으로 보인다. 그러므로 현대 한국어에서 접미사 '-님'의 의미자질은 주로 이 두 가지를 같이 드러내는 것이 보편적인 현상이라고 할 수 있다.

가.
수영 : 김 비서님은 그럼 전혀 모르세요?
동석 : 네, 저는 모릅니다.
〈그들만의 한밤도주, 햇살 속으로〉

나.
기사 : 뭐야? 환장했어?
희양 : (택시에서 내리며 버스 기사에게) 기사님! 문 좀 열어 주세요.
10년 전에 헤어진 첫사랑이 타고 있어요. 살려 주세요.
〈나는 달린다〉

* 드라마 대본에서 '님'과 결합한 일반명사

나랏님, 왕자님, 공주님

사부님, 선녀님, 선배님, 스승님, 손님, 신도님, 신랑님, 신부님,

주부님, 학부모님, 학사님, 후배님,

주님, 예수님, 임금님, 하나님, 보살님, 부처님,

자연님, 꽃님, 햇님, 달님, 마나님, 맹자님, 별님,

'인명(人名)+님'

주목할 것은 '인명+님'의 결합이다. 기존에는 사람의 이름 뒤에 쓰이는 의존명사 '씨'를 대신해 접미사 '-님'을 사용했는데 이것은 사회문화적 배경과 관련이 깊다. 현대는 상하 위계질서를 중시한 사회구조라기보다 사람 사이의 유대관계를 더욱 중요시하는 구조로 변하고 있다. 이런 시대에 '씨'를 사용한 것이 그러한 사회구조를 반영한 것이었다면 접미사 '-님'을 사용한 것은 변화된 현실을 반영한 것이다. 그러므로 접미사 '-님'은 [+친근성]과 [+높임]이라는 의미자질을 동시에 갖추고 있어서 변해 가는 사회구조를 언어로 표현하기에 적합한 것이다. 곧, 상대방으로 하여금 친숙하고 친밀하게 느끼면서 상대방을 적당히 높여줄 수 있는 것이다. 현재 이러한 어휘 사용이 대부분 서비스 업종에서 쓰인다는 것을 감안하면 쉽게 이해할 수 있다. 회사의 처지에서 고객을 지원하거나 가이드가 관광을 같이 다니는 관광객을 부를 때에는 '인명+님'이라는 식으로 사용한다. 이는 일반 사람 이름 뒤에 사용되는 '씨'와 비교할 때 상대방을 높이되 원근감을 더 주기 때문에 고객에게 더 가깝게 다가가려고 한다는 인상을 주는 효과가 있다.

여기서 '주부님', '학부모님'이라는 용법도 주목하고자 한다. 구체적 대상이 명확치 않은 상황에서 접미사 '-님'과 '주부', '학부모'와의 결합은 제한되어 있어야 하며 이러한 용법은 '기사님', '비서님'의 용법과 달리 어느 구

체적인 대상을 상정하여 지칭 혹은 호칭하는 것도 아니다. 그럼에도 불구하고 이러한 내용이 성립할 수 있는 이유가 무엇인지 논의해보기로 한다.

이러한 어휘 결합 양상이 성립될 수 있는 첫 번째 이유는 접미사의 [+친근성]과 [+높임]이라는 두 가지 의미자질 때문이다. 그중에 [+친근성]이라는 의미자질은 접미사 '-님'의 사용 여부가 전적으로 화자의 판단에 의해 결정된다는 것을 의미한다. 즉 화자의 관점에서 그 대상과의 관계가 가깝다고 판단되거나 혹은 상대방이 가깝게 느끼도록 할 때 접미사 '-님'을 사용하는 것이다. 물론 대상에 대한 예우의 의미에서 접미사 '-님'이 가지는 또 다른 의미자질 [+높임]도 동시에 반영된다. '주부님'의 경우에서 주부는 한 가정의 살림살이를 전반적으로 책임지는 사람이다. 그러므로 특정한 집단, 예를 들어 제품을 파는 회사의 시각에서 주부는 소비시장에 상당한 영향력을 가지는 집단으로 인식된다. 회사가 이러한 집단을 단순히 대우하지 않고 더 가깝게 다가가고자 친근감을 느끼게 하려는 의도를 달성하는 데 접미사 '-님'은 동시에 두 가지 수요를 동시에 만족시킬 수 있으므로 매우 유용한 어휘로 선택되고 사용되는 것이다.

'학부모'의 경우도 마찬가지이다. 부모들이 자녀 교육에 대한 관심이 높아지면서 교육에 간접적 혹은 직접 참여하고 싶은 요구가 높아지고 있다. 교육에 종사하는 처지에서는 학부모를 자신과 긴밀한 관계를 갖는 단체로 인식하고 있고, 이와 동시에 고객이기도 하므로 이들을 대우해야 하는 대상으로 인식하도록 집단이나 특수한 입장에서 쓰이는 것이 특징이라 할 수 있다. '후배님'이 역시 접미사 '-님'의 [+친근성]이라는 의미자질이 중요하게 작용한다. 선배의 입장에서 후배에게 친근감을 전달하는 수단으로 접미사 '-님'을 사용하게 된 것이다. 이럴 경우에는 [+높임]이라는 의미자질이 드러나는 정도가 낮아 예우하는 정도에 그친다.

3.2. 현대 한국어에서 접미사 '-님'의 분포 제약

접미사 '-님'의 의미자질 및 분포에 대해서 살펴보았으므로 이 장에서는 현대 한국어에서 접미사 '-님'과 결합이 제한되어 있는 사례를 중심으로 이들의 결합이 성립될 수 없는 원인을 살펴보고자 한다. 이것은 접미사 '-님'의 의미자질 및 분포에서 비롯된 것임을 알 수 있다.

가. 어휘 자체가 하대의 의미를 지닐 경우에 접미사 '-님'과의 결합은 제한된다.

상놈, 중, 졸개, 안사람, 집사람

접미사 '-님'의 의미자질은 [+친근성]이라는 의미자질과 [+높임]이라는 의미자질을 확인하였다. 그중에 어기를 높일 수 있는 의미자질이 없더라도 화자의 입장이나 언급한 대상과의 관계에 따라 접미사 '-님'을 사용할 수도 있다. 이는 접미사 '-님'의 [+친근성]이라는 의미자질 때문에 가능한 것이다. 이러한 특징은 특히 현대 한국어에서 더욱 뚜렷하게 드러난다. 예를 들어, 현대 한국어에서 '인명+님'이라는 용법이 바로 그것이다. 사람의 이름은 중립적인 개념이지만 특정한 화자가 담화의 수요에 따라 접미사 '-님'의 첨가가 가능하다.

하지만 결합된 선행 어휘가 내부적 의미자질에 있어서 이미 하대하는 의미를 지니는 경우에는 접미사 '-님'과의 결합은 제한되어 있다. 예를 들어, '상놈'은 예전에 신분이 낮은 남자를 낮잡는 뜻으로, 접미사 '-님'이 지니는 [+높임]이라는 의미자질과 모순되어 있으므로 어휘 자체가 지닌 하대의 의미 때문에 결합이 불가능하다. '안사람'과 '집사람' 같은 경우는 '상놈',

'중', '졸개'처럼 상대방을 낮잡아 부르는 말이 아니고 스스로 낮추는 겸양의 의미로 자기 배우자를 말하는 것이지만 이러한 경우에도 접미사 '-님'과의 결합은 제한된다.

나. 어휘가 높임말일 경우, 즉 어휘자질이 [+존대]일 경우에 접미사 '-님'과의 결합이 제한된다.

각하, 성하(聖下), 대통령, 자네, 당신, 누나

접미사 '-님'이 [+높임]이라는 의미자질을 지니고 있기 때문에 선행 어기는 이미 높임말일 경우에는 접미사 '-님'과의 결합이 제한되는 경우를 볼수 있다. 예를 들어, 각하는 특정한 고급 관료에 대한 경칭이고 '성하'는 교황을 높여 이르는 말이며 '대통령'은 한 국가의 최고통치자로서 어휘 자체가 이미 높임말이다. 그중에 '대통령'을 일부러 더 높이려는 의도에서 '대통령 각하'라는 말을 사용하기도 하였으나 김대중 취임 이후 사석의 자리에도 점차 쓰이지 않게 되었다. 김대중은 '대통령 각하'라는 말을 대신해 '대통령님'이라는 말로 자신을 불러달란 적도 있었지만 현재 이 말이 잘 사용되지 않는 것은 이것이 결코 자연스러운 표현은 될 수 없기 때문이라는 것을 의미한다. 김종훈(2000)이 지적한 것처럼 접미사 '-님'을 '대통령' 뒤에 첨가하는 것은 '대통령'이 지니는 높임 자질을 평가 절하한 것이다. 우리는 역사적인 자료에서 살펴보았듯이 15세기부터 20세기까지 '님금'이 '님'과의 결합은 거의 보이지 않았다. 그 이유는 역사적으로 '임금' 자체가 지니는 존귀한 의미자질은 충분히 인식됐기 때문이고 현대 우리가 흔히 '임금님'이라고 하는 것은 '임금'은 이미 없어지고 언중들이 '임금'이 지니는 그러한 의미자질은 인식하지 못하기 때문이다. '자네'는 하계체에서 청자가 화자보다 나이가 어리지만 화자의 입장에서 높여주려고 할 때 사용한 이인칭 대명사이다. 이러한 단어는 대우 등급에서 불 경우는 임금보다 낮지만 일정한 대우의 의미를 지닌 높임말이다. 그러므로 '님'집과의 결합은 제한되어 있다.

이기서는 '당신'이라는 말에 주목하고자 한다. '당신'은 3인칭의 높임말로서 이미 언급한 사람을 다시 언급하게 될 때 '당신'을 사용해서 앞에서 언급한 인물을 높이는 말로 사용된다. 또한 '당신'은 2인칭의 높임말로 쓰이기도 한다. 그러나 맞서 싸울 때 상대편을 낮잡아 이르는 말로 사용될 때 높임의 의미자질이 전혀 없는 경우도 있다. 그리고 부부지간에 상대방을 높여서 이르는 이인칭 대명사로 사용될 수도 있다. 부부지간에 사용되는 '당신'은 높임의 의미로 쓰인다기보다 일반화된 호칭으로 쓰이고 있다. 정인승(1957, 219)은 '당신'을 '예사'와 '예사높임'으로 보고 있는데, 예사의 경우에는 '당신'이 반말에 해당되며 예사높임으로 볼 경우에는 '하오체'에 해당된다.[3] 이와 같이 '당신'이라는 단어는 높임과 낮춤의 두 가지 의미를 동시에 내포하고 있다. 높임말로 쓰일 때는 접미사 '-님'이 가지는 [+높임]이라는 의미자질과 중복되어 있어 쓰일 수 없는 것이며 낮춤의 의미로 사용될 때도 접미사 '-님'의 [+높임]이라는 의미자질과 모순되므로 사용할 수 없다.

'누나'가 접미사 '-님'과 결합될 수 없는 이유는 '누나'라는 단어가 높임의 의미자질을 갖고 있기 때문이다. 구체적인 사례를 살펴보기 위해 〈조선어

---

3 정인승(1957)에서 제시한 높임의 등분.

	아주 낮춤	예사낮춤	예사	예사높임	아주높임
첫째 가리킴	저*저희	저*저희	나*우리	나*우리	나*우리
둘째 가리킴	너*너희	자네	그대그대 당당신	당신	어르신네

사전〉(1938)을 '누니'라는 표제어의 의미를 살펴보자.

누니: '누나'와 같음 〈조선어사전 301〉(1938년)

표제어로 등제되어 있는 '누니'는 현대 한국어에서 그 쓰임이 찾을 수 없지만 당시의 사전에서 표제어로 나온 것은 그러한 어휘가 존재했음을 증명하는 것이다.

'누니'는 높임의 형태인 '누님'에서 제2음절의 발음 'ㅁ'이 탈락하여 형성된 어형으로 볼 수 있다. 그 이유는 비슷한 어형인 '이머니'는 '어마님'에서 'ㅁ'이 탈락한 것으로 방언에서 그 흔적이 남아 있다. '아바니'도 '아바님'이 'ㅁ'이 탈락해서 형성된 것처럼 '누니'는 '누님'에서 'ㅁ'이 탈락한 것으로 보인다. 그러므로 '누나'는 접미사 '-님'과의 결합은 제한받고 있음을 알 수 있다.

다. 선행 내용이 이미 다른 접미사와 결합돼 있는 내용

　ㄱ. 연인, 판매인, 무인, 배달인, 직장인, 멤장이.
　ㄴ. 아저씨, 아가씨.
　ㄷ. 땜장이, 칠장이, 옹기장이, 멋쟁이.
　ㄹ. 언니

비자립적으로 쓰인 '님'을 접미사로 간주할 수 있는 근거 중의 하나는 접미사 '-님'이 선행 성분과의 결합이 긴밀하여 다른 성분의 삽입을 허용하지 않기 때문이다.　예를 들어, (ㄱ)은 선행 어기와 접미사 '인(人)'이 결합된 경우이며, (ㄴ)의 '아저씨'와 '아가씨'는 그 어원에 대해서 여러 가지 견

해가 있지만⁴ '씨'는 일반 사람 이름 뒤에 붙여 사용되는 의존명사라는 점은 일치한다. '그것과 관련된 기술을 가진 사람'이라는 뜻으로 쓰인 접미사 '-장이'는 (ㄷ)에서처럼 이미 선행 어기와 결합되어 있는 상태라서 접미사 '-님'과의 결합은 제한되어 있다.

'언니'라는 단어가 접미사 '-님'과 결합될 수 없는 이유를 살펴보기 위해 '언니'의 어원부터 찾아보자. 유창돈(1954)은 '언니'의 어원에 대해서 '앗(初生)+니(접사)'라고 보고 있으며, 최창열(1986)은 '앗(親)+니(여성접사)'라고 보고 있다. 이처럼 '언니'의 어원에 대해서 두 학자의 견해가 엇갈리고 있지만 '언니'는 어근과 접사 '-니'가 결합한 결과라는 점에도 공통점을 보인다. 그러므로 '언니'는 접미사 '-님'과 결합될 수 없는 것이다.

마. 개념어와 같은 명확한 대상이 없는 단어와의 결합은 제한되어 있다.

사람, 인간, 인류, 시청자, 소비자,

접미사 '-님'의 호칭어적인 분포 때문에 접미사 '-님'은 일반적으로 호칭어와의 결합을 선호한다. 이것은 특히 친족관계어와의 결합에서 가장 뚜렷하게 드러난다. 물론 접미사 '-님'과 결합될 수 있는 경우에 호칭어적인 기능만 가지는 것은 아니지만 적어도 호칭어로도 쓰일 수 있어야 한다. 하지만 위에 예시된 단어들은 개념적인 용어로서 구체적인 대상이 없기 때문에 호칭어로 사용하기에 적절하지 않은 면이 있어 접미사 '-님'과의 결합이 제한되어 있다.

위에서 제시한 개념어가 접미사 '-님'과의 결합이 제한되는 다른 이유는

4 최창열(1986), '아저씨→앗(小)+압(父)+씨' 최창열((1986), 한진건(1990), '아가씨→아가[兒]+씨'

접미사 '-님'의 의미자질과도 관련된다. 접미사 '-님'은 화자의 입장에서 그 대상에 대한 친근한 감정을 내포하고 있다. 이러한 감정은 구체적인 객체를 요구하므로 구체적 대상이 없는 개념어의 경우에는 접미사 '-님'의 이러한 요구를 충족시키지 못하기 때문에 결합이 제한된 것으로 보인다. 현대 한국어에서 화자가 '소비자'와 '시청자'를 의도적으로 대우하고자 할 경우에, 접미사 '-님'의 지칭어적으로 가능한 빈칸을 채우는 기능을 가진 '분'을 사용하는 모습은 이미 살펴본 바 있다. 그러나 '분'을 직접 첨가하여 사용하는 것보다 구체화되지 못한 개념어를 더 명시화하려고 '여러분'이라는 어휘를 '소비자'와 '시청자' 뒤에 첨가하여 '소비자 여러분', '시청자 여러분'으로 사용하는 경우도 많다.

　바. 지칭어로만 쓰이는 내용과의 결합이 제한되어 있다.

　　아내, 남편, 애비, 아범, 에미.

　(바)와 접미사 '-님'의 결합이 제한된 이유는 접미사 '-님'의 호칭어적인 분포에서 비롯된다. 이 점은 '남편님'은 성립되지 않지만 '남편분'이라는 말이 성립된 예에서도 확인할 수 있다. 다시 말해서 의존명사 '-분'은 [+높임]이라는 의미자질이 있으면서 접미사 '-님'과 달리 선행 어기가 호칭어적인 내용이어야 하는 제약이 없으므로 접미사 '-님'이 남기는 지칭어의 빈칸을 채우는 역할을 하는 것이다. '아내분'이라는 말이 그다지 자연스럽지 못하는 것은 같은 의미로 쓰일 수 있는 '부인'이 이미 존재하기 때문이다. '애비', '에미'와 '아범'은 앞에서 언급한 것처럼 모두 지칭어로 쓰인 가족관계어이므로 애초부터 접미사 '-님'과의 결합에서 제외된 내용들이다.

사. 접미사 '-님'과 결합한 내용이 다른 형태로 존재하는 경우에 접미사 '-님'의 사용은 제한된다.

　　오빠, 교장, 교감, 의사

'오빠'는 호칭어와 지칭어로 모두 사용될 수 있지만 접미사 '-님'과의 결합이 제한된 것은 '오라버님'이 15세기에 이미 존재했기 때문이다.

여기서 '교장, 교감, 의사'가 접미사 '-님'과 직접 결합되어 '교장님', '교감님', '의사님'으로 쓰이지 않는 것은 '교장 선생님', '교감 선생님', '의사 선생님'이라는 말이 이미 쓰이고 있기 때문이었다. 이러한 어휘가 사용되지 않는 이유는 접미사 '-님'의 사용 범위가 지금처럼 넓지 않기 때문이라고 생각한다. 예를 들어 현대 한국어에서 대학의 학교장을 이르는 말로 '총장'이 있는데 '교장 선생님'과 달리 접미사 '-님'과 직접 연결해서 '총장님'이라는 말이 사용되고 있다. 이것은 접미사 '-님'의 사용역이 시간의 추이에 따라 범위가 점차 넓어졌음을 확인할 근거라고 할 수 있다.

4. 결론

접미사 '-님'은 자립명사 '님'의 문법화 결과라는 것을 통시적인 자료를 통해 입증하기는 어렵지만 은유를 비롯한 문법화의 여러 가지 특성을 접미사 '-님'과 자립명사 '님'의 관계를 살펴볼 때 본고의 주장이 성립할 수 있을 것으로 본다.

참고문헌

강은국(1993), 『조선어 접미사의 통시적 연구』, 서광 학술 자료사.

김종훈(2000), 「존칭어 '-님'에 대하여」, 『한국화법학회지』, 한국화법학회.

이성하(2006), 『문법화의 이해』, 한국문학사.

정인승(1957), 『표준고등말본』, 신구문화사.

최창열(1986), 「우리말 여성 이름의 어원적 의미」, 『鳳竹軒朴鵬博士回甲紀念論文集』, 培英社.

한국문화와 동아시아 Ⅰ

2024년 05월 17일 초판 인쇄
2024년 05월 24일 초판 발행

지 은 이   염초·한연
발 행 인   한정희
발 행 처   경인문화사
편 집 부   한주연 김지선 김숙희
마 케 팅   하재일 유인순
출판신고   제406-1973-000003호
주   소   (10881) 파주시 회동길 445-1 경인빌딩 B동 4층
대표전화   031-955-9300   팩 스   031-955-9310
홈페이지   http://www.kyunginp.co.kr
이 메 일   kyungin@kyunginp.co.kr

ISBN 978-89-499-6807-0   93910
값 24,000원